Weiterbildung

Planen · Gestalten · Kontrollieren

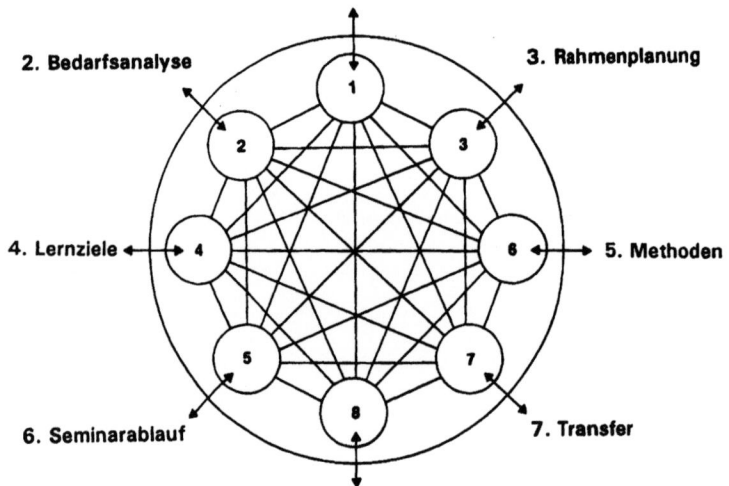

Ingo Langosch

Weiterbildung

Planen · Gestalten · Kontrollieren

28 Abbildungen, 20 Tabellen

 Ferdinand Enke Verlag Stuttgart 1993

Dipl.-Psych. Dr. INGO LANGOSCH
Universität-Gesamthochschule Siegen
FB 2
Adolf-Reichwein-Straße 2
D-5900 Siegen

Die Deutsche Bibliothek – CIP-Einheitsaufnahme:

Langosch, Ingo:
Weiterbildung : Planen, Gestalten, Kontrollieren
Ingo Langosch – Stuttgart : Enke, 1993
ISBN 3-432-25281-1

Das Werk, einschließlich aller seiner Teile, ist urheberrechtlich geschützt. Jede Verwertung ist ohne Zustimmung des Verlages außerhalb der engen Grenzen des Urheberrechtsgesetzes unzulässig und strafbar. Das gilt insbesondere für Vervielfältigungen, Übersetzungen, Mikroverfilmungen und die Einspeicherung und Verarbeitung in elektronischen Systemen.

© 1993 Ferdinand Enke Verlag, P.O. Box 10 12 54, D-7000 Stuttgart 10
Printed in Germany

Satz: G. Heinrich-Jung, D-7120 Bietigheim-Bissingen
Schrift: 9/9 Times, TypoScript und Linotronic 300
Druck: Druckhaus Götz KG, D-7140 Ludwigsburg   5 4 3 2 1

Vorwort

I. Weiterbildung als Lernsystem

Bei allen Weiterbildungsveranstaltungen geht es darum ein Lernsystem zu konzipieren, das sich in wesentlichen Bestandteilen von dem Lernsystem der Ausbildung unterscheidet. Darin liegt die grundsätzliche Herausforderung und die Schwierigkeit für die Trainer, die ihre Lernerfahrungen hauptsächlich aus der Ausbildung bezogen haben.

Die Lerninhalte bestimmt man durch die Ermittlung des Weiterbildungsbedarfs. Der Bedarf kann sich auf Individuen wie auf Organisationen beziehen. Es ergeben sich besondere Akzente bei der Weiterentwicklung von Handlungskompetenzen. Insbesondere sind nun Methoden- und Sozialkompetenzen neben Wissenskompetenzen wichtiger, um die Tätigkeiten besser zu gestalten. Die direkte Aufarbeitung von Handlungsprozessen unter verschiedenen Gesichtspunkten steht oft im Mittelpunkt von Weiterbildungsmaßnahmen, Probleme sind zu lösen, Konflikte zu bereinigen. Die Gestaltung erfahrungsorientierten Lernens ist dann die Aufgabe des Trainers, damit eine gezielte, systematische, kognitive Auseinandersetzung mit den Handlungen erfolgen kann. Dann lernt der Seminarteilnehmer aus seinen Erfahrungen und kann sie bewußt nutzen.

Die Überführung der vermittelten Kenntnisse in die Praxis fordert andere Lernmethoden. Die aktive Auseinandersetzung mit dem Lernstoff und die Anpassung der Lerninhalte an die Tätigkeiten fordern Lernmethoden, mit denen sich Praxisausschnitte simulieren lassen.

Das positive Erleben beim Lernen nimmt eine Schlüsselstellung ein, damit die Lernfähigkeit der Individuen wie der Organisation weiter entwickelt wird. Wenn die Weiterbildung die Einführung neuer Technologien oder Systeme begleitet, ist das besonders wichtig, um nicht noch mehr Widerstände, Ängste gegenüber Innovationen zu erzeugen. Die Rahmenbedingungen, das Lernen selbst ist auf die positiven emotionalen Wirkungen hin zu kontrollieren.

II. Aufgabenstellungen der Weiterbildung

Weiterbildung hat in einer Organisation Aufgaben, die sich aus der jeweiligen Situation der Organisation ableiten lassen. Wenigstens gilt das für die Organisationen, die mit der Weiterbildung die Leistungsfähigkeit ihrer Mitarbeiter und damit auch ihrer Organisation erhöhen wollen. Die jeweiligen Ausprägungen der folgenden Organisationsfaktoren bestimmen, was in der Organisation an Weiterbildung geschehen muß. Die Festlegung der Prioritäten und ihre Gewichtung bestimmt, welche Bedeutung Weiterbildung in einer Organisation einnehmen soll.

Faktoren der Organisation

Strategie. Die Organisation agiert bezogen auf ihre Umwelt, die ihre Existenz auch legitimiert. Die Umwelt ist nicht statisch, sondern verändert sich ständig; Kundenbedürfnisse, das Verhalten der Konkurrenten, die ökonomische Situation und Technologien wandeln sich.

In welcher Organisationsumwelt agiert die Organisation (statisch – dynamisch, einfach – komplex)?

Wie sieht das Szenario der nächsten Jahre aus?

Welche Strategien soll das Unternehmen verfolgen (Kostenführerschaft, Abhebung von der Konkurrenz, Nischenstrategie)?

Führungskräfte müssen dazu Informationen über Entwicklungen der Umwelt, über Kunden, Lieferanten systematisch sammeln und auswerten. Dazu müssen sie Fachkenntnisse integrieren und spezielle Methoden anwenden können.

Übergeordnete Ziele. Ziele leiten sich aus den Umweltgegebenheiten und den Ergebnissen der Analysen ab. Die Geschäftsleitung mit ihren Führungskräften erarbeitet die unternehmenspolitischen Grundsätze und die Führungsrichtlinien, die sie in Planungen umsetzt. Die Planungen werden ausgeführt und kontrolliert. Für die gesamten Tätigkeiten benötigt man in der Organisation das notwendige Wissen und die Methodenkenntnisse (*Ulrich* 1984).

Struktur. Die Aufgabenerfüllung gewährleistet ein arbeitsteiliges System, das sich formal in einer Aufbau- und Ablauforganisation niederschlägt. In der heutigen Zeit sind Flexibilität und agierende Systeme notwendig. Die organisatorischen Rahmenbedingungen müssen oft dafür erst geschaffen werden (von der bürokratischen Organisation zur Selbst-Organisation). Die Mitarbeiter erhalten erweiterte Entscheidungs-, Handlungs- und Interaktionsspielräume (teilautonome Gruppen, Profit Center, Projektgruppen, Qualitätszirkel). Den Wandel begleiten Weiterbildungsmaßnahmen.

Systeme. Zur Erzielung optimaler Leistungen unterstützen die Organisation verschiedene Systeme. Beispielsweise können Personalentwicklungssysteme, Beurteilungs- und Führungssysteme eine solche Funktion erfüllen. Die Mitarbeiter müssen lernen, die Systeme zu beherrschen, um die damit verbundenen Ziele auch zu erreichen.

Fähigkeiten. Gemeint sind die Fähigkeiten einer Organisation, die zur Erfüllung der Aufgaben notwendig sind. Man unterscheidet zwischen

- Handlungsfähigkeit: schnell, zuverlässig, mit hoher Qualität den Bedarf der Kunden abdecken.
- Problemlösungsfähigkeit: Probleme schnell erkennen, analysieren und lösen.
- konzeptionelle Fähigkeit: neue Aktionsfelder erschließen, auf Veränderungen eingehen und in Konzeptionen für die Organisation umsetzen.
- Fähigkeit zur Außendarstellung: das Image, die Corporate Identity der Firma positiv gestalten, zu relevanten Institutionen Kontakte pflegen und gestalten.

Wie nun die Fähigkeiten ausgeprägt sein müssen, hängt davon ab, wie die Umweltverhältnisse und die davon abgeleiteten Aufgabenstellungen aussehen. Die Mitarbeiter lernen diese Fähigkeiten in Weiterbildungsmaßnahmen.

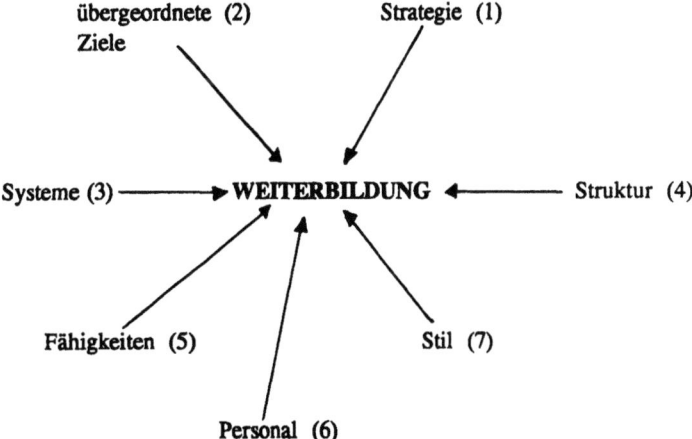

Abb. 1 Faktoren der Organisation, die die Weiterbildung beeinflussen (nach *Peters, Th.J., Waterman, R.H.: Auf der Suche nach Spitzenleistungen.* Landsberg 1986).

Personal. Die Mitarbeiter erbringen die Leistungen und benötigen dazu bestimmte Fähigkeiten. Nicht immer wird man eine vollkommene Passung zwischen Erfordernissen eines Arbeitsplatzes und Fähigkeiten der Mitarbeiter herstellen können. Beurteilungen stellen Mängel fest, die dann durch Weiterbildung ausgeglichen werden können.

Allerdings kann nicht jeder Mitarbeiter beliebig durch Weiterbildung qualifiziert werden. Mitarbeiter und Vorgesetzte müssen die Grenzen kennen. Deshalb ist die Diagnostik von Fähigkeiten und Fertigkeiten mit der Weiterbildung eng verbunden.

Stil. Die Leistungen in einer Organisation werden maßgeblich beeinflußt und gegebenenfalls beeinträchtigt durch das Zusammenwirken der Mitarbeiter untereinander und insbesondere natürlich

Tabelle 1 Aufgaben und Maßnahmen von Weiterbildungsabteilungen (nach *Stiefel, R.Th.:* Betriebliche Weiterbildung. München 1980).

Aufgaben	Maßnahmen
Personalrekrutierung	Assessment-Center (AC) Interviews, Testverfahren
Einführung neuer Mitarbeiter	Induktionsprogramme
Förderung des Führungsnachwuchses	Traineeprogramme
Anpassung an den Arbeitsplatz	Funktionstraining
Gestalten des Arbeitsplatzes, der Arbeitsabläufe	Lernstatt, Qualitätszirkel
Zusammenarbeiten in Gruppen	Gruppenentwicklung
Verändern der Organisation	Organisationsentwicklung (OE)
Erfassung von Führungspotentialen	Management-Potential-Analyse (MPA)
Höherqualifizierung	Führungstraining
Probleme lösen, Konzepte entwickeln	Workshop
Einführung neuer Systeme	Simulationen, begleitendes Training, Projekte
Auslandsaufenthalt	Vorbereitungskurse
Ausscheiden von Mitarbeitern	Outplacement-Beratung
Pensionierung	Programm zur Vorbereitung auf den Ruhestand

durch den Führungsstil der Vorgesetzten. Unternehmenskultur, Betriebsklima, Abteilungsklima sind Begriffe, die diesen Bereich beschreiben. Ihre Bedeutung wird immer mehr erkannt und ist deshalb aktiv zu gestalten (Abb. 1).

III Organisatorische Gestaltung der Weiterbildung

Je nach Aufgabenfeldern, die eine Weiterbildungsabteilung bewältigen soll, ist die Abteilung auszustatten mit
- Personal
- finanziellen Mitteln
- Material
- Geräten

und organisatorisch zu gestalten.

Die Abhängigkeit der Aufgaben von verschiedenen Faktoren macht deutlich, daß das Kennen der Einflußmöglichkeiten auf das Weiterbildungsprogramm wichtig ist. **Entscheidungsgremien und Entscheidungsprozeduren** sind festzulegen.

Die **Kontinuität der Arbeit** muß durch langfristig angelegte Personal-/Weiterbildungspolitik gewährleistet sein. Hierzu gehört auch das Erfassen und Nachweisen der Leistungen, die durch die Weiterbildung erbracht werden.

Die aufgeführten Systembestandteile sind für eine Abteilung zu formulieren und auszuführen (*Checkland* 1987):
- Zielsetzung/Aufgabenstellung
- Messung der Leistung
- organisatorische Gliederung
- organisatorische Verbindung mit Entscheidungsträgern und Auftraggebern
- Mittel und Personal für die Durchführung der Aufgaben
- Entscheidungsgremium und Entscheidungsprozeduren
- Kontinuitätsgarantie für die Abteilung.

Weiterbildung kann nur dann richtig geplant, durchgeführt und kontrolliert werden, wenn der Zusammenhang mit den Organisationsfaktoren geklärt ist. Die Maßnahmen und die Art der Durchführung leiten sich davon ab. Die Ausführungen in dem Buch können nur die Bestandteile der Weiterbildung darstellen. Die inhaltliche und methodische Ausgestaltung ist von den konkreten Vorgaben abhängig. Die Beispiele sind deshalb nur als Anregungen zu verstehen.

IV Gliederung des Buches

Die gesamte Abhandlung ist in zwei Abschnitte eingeteilt. Der erste Teil A behandelt nach einer grundsätzlichen Darstellung der Abläufe von Lernprozessen die Anforderungen an die Weiterbildung und die Planung von Weiterbildungsveranstaltungen.

Zur Planung von Weiterbildungsmaßnahmen gehören folgende Planungsbestandteile:

- Erfassung des Weiterbildungsbedarfs und Erstellen von Rahmenplänen,
- Umsetzen des Bedarfs in Zielsetzungen,
- Methoden zur Kontrolle der Weiterbildung und ihrer Umsetzung,
- Planung von Seminaren: Stoffanalyse, didaktische Analyse und Stoffreduktion,
  Ablaufplanung von Seminaren,
  Lern- und Transferplanung.

Im Teil B werden Methoden und Medien der Weiterbildung abgehandelt und teilweise mit Beispielen erläutert. Im ersten Abschnitt werden allgemeine Methoden zum Strukturieren von Problemlösungsprozessen sowie lernunterstützende Medien vorgestellt, die bei verschiedenen Lehrmethoden einsetzbar sind:

- Methodenkompetenz: Problemlösungsprozesse systematisch gestalten
- Sozialkompetenz: konstruktiv zusammenarbeiten
- Moderieren und Visualisieren
- Medien einsetzen

Die Lehrmethoden folgen dann im nächsten Abschnitt:

- Vortrag und Lehrgespräch
- Einzelarbeit, Partnerarbeit, Gruppenarbeit
- Rollenspiel, Fallstudie, Planspiel, Projektmethode

Zum Abschluß des Teil B werden besondere Formen von Veranstaltungen vorgestellt, die sich speziell mit der Bearbeitung von Problemen in der Praxis beschäftigen:

- Workshop
- Lernstatt
- Qualitätszirkel.

Inhalt

A	Lernen und Lernplanung	1
1	**Einleitung**	2
2	**Abläufe von Lernvorgängen**	3
2.1	Assoziatives Lernen	4
2.1.1	Direkte assoziative Verknüpfung	4
2.1.2	Reiz-Reaktions-Lernen	5
2.2	Instrumentelles Lernen (operantes, operatives Konditionieren)	6
2.2.1	Arten von Verstärkern	6
2.2.2	Lernvorgang	8
2.2.3	Lerngestaltung: Aufbau neuer Verhaltensweisen...	8
2.3	Motiv und Motivation	9
2.4	Folgerungen	10
2.5	Modellernen	11
2.6	Kognitives Lernen: Begriffsbildung und Wissenserwerb	12
2.6.1	Formen der Repräsentation	12
2.6.2	Subjektivität der Begriffsbildung	13
2.6.3	Realdefinition und funktionale Definition	13
2.6.4	Wissenserwerb als Regellernen	14
2.6.5	Zusammenfassung der Lerntheorien	15
2.7	Strukturbildungen durch Lernen	15
3	**Anforderungen an die Weiterbildung**	19
3.1	Komplexität und Verschränkung von Theorie/Praxis	19
3.1.1	Primärfehler beim Umgang mit komplexen Systemen	21
3.1.2	Kognitive Anforderungen beim Umgang mit komplexen Systemen	22
3.2	Gesellschaftliche Veränderungen und Folgen für die Lerngestaltung	22
3.3	Widerstände gegen Lernen und Veränderungen	26

3.4	Erfahrungsorientiertes Lernen	30
3.4.1	Kognitives Lernen durch Spielen	30
3.4.2	Gestaltung von Diskursen	31
3.4.3	Methodische Gestaltung des erfahrungsorientierten Lernens	33
3.4.4	Organisationslernen	37

4 Planung von Weiterbildungsmaßnahmen ... 39

4.1	Weiterbildungsbedarf	39
4.1.1	Nähere Bestimmung des Begriffs „Bildungsbedarf"	41
4.1.2	Methoden zur Erfassung des Bildungsbedarfs	41
4.1.3	Erhebung des Bildungsbedarfes	42
4.1.4	Verfahren für die Ermittlung des Weiterbildungsbedarfs	45
4.1.4.1	Beispiel: Fragebogen	45
4.1.4.2	Beispiel: Workshop zum Ermitteln von Trainingsbedarf	49
4.2	Aufarbeitung des Weiterbildungsbedarfs in eine Rahmenplanung	50
4.3	Stoffanalyse: Bildungsgehalt eines Stoffes	56
4.4	Lernziele	59
4.4.1	Was sind Lernziele?	60
4.4.2	Ordnungsschema für den Verhaltensaspekt der Lernziele	61
4.4.3	Strukturierung von Lernprozessen mit Lernzielen	63
4.5	Verfahren für die Lernzielkontrolle	64
4.5.1	Lernziel-/Kriteriumsorientierter Test	65
4.5.2	Aufgabentypen zur Leistungsüberprüfung	67
4.5.2.1	Freie Aufgabenbeantwortung	69
4.5.2.2	Gebundene Aufgabenbeantwortung	71
4.5.2.3	Zwischenformen	72
4.5.2.4	Regeln für das Abfassen von Aufgaben	73
4.5.3	Verfahren für die Beurteilung von Seminaren	73
4.5.3.1	Beurteilungsbogen für ein Seminar	73
4.5.3.2	Fragebogen: Seminarbeurteilung	74
4.5.3.3	Stimmungsbarometer und Beobachtungsbogen	74
4.5.3.4	Fragebogen: Beurteilung von Lernplanung und Lernprozeß	76
4.5.3.5	Organisationsanalyse zur Feststellung von Fähigkeiten	79
4.6	Planung eines Seminars	85
4.6.1	Rahmenbedingungen des Seminars	85
4.6.2	Phase 1: Einstimmung und Einstieg in das Seminar	86

Inhalt XIII

4.6.3	Phase 2: Lernen	88
4.6.4	Phase 3: Abschluß eines Seminars	92
4.6.5	Phase 4: Transferieren des Gelernten in die Praxis	92
4.6.6	Beispiel für eine Seminarplanung: Teamentwicklung	97
4.6.7	Zusammenfassung: Schema für Seminarplanungen	101

B Methoden 103

1 Einleitung 104

2 Strukturierende und gestaltende Methoden . 108

2.1	Methodenkompetenz: Problemlösungsprozesse systematisch gestalten	108
2.1.1	Vorgehen bei komplexen Problemen	109
2.1.2	Systematik bei Problemlösungen	110
2.1.3	Situationsanalyse	112
2.1.4	Problemanalyse	113
2.1.5	Entscheidungsanalyse	114
2.1.6	Analyse potentieller Probleme	116
2.1.7	Planungsmethoden	118
2.2	Sozialkompetenz: Konstruktiv zusammenarbeiten	123
2.2.1	Konflikte zwischen Personen	123
2.2.1.1	Auslöser von Konflikten	124
2.2.1.2	Konflikttransformationen	127
2.2.1.3	Konfliktverhalten	128
2.2.2	Schema für ein Konfliktgespräch in der Gruppe	131
2.2.3	Methoden für eine Gruppenentwicklung	133
2.2.4	Feedback geben	135
2.3	Moderieren und Visualisieren	136
2.3.1	Moderieren	136
2.3.2	Moderatorenverhalten	139
2.3.3	Bedeutung der Visualisierung	139
2.3.4	Gegenstand und Regeln der Visualisierung	140
2.3.5	Instrumente der Visualisierung	141
2.3.6	Beispiel für Moderieren und Visualisieren: Realisierung von Entscheidungen, an denen die Betroffenen nicht selbst mitgewirkt haben	144
2.4	Medien einsetzen	147
2.4.1	Video	148
2.4.2	Voraussetzungen für den Einsatz von Videos	149

XIV Inhalt

2.4.3	Beispiele für den unterschiedlichen Einsatz eines Videos	150
2.4.4	Checkliste zur Planung und Auswertung eines Medieneinsatzes	153

3 Lehrmethoden ... 154

3.1	Lehrvortrag	154
3.1.1	Vorbereitung des Vortrags	155
3.1.2	Entwurf	156
3.1.3	Wahl der Arbeitsform	158
3.1.4	Checkliste: Vortrag	160
3.1.5	Rhetorikcheck	161
3.2	Lehrgespräch	162
3.2.1	Voraussetzung für die Durchführung eines Lehrgesprächs	163
3.2.2	Vorbereitung eines Lehrgesprächs	164
3.2.3	Checkliste: Lehrgespräch	165
3.2.4	Fragetechnik	166
3.3	Einzelarbeit	168
3.4	Partnerarbeit	170
3.4.1	Arten der Partnerarbeit	171
3.4.2	Phasen der Partnerarbeit	172
3.4.3	Lernbereiche	172
3.4.4	Checkliste: Partnerarbeit	173
3.4.5	Lernpartnerschaft	174
3.5	Gruppenarbeit	176
3.5.1	Arten der Gruppenarbeit	176
3.5.2	Ablaufphasen	177
3.5.3	Kriterien für Gruppenbildung	178
3.5.4	Rolle des Trainers	179
3.5.5	Lernbereiche	179
3.5.6	Checkliste: Gruppenarbeit	180
3.5.7	Leitung einer Diskussion	181
3.5.8	Regeln für eine Gruppendiskussion	183
3.6	Rollenspiel	184
3.6.1	Interaktionen und Rollen	184
3.6.2	Lernbereiche des Rollenspiels	186
3.6.3	Arten von Rollenspielen	187
3.6.4	Ablauf eines angeleiteten Rollenspiels	189
3.6.5	Checkliste: Rollenspiel	190
3.6.6	Beispiele für Rollenspiele	191
3.6.6.1	Erstes Rollenspiel: Entscheidungsfindung in der Geschäftsleitung	191
3.6.6.2	Zweites Rollenspiel: Beurteilungsgespräch	201
3.6.6.3	Checklisten für die Gesprächsführung	205
3.7	Fallstudie	212

3.7.1	Varianten der Fallstudie	214
3.7.2	Ablauf der Bearbeitung einer Fallstudie	216
3.7.3	Organisatorische Durchführung einer Fallstudie	218
3.7.4	Checkliste: Fallstudie	220
3.7.5	Beispiel: Fallstudie Tress & Co	221
3.7.6	Gruppenchecklist	226
3.8	Planspiel	228
3.8.1	Aufbau und Ablauf eines Planspiels	229
3.8.2	Spielleitung und Spielregeln	231
3.8.3	Leitfaden für das Entwickeln von Planspielen	232
3.8.4	Beispiel: Verhaltensplanspiel „Sidahausen"	234
3.8.4.1	Zielsetzungen für das Verhaltensplanspiel „Sidahausen":	234
3.8.4.2	Inhaltliche Aufgabe: Gestalten des Szenario	235
3.8.4.3	Organisatorische Aufgabe: Strukturen entwickeln	238
3.8.4.4	Ablauf des Verhaltensplanspiels	244
3.9	Projekt	245
3.9.1	Ziele und Formen der Durchführung	246
3.9.2	Projektphasen	247

4 Veranstaltungsformen für ein praxisorientiertes Lernen 250

4.1	Workshop: Probleme in Gruppen lösen	250
4.1.1	Systematisches Vorgehen bei Problemen	252
4.1.2	Kräftefeldanalyse	253
4.2	Lernstatt	254
4.2.1	Einrichten einer Lernstatt	255
4.2.2	Lernbereiche einer Lernstatt	256
4.3	Qualitätszirkel	256
4.3.1	Zielbereiche der Qualitätszirkel	257
4.3.2	Vorgehen bei Qualitätsproblemen	257
4.3.3	Organisationsbedingungen	259

Literatur 261

Register 266

A Lernen und Lernplanung

Gehört, gelesen ist nicht aufgenommen.
Aufgenommen ist nicht behalten.
Behalten ist nicht verstanden.
Verstanden ist nicht einverstanden.
Einverstanden ist nicht angewendet.
Angewendet ist nicht beibehalten.

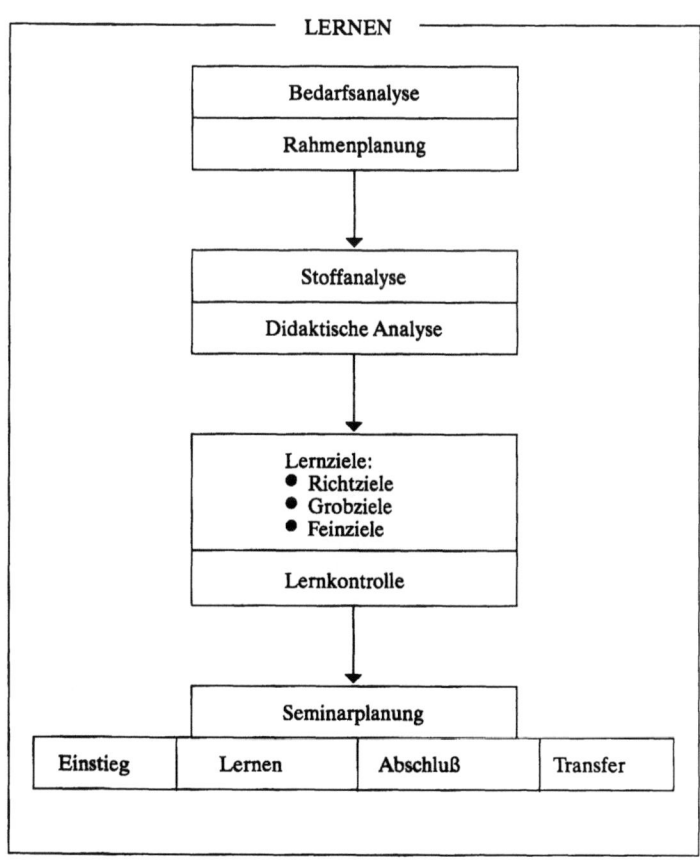

1 Einleitung

Will man das Lernen gestalten, muß man wenigstens in den Grundzügen wissen, wie gelernt wird. Nicht alles, was bei Wahrnehmungen und Verhaltensprozessen stattfindet, führt zu Verhaltensänderungen. Damit das Erlernte im Langzeitgedächtnis abgespeichert wird und später die Wahrnehmungs- und Verhaltensprozesse strukturieren kann, müssen die Ereignisse von emotionaler Bedeutung sein, zum Erfolg geführt haben oder systematisch wiederholt und bewußt verarbeitet werden. Diese mehr passiv oder aktiv erfolgenden Aneignungsformen können wir durch die Beschäftigung mit Lerntheorien besser verstehen. Deshalb handeln wir die Theorien im ersten Abschnitt ab.

Die Anforderungen an die Weiterbildung haben sich stetig verändert. Schlüsselqualifikationen sollen die Mitarbeiter erwerben, um die Praxisanforderungen besser bewältigen zu können. Damit beschäftigen wir uns im anschließenden Abschnitt.

Die Lernplanung umfaßt die Weiterbildungsbedarfsanalyse ebenso wie die Gestaltung von Seminaren. Dieser abschließende Abschnitt ist sicher etwas konkreter als die vorangegangenen.

Die Bedarfsanalyse in einer Organisation ist die Ausgangsbasis, um Weiterbildung in der Organisation, mit ihren einzelnen Abteilungen und Mitarbeitern zu planen. Dies kann mit recht unterschiedlichen Methoden geschehen, die von den jeweiligen Aufgabenstellungen abhängig sind.

Die Zielsetzungen lassen sich mit der Feststellung des Weiterbildungsbedarfes für die verschiedenen Zielgruppen formulieren. Diese stehen im unmittelbaren Zusammenhang mit den Zielen der Organisation. In der Weiterbildung werden sie ausgearbeitet, damit die Maßnahmen zur Veränderung des Verhaltens systematisch entwickelt und überprüft werden können.

Während die Weiterbildungsmaßnahme geplant wird, sollte man sich auch mit ihrer Bewertung (Evaluierung) befassen. Leider wird die Bewertung häufig vernachlässigt.

Bildungsinhalte bestimmt man durch eine Stoffanalyse. Beim Entwickeln eines Seminars entscheidet man erst, wie die Motivations-, Lern-, Verfestigungs- und Transferphase gestaltet sein sollen und welche Methoden eingesetzt werden sollen.

2 Abläufe von Lernvorgängen

Der erstrebte Erfolgseintritt vermittelt
ein ausgeprägtes Lustgefühl
mit ständigem Verlangen
nach Wiederholung dieser angenehmen Empfindung
Wir kennen diesen Zustand unter dem Begriff:
Erfolgserlebnis.

Oder anders ausgedrückt:
Der beste Lehrmeister ist der Erfolg
der schlechteste die Angst
(Sprichwort).

Kinder bewältigen ein umfangreiches Lernprogramm. Spielerisch eignen sie sich soziale Verhaltensweisen, Motorik, Sprache und Durchsetzungstechniken an. Diese Leichtigkeit weckt schon Neid, wenn man sich gerade mit einem Buch herumquält, sich mühsam Begriffe und Erkenntnisse der Wissenschaft aneignet.

Sicherlich behandeln wissenschaftliche Untersuchungen häufig auch wichtige Dinge, z.B. wie Probleme verursacht werden, wie man sie lösen oder vermeiden kann. Dennoch stellt sich heraus, daß man in einer Situation trotz des Wissens versagt: Ein Pädagoge oder Psychologe muß nicht unbedingt jemand sein, der aufgrund seines umfassenden Wissens seinen Mitmenschen besonders einfühlsam begegnet. Es fehlen ihm die Fertigkeiten, Kognitives in seine menschlichen Verhaltensweisen einfließen zu lassen. Offensichtlich genügt das Wissen nicht.

Voreilig könnte man nun den Schluß ziehen: Wir lernen in Schulen und Hochschulen auf die falsche Art und Weise. Laßt uns wieder zusammen spielen und Erfahrungen machen, damit wir Nützliches lernen, Situationen sensibler und richtiger einschätzen und beherrschen.

Sehen wir uns die Lernform der Kinder jedoch näher an, werden wir auch ihre negativen Seiten erkennen:

- Der bewußte/kognitive Zugang zum Erlernten ist schwer oder gar nicht möglich. Die Erfahrungen bleiben situationsgebunden und können nicht verallgemeinert werden.
- Aus der Erfahrung Gelerntes ist manchmal unnütz oder sogar schädlich. Beispielsweise können durch Erfahrung erzeugte Ängste und Hemmungen, aggressives oder passives Verhalten nur mühsam wieder abgebaut werden, bedürfen manchmal aufwendiger Therapien.

Man kann sowohl aus den gemachten Erfahrungen bewußte, allgemeine Erkenntnisse ziehen, als auch kognitiv Gelerntes in Handlungen umsetzen. Es ist von der Lerngestaltung abhängig.

Auch bei kognitiven Lernvorgängen spielen emotionale Vorgänge eine wichtige Rolle. Begriffe, Theorien, Fächer werden abhängig von Erlebensprozessen mit Emotionen verbunden. Jeder kennt seine Vorlieben und Abneigungen, die sich auf ganze Themenbereiche, Fächer beziehen. Dieses Lernen geschieht sozusagen nebenher, ist nicht geplant. Aber nicht nur die kognitiven Inhalte werden emotional eingefärbt, sondern auch andere Lernbereiche werden unbewußt erlernt. Im pädagogischen Bereich spricht man von einem heimlichen Lehrplan: hierarchisches Unterordnen, Konkurrenzdenken, Passivität, Unterdrücken von Emotionen, Sprachnormierungen, Grundeinstellungen zum Lernen und Beurteilen formen sich durch den Unterricht aus (*Meyer* (1984). Deshalb ist die bewußte Gestaltung von Unterrichtsprozessen in emotionalen wie sozialen Lernbereichen so wesentlich.

Verstehen können wir das nur, wenn auch eine Grundvorstellung vorhanden ist, wie gelernt wird. Aus dem Verstehen der Lernvorgänge können wir zusätzlich Erkenntnisse für die Art und Weise der Lerngestaltung ableiten. Deshalb beschäftigen wir uns im folgenden mit Lerntheorien.

2.1 Assoziatives Lernen

In der Auseinandersetzung mit unserer Umwelt machen wir ständig Erfahrungen, die aber nur im geringen Umfang festgehalten und weiter genutzt werden. Emotionale Erlebnisse oder ständiges Wiederholen spielen dabei eine entscheidende Rolle. Ein neutraler Reiz erhält durch begleitende Emotionen Bedeutung, oder ein Wort wird mit einem Gegenstand verbunden. Sind die Verknüpfungen im Langzeitgedächtnis abgespeichert, so beeinflussen sie das Verhalten (Annäherungsverhalten bei positiven Erfahrungen, Vermeidungsverhalten bei negativen Erfahrungen, Vorstellungen mit Begriffen). Dieses Lernen ist im Assoziationslernen theoretisch gefaßt.

2.1.1 Direkte assoziative Verknüpfung

Inhalte unseres Bewußtseins werden unter folgenden Bedingungen miteinander verknüpft:

- wenn sie einander ähnlich sind (Gesetz der Ähnlichkeit)
- wenn sie einander unähnlich sind (Gesetz des Kontrastes)

- wenn sie irgendwann gemeinsam in unserem Bewußtsein vorhanden waren (Gesetz der zeitlichen und räumlichen Berührung oder Kontiguität).

Die Assoziation eines Begriffes mit einem Begriffsnamen ist eine relativ einfache Verknüpfung. Beim mechanischen Lernen werden Assoziationsketten gebildet, z. B. Vokabellernen, Auswendiglernen von Gedichten, Lernen von Merksätzen (*Ebbinghaus* 1971).

Beim Merksatz werden assoziative Wortketten gebildet. Wenn verschiedene Erfahrungsinhalte miteinander verknüpft werden, entstehen Assoziationskomplexe. Beispielsweise notiere man, welche Assoziationen mit „Beurteilung" genannt werden. Die Teilnehmer nennen Vorstellungen, Begriffe, negative wie positive Emotionen, die sich alle mit „Beurteilung" verbinden.

2.1.2 Reiz-Reaktions-Lernen

Ein Reiz trifft auf ein Sinnesorgan. Es kommt zu einer bestimmten Reaktion einer Drüse oder eines Muskels (angeborener, unbedingter Reflex).

Ein weiterer neutraler Reiz kann eine sehr ähnliche Reaktion auslösen, allerdings erst nach einem Lernvorgang. Beide Reize müssen zusammen und wiederholt auftreten. Es bildet sich ein bedingter Reflex. Der neutrale Reiz hat nun dieselbe Bedeutung erhalten wie der zum angeborenen Reflex führende ursprüngliche Reiz.

Die Bildung von bedingten Reflexen wies *Pawlow* in seinen Versuchen mit Hunden nach. Unbedingter Reflex:
Reiz: Säure in das Maul des Tieres.
Reaktion: Abwehrbewegungen des Mauls und Speichelfluß.

Bedingter Reflex: Bevor der unbedingte Reflex entsteht, wird ein anderer Reiz beliebiger Art dem Hund dargeboten, z.B. ein Ton, Licht. Nach einigen Versuchen löst allein das Licht oder der Ton die Reaktion „Maulbewegung und Speichelfluß" aus. Der Reiz „Säure" wurde durch den anderen Reiz „Ton" ersetzt (Reizsubstitution) (*Pawlow* 1973).

Erweiterungen des Modells klassischer Konditionierung beziehen sich auf verschiedene Bereiche des zuvor erläuterten Ansatzes. Beispielsweise müssen Reize nicht nur physikalisch-chemischer Art sein. Sie können auch in Vorstellungen und Abstraktionen bestehen.

Reize erhalten in unserer Umwelt durch solche Vorgänge eine positive oder negative Valenz, die zu entsprechenden Reaktionen führen (*Edelmann* 1986).

2.2 Instrumentelles Lernen (operantes, operatives Konditionieren)

Erfahrungen sammelt man durch das eigene Verhalten. Schon mancher hat durch Probieren Lösungen entwickelt oder wurde von seiner sozialen Umwelt für sein Verhalten belohnt. Auch das Vermeiden negativer Auswirkungen bewirkt manche Handlungsweise, die im Bewußtsein gespeichert wird. Die positiven und negativen Verstärker bedingen dies.

Bestrafungen führen zur Unterdrückung von Verhaltensweisen.

Das Lernen, das sich auf Verhaltensweisen und deren Folgen bezieht, wird in der Theorie des instrumentellen Lernens erfaßt (z. B. *Skinner* 1938).

Thorndike (1932) beschrieb das Lernen durch Versuch und Irrtum – Lernen am Erfolg. Mit *Skinner* verbindet sich der Begriff der operanten Konditionierung. Das Verhalten wird als Instrument oder Mittel benutzt, um positive Konsequenzen hervorzurufen. Entscheidend für die Motivation zum Lernen sind die nachfolgenden Konsequenzen. Allerdings bekommen auch die situativen Reize eine Bedeutung. Sie werden zu Hinweisreizen (diskriminative Reize). Bei bestimmten Reizen erwartet man z. B. einen Erfolg.

2.2.1 Arten von Verstärkern

Primäre Verstärker   Das Verhalten hat unmittelbar positive Konsequenzen. Angeborene Bedürfnisse sind Auslöser des Verhaltens, ihre Befriedigung wird positiv erlebt (Nahrung, Zärtlichkeit...).

Sekundäre Verstärker   Positive Wirkungen sind durch das wiederholte Zusammenkommen mit primären Verstärkern zustande gekommen. Sie sind selbst zu Verstärkern geworden (assoziatives Lernen).

Materielle Verstärker   Das Verhalten wird durch materielle Dinge belohnt (Geld, Geschenke . . .).

Soziale Verstärker   Dem Verhalten folgt eine Anerkennung durch soziale Umwelt (Lob, höherer Status, Anerkennung . . .).

Aktivitätsverstärker   Die Ausführung des Verhaltens selbst ist angenehm, wirkt positiv (diskutieren, Problem lösen . . .).

Informative Verstärker Dem Verhalten folgen Informationen über die Erreichung eines Ziels (Einhaltung von Qualitätsstandards, Abschluß eines Projektes ...).

Negative Verstärker Negative Verstärker wirken, wenn negative, aversive Konsequenzen nicht eintreten. Man ist aktiv, um unangenehme Zustände auszuschalten oder zu vermeiden (Kündigung, Abmahnungen bei schlechten Leistungen).

Den Hintergrund des Lernens mit negativen Verstärkern bildet die Furcht vor bestimmten Konsequenzen. Allerdings ist dabei zu berücksichtigen, daß Furcht verschiedene Nebeneffekte unerwünschter Art hat. Man unterscheidet:

Fluchtlernen. Verhaltensweisen, um einem aversiven Ereignis zu entkommen (Flucht-/Abschaltverhalten).

Vermeidungslernen. Man trifft Vorsorge, um ein aversives Ereignis vorbeugend zu vermeiden (Ausweich-/Vorbeugungsverhalten).

Aggressives Verhalten. Aggressionen werden als instrumentelles Verhalten benutzt, um Angst zu vermeiden (Angriff ist die beste Verteidigung).

Ingratives Verhalten (einschmeichelndes Verhalten). Konformität, Komplimente machen, Anpreisen der eigenen Stärken sind Verhaltensformen, um sich beliebt zu machen. Sie können ebenfalls zur Vermeidung von Angst genutzt werden.

Will man negative Verstärker benutzen, um ein Verhalten zu erzwingen, so sollte man die Auswirkungen und die Rahmenbedingungen beachten. Die Wirkung von **negativen Verstärkern ist dann erhöht, wenn die Situation vollständig unter Kontrolle** ist. Es darf keinen Ausweg geben, um den unerwünschten Folgen zu entgehen (kündigen). Die Person muß folglich abhängig von der drohenden Person sein. Sie kann sich der Person auch nicht entziehen. Ein älterer Mitarbeiter erbringt z. B. seine Arbeit, weil er die negativen Folgen befürchtet (Beschimpfungen durch den Vorgesetzten, Androhung von Abmahnungen und Entlassung) und keinen anderen Arbeitsplatz in Aussicht hat. Man kann sich vorstellen, wie wenig motiviert der Mitarbeiter hinsichtlich seiner Arbeit ist. Man schätzt, daß ca. 50% der Beschäftigten kein positives Verhältnis zu ihrer Arbeit haben. Die negativen Erlebnisse im Zusammenhang mit Arbeit überwiegen folglich.

2.2.2 Lernvorgang

Die Verstärkung ist am wirkungsvollsten, wenn sie dem Verhalten unmittelbar folgt und sich kontinuierlich dem Lernen neuer Verhaltensweisen anschließt.

Intermittierende, zeitweilig aussetzende Verstärkung ist bei der Verfestigung von angeeigneten Verhaltensweisen effektiv. Auf diese Weise können auch recht komplexe Verhaltensweisen gelernt werden. Verhaltensformung (Shaping) nennt man die Gestaltung eines Lernvorganges, bei dem jede Verhaltensweise bestätigt wird, die sich der gewünschten Endverhaltensweise annähert. Die Annäherung vollzieht sich stufenweise, bis schließlich das perfekte Endverhalten erlernt und insgesamt belohnt wird.

Verstärkungen können nicht nur von außen (z.B. durch die soziale Umwelt), sondern auch vom Individuum selbst erfolgen.

Trend- und Selbststeuerung. Gebildete Normen und Standards sind Ansprüche an die eigene Person und im Selbstkonzept verankert. Sie verstärken die Verhaltensweise des Individuums. Zwischen Selbstkonzept und Verhaltensweise findet ein Rückkoppelung und Bewertung statt. Diese Rückkoppelung hat eine motivationale, verhaltenssteuernde Wirkung. Sie ist von der Fremdsteuerung zu unterscheiden, bei der Standards/Normen von der äußeren Umwelt festgesetzt und kontrolliert werden. Die Motivation, die Standards einzuhalten, ist sehr viel geringer.

Ablauf eines Selbstregulationsprozesses

1. Selbstbeobachtung: Überprüfung des eigenen Handelns.
2. Selbstbewertung: Das Selbstkonzept wird mit Standards (Leistungskriterien) verglichen, Soll-Ist-Vergleich.
3. Selbstverstärkung: Keine Abweichung: Es erfolgt eine Verstärkung, das Verhalten wird fortgesetzt. Abweichung: Das Verhalten wird korrigiert, Verhaltensweisen in Richtung Ziel angepaßt.

2.2.3 Lerngestaltung: Aufbau neuer Verhaltensweisen

Bei gesteuerten Lernprozessen muß zuerst ein Verhalten erzeugt werden, um es anschließend mit Belohnungen einzuüben und zu verstärken. Der Lernprozeß gestaltet sich in verschiedenen Phasen:

Anregungsphase. Eine Motivation wird aufgebaut, damit sich der Lernende überhaupt mit dem Lerngegenstand beschäftigt. Dies kann dadurch erfolgen, daß man Interesse am Gegenstand weckt oder Bestrafung und Zwangsmaßnahmen androht. Die Art des Spannungsaufbaus hat die vorher besprochenen Folgen (positive, negative Verstärker). Zum Aufbau einer positiven Motivation ist es auch sinnvoll, dem Lernenden den Wissensstoff zu demonstrieren oder vorzustellen.

Etablierungsphase. Der Lernende muß sich nun mit der Aufgabe allein auseinandersetzen. Zeigt er das gewünschte Verhalten, wird dieses kontinuierlich verstärkt. Dabei gibt es verschiedene Möglichkeiten:

- Verhaltensformung: Von den ersten Ansätzen richtigen Verhaltens bis zur perfekten Verhaltensweise wird der Lernende geformt.
- Verhaltensketten: Zerlegung des Lerngegenstandes in einzelne Verhaltensabschnitte, die getrennt eingeübt werden.

Formungsphase (Differenzierung, Perfektionierung). Ziel ist es, den Ablauf einer komplexen Verhaltensweise zu trainieren. Mit Hilfe differentieller Verstärkungen werden die einzelnen Glieder eingeübt und gefestigt, bis sich der Lernprozeß auf die gewünschte Endverhaltensweise zubewegt.

Stabilisierungsphase. Ist der Verhaltensablauf erfaßt, so wird der Gesamtablauf mit gelegentlicher Verstärkung eingeübt und gefestigt.

Ein Optimum an positiver Verstärkung erhält man, wenn emotionale Zuwendung und Respekt vor der Persönlichkeit des Lernenden diesen stärken (*Edelmann* 1986).

2.3 Motiv und Motivation

Motive sind in der Persönlichkeitsstruktur überdauernd fest verankert und sind individuell verschieden ausgeprägt. Das Motiv einer Person kann z.B. sein, anderen zu helfen. Kommt diese Person in eine Situation, die ihre Hilfe erfordert, baut sich eine Motivation auf, die durch Hilfeleistungen abgebaut wird.

Triebe und Bedürfnisse, Strebungen, Neigungen, Wünsche und Interessen gehen in die persönliche Motivation mit ein, wenn die Reize in einer Situation dazu anregen. Die Motivation ist abhängig vom Motiv des Lernenden und dem auffordernden Charakter der Situation, d.h. dem Anreizwert, der emotionalen Valenz der Reize.

Die Motivation aktiviert den Organismus. Die Richtung dieses Strebens auf ein bestimmtes Objekt wird durch die Art und die auffordernde Eigenschaft der Reize bestimmt.

Das Lernen beeinflußt die Verhaltensweisen wie den motivationalen Bereich eines Individuums.

Man unterscheidet zwischen intrinsischer und extrinsischer Motivation. Bei der intrinsischen Motivation steht die Tätigkeit selbst unmittelbar in Verbindung zu den Motiven. Die Tätigkeit macht Spaß und baut positive Empfindungen auf.

Bei einer extrinsischen Motivation werden nach Vollendung einer Tätigkeit positive Konsequenzen erwartet, die nicht unmittelbar mit der Tätigkeit verbunden sind, beispielsweise eine Belohnung für eine abgeschlossene Arbeit. Auf diesem Prinzip beruhen Anreizsysteme (*Becker* 1985). Wenn die Arbeit selbst nicht interessanter und somit motivierender gestaltet werden kann, sind Belohnungen der letzte Ausweg. Belohnungen sind immer noch besser als Drohungen.

Atkinson (1975) faßt in seiner Leistungsmotivationsformel intrinsische und extrinsische Motivation zusammen:

Leistungsmotivation = (Hoffnung auf Erfolg – Furcht vor Mißerfolg) + Belohnung oder Zwang

Die Addition von Belohnung oder Zwang macht deutlich, daß Leistungen auch ohne extrinsische Motivation erbracht werden.

2.4 Folgerungen

Lernen führt zu emotionalen Besetzungen von Umweltreizen und Verhaltensweisen. Reize wie Verhalten erhalten dadurch motivationale Kraft. Beziehen wir die Erkenntnisse auf Lernsituationen, so können wir damit erklären, warum wir zu Fachgebieten unterschiedliche emotionale Bezüge haben und warum wir negativ oder positiv darauf reagieren.

Welcher Art diese Reaktionen sind, ist von Lernerfahrungen in der Vergangenheit, insbesondere den schulischen, abhängig. Bestimmte Methoden und Verhaltensweisen der Lehrer haben negative Empfindungen ausgelöst. Das kann uns ein ganzes Fach verleiden oder das Lernen überhaupt. Dies zeigt sich dann in Lernwiderständen und in der Furcht vor Mißerfolgen, z. B. lassen sich Erwachsene nur ungern belehren, benoten; manche stehen dem Lernen allgemein negativ gegenüber. In der Regel machen wir aber während des Lernprozesses nicht nur negative, sondern auch positive Erfahrungen.

Dieses Zusammenspiel emotional-motivationaler Reaktionen muß bei der Gestaltung des Lernprozesses unbedingt beachtet und analysiert werden. Nur so können wir Lernbedingungen und das Lernen positiv und motivierend formen.

Situationen, in denen Menschen zusammen lernen, Lösungen finden, miteinander diskutieren etc. lösen meist positive Erlebnisse aus.

Der Seminarleiter sollte versuchen, bei den Teilnehmern Gefühle der Angst abzubauen, indem er ihnen Sicherheit im Umgang mit dem Lehrmaterial vermittelt. Dies kann direkt geschehen durch einen freundlichen Umgang des Trainers mit seinen Teilnehmern, dem Herstellen von Kontakten untereinander, Eingehen auf die Probleme des Einzelnen oder indirekt durch das Vermindern verunsichernder Reize. Lernsituationen erfordern Transparenz und Erläuterungen, was und wie gelernt werden soll.

Auf diesen Gestaltungsbereich wird noch im Zusammenhang mit der Seminarplanung konkreter eingegangen.

2.5 Modellernen

Das Verhalten der Mitmenschen ist ebenso ein Auslöser für Lernprozesse. Die Beziehung zu dem Menschen mit dem „Modellverhalten" und der Erfolg der beobachteten Verhaltensweise spielen dabei eine wichtige Rolle. Vorgesetzte vermitteln vielfach durch ihre Umgangsart mit Mitarbeitern ein Vorbild, wie man erfolgreich in einer Organisation verkehrt. Das Modellverhalten ist zum Erlernen eines Kommunikationsstils weit wichtiger als die Führungsleitlinien einer Organisation.

Im Lernen anhand eines Modells eignet man sich komplexe Verhaltensweisen an. Informationen werden durch zentrale, aber unbewußte Prozesse integriert. Zwischen der Phase der Anregung durch ein Modell und der Ausführung der gelernten Verhaltensweisen nimmt man folgende kognitive Prozesse an:

Aneignungsphase:

Aufmerksamkeitsprozesse. Die Aufmerksamkeit wird auf das erfolgreiche Verhalten des Modells gelenkt. Unsicherheit und Zweifel in der Beurteilung des eigenen Verhaltens ist eine der Ursachen für die Orientierung des Lernenden am Modellverhalten. Ein positives Verhältnis zum Modell fördert das Interesse für die Person und ihr Verhalten.

Gedächtnisprozesse. Modellreize werden in Schemata umgeformt, die in zwei Repräsentationssysteme – ein bildhaftes und ein sprachliches Repräsentationssystem – klassifiziert, organisiert und kodiert sind. Die Kodierung ermöglicht eine Verallgemeinerung und organisiert später die Wahrnehmung.

Ausführungsphase:

Motorische Reproduktionsprozesse. Für den motorischen Bereich bilden sich Schemata, die den motorischen Ablauf des Verhaltens steuern. Sie werden ebenfalls im Gedächtnis abgespeichert und sind mit der Wahrnehmung verbunden.

Verstärkungs- und Motivationsprozesse. Es bildet sich eine Antizipation der erwarteten positiven Resonanz, wenn die modellhaft vorgeführten Verhaltensweisen angeeignet und später praktiziert werden. Positive wie negative Verstärker wirken mit ein.

Die vorgestellten Aneignungsphasen demonstrieren, daß komplexe soziale Verhaltensweisen von Mitmenschen übernommen werden, ohne daß bewußte, zeitaufwendige Lernvorgänge notwendig sind. Viele Sozialisationsvorgänge, die z. B. das Individuum an die praktizierten Verhaltensnormen einer Organisation anpassen, können so erklärt werden.

2.6 Kognitives Lernen: Begriffsbildung und Wissenserwerb

Im ursprünglichen Sinne verstehen wir unter Lernen hauptsächlich, was wir uns bewußt in der Aus- und Weiterbildung aneignen. Sei es, das wir Begriffe und Vokabeln lernen, bestimmte Handlungsabläufe einüben, mit Theorien Ereignisse zu verstehen suchen oder den Sinn eines Textes durch Interpretation erfassen. Dies ist aber nur ein Teil des Lernens, wie wir vorher darstellten. Auch beim kognitiven Lernen spielen emotionale und motivationale Prozesse eine Rolle. Sie bestimmen, ob wir uns überhaupt mit bestimmten Inhalten auseinandersetzen wollen.

2.6.1 Formen der Repräsentation

Objekte unserer Umwelt stellen sich als Einzelfälle oder klassifizierte Erscheinungen dar. Diese Erscheinungen werden durch die Bildung von Begriffen klassifiziert. Die Klassifikation bezieht sich auf alle denkbaren Repräsentationsformen.

Handlungsmäßige Darstellung. Beim Kleinkind sind Wahrnehmung und Bewegung direkt miteinander gekoppelt (sensomotorische Intelligenz nach Piaget). Die isolierten Einzelhandlungen sind in Handlungsschemata gruppiert, aus denen sich allgemeine Verhaltensmöglichkeiten herausbilden. Dies ist auch eine Form der Begriffsbildung (*Piaget* 1971).

Bildhafte Darstellung. Die Vorstellungsbilder sind zunächst flüchtig, ungegliedert und durch eine kleine Anzahl auffälliger Oberflächenmerkmale gekennzeichnet. Aus diesen Merkmalen entwickeln sich schematisierte Vorstellungen, Klassifizierungen – eine weitere Form der Begriffsbildung.

Symbolische Darstellung. Objekte werden benannt, mit willkürlich ausgewählten Zeichen und Symbolen versehen. Diese Zeichen sind Informationsträger, die stellvertretend für die Bedeutung des Objektes stehen, das sie bezeichnen oder symbolisieren (Sprache, mathematische Zeichen, religiöse Symbole ...).
Die Bedeutung und Beziehung zwischen Zeichen und dem Bezeichneten muß erlernt werden. Symbole können sich auf Einzelobjekte oder ganze Objektgruppen beziehen (*Bruner* u.a. 1971).

2.6.2 Subjektivität der Begriffsbildung

Begriffsbildung ist eine Aktivität kognitiver Organisation, bei der eine individuelle Entscheidung getroffen wird. Der Prozeß der Begriffsbildung vollzieht sich in drei Abschnitten:
- Informationsaufnahme
- Informationsverarbeitung und Informationsspeicherung
- Bewertung und ggf. Handlung.

Das aktive, individuelle Organisieren der Information in einer subjektiven und kognitiven Struktur kann zur Folge haben, daß ein Objekt bei mehreren Individuen in unterschiedliche Kategorien zugeordnet wird. Wir unterscheiden folgende Kategorien:
1. Affektive Kategorie: Zu einem Objekt besteht eine emotionale Beziehung, die mehr oder weniger stark sein kann (Ich-Beteiligung).
2. Funktionale Kategorie: Sie drückt aus, welche Handlung sich vollziehen kann.
3. Formale Kategorie: Einordnung in eine sachliche Kategorie. Ein Begriff steht in einer kognitiven, emotionalen Handlungsstruktur. Soll die hierarchische Zuordnung eines Begriffes deutlich gemacht werden, so benutzt man Definitionen. Sie beschreiben die Kategorie oder das theoretische Modell.

2.6.3 Realdefinition und funktionale Definition

Diese Art der Definition versucht eine Wesensbestimmung. Sie führt alle notwendigen; wesentlichen Merkmale auf und vermeidet überflüssige, unwesentliche. Elemente einer Realdefinition sind die Angaben über die nächsthöhere Gattung und den artspezifischen Unterschied. Beispiel: Der Mensch ist ein vernünftiges Lebewesen.
Bei der funktionalen Definition wird die Funktion angeführt. Beispiel: Intelligenz ist die Fähigkeit zum Denken; Motivation ist die Bereitschaft zur Bewältigung gestellter Aufgaben.

Nominaldefinition. Der betreffende Sachverhalt wird umschrieben. Unbekannte Begriffe werden durch bekannte Begriffe ersetzt. Beispiel: Intelligenz ist Begabung; Bewußtsein meint Wahrnehmung und Gedächtnis.

Operationale Definition. Der zu definierende Sachverhalt wird durch konkrete Beispiele belegt. Meist wird auch die Operation angegeben, die zum Definitionsgegenstand führt. Beispiel: Fleiß ist, wenn man die Hausaufgaben regelmäßig macht.

Unser Wissen besteht aus Kombinationen von Begriffen. Dies sind Begriffsketten, die einen bestimmten Zusammenhang haben und Regeln bilden. Beispiel: Die Sonne geht im Westen unter; $E = m \times c^2$.

Die Regeln können verschieden komplex sein und müssen bei Lernvorgängen in überschaubare Abschnitte zerlegt werden (*Heller* u. *Nickel* 1976).

2.6.4 Wissenserwerb als Regellernen

Brunner (1971) macht folgende Annahmen über das Wesen des Wissens:

1. Der Mensch verfügt über ein universelles angeborenes kognitives Verarbeitungsmuster (Formen der Repräsentation, Gestaltgesetze etc.).
2. Die Form der Informationsverarbeitung wird durch Lernprozesse in ihrem kulturellen Milieu beeinflußt. Denkformen, Sprache, Wertsysteme sind Lernergebnisse, die Anschauungen und Ereignisse unserer Welt zu bewältigen. Der Mensch übernimmt kognitive Modelle und paßt sie den jeweiligen Gegebenheiten an.

Die Bildung von Begriffen meint folglich nicht ein absolutes Neulernen, sondern vielmehr eine Form des Umlernens. Informationen werden in bereits bestehende Kategorien eingeordnet und verändern alte Wissensstrukturen. Das Individuum gestaltet in einem aktiven Prozeß den Ablauf des Lernens einer Regel.

Gangné (1969) unterscheidet verschiedene **Lernstrukturen** und **Lernhierarchien:**
- Begriffsbildung, Kategorisierungen, Theorien
- Wissen, Regeln
- Problemlösungsverfahren, Anwendung von Regeln.

Es ergibt sich eine Lernstruktur, die die Aufschlüsselung enthält, welche Begriffe, Regeln und Verfahrensweisen eines Lerngegenstandes erlernt werden müssen (ausführliche Darstellung der Lerntheorien (*Edelmann* 1986).

2.6.5 Zusammenfassung der Lerntheorien

Unbewußtes außengesteuertes Lernen

Assoziatives Lernen: Reize erhalten emotional-motivationale Bedeutungen und organisieren Annäherungs- oder Vermeidungsverhalten.

Instrumentelles Lernen: Verhaltensweisen erhalten durch positive/ negative Verstärker Bedeutung. Mit erlernten Verhaltensweisen wird auf die Umwelt eingewirkt.

Übergangsform

Modellernen: Komplexe soziale Verhaltensweisen werden von Bezugspersonen übernommen und angewendet.

Bewußtes selbstgesteuertes Lernen

Kognitives Lernen: Begriffsbildung und Denkstrategien; bewußtes Aneignen von Wissensbeständen, mit denen Reize und Verhaltensweisen organisiert werden.

2.7 Strukturbildungen durch Lernen

Der Mensch kann sein Leben nicht durch die ererbten Strukturen meistern. Er erwirbt durch Erfahrungen ein umfangreiches Verhaltensrepertoire. Zusätzlich benötigt er kognitive Formen, mit denen er Distanz zur Situation schaffen kann und bewußte Auseinandersetzungen gestalten kann. Der Lernstoff in Aus- und Weiterbildung soll die Möglichkeit dazu schaffen.

Die Lernprozesse strukturieren das Langzeitgedächtnis. Das Gelernte im Langzeitgedächtnis steuert die Wahrnehmung und das Verhalten. Durch Lernprozesse bilden sich auch Motivationsstrukturen, die die Energie und die Ausrichtung des Verhaltens ermöglichen. Die Motivation hat ebenso eine kontrollierende und steuernde Funktion. Nur bei erfolgreichen Handlungen baut sich die motivationale Spannung ab.

Die folgende Übersicht beschreibt verschiedene Steuerungsebenen, die qualitativ voneinander abweichen. Kognitiv gelenkte Verhaltensabläufe sind bewußt strukturiert. Sie unterscheiden sich wesentlich von emotionalen Verhaltensweisen, wie z. B. einem Wutausbruch oder der Trauer bei einem Todesfall. In der Regel müssen wir uns die Ebenen verzahnt vorstellen. Emotionale, motivationale und kognitive Elemente sind miteinander vermischt. Auch eine wissenschaftliche Arbeit hat emotionale Anteile. Ein emotionaler Ausbruch hat auch den Ansatz einer kognitiven Strukturierung.

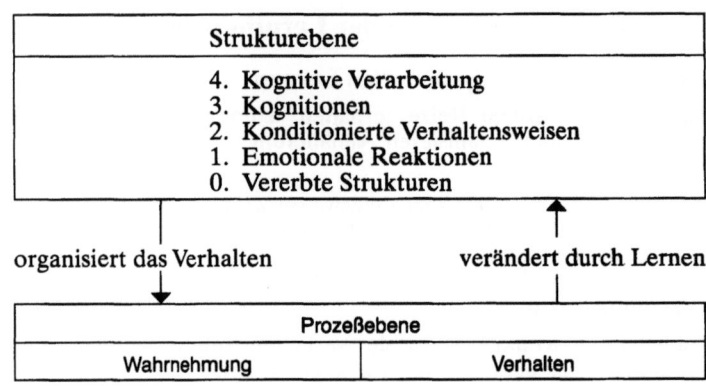

Steuerung des Verhaltens durch vererbte und erlernte Strukturen

4. Steuerungsebene: Kognitive Verarbeitung

Begriffe, Definitionen, Wissen, Regeln steuern Denkstrategien. Dazu gehören auch:

Problemlösungsheuristiken
Problemlösungstechniken
Entscheidungstechniken
Planungstechniken
Interventionstechniken
Wissenschaftliche Theorien
Wissenschaftliche Erkenntnisse
Wissenschaftliche Erhebungs- und Überprüfungsmethoden

Motivationsstruktur: Ziele, Werte

Erwerb: durch kognitives Lernen und bewußtes Anwenden.

Prozeßkontrolle: Erreichen – Nichterreichen gesetzter Kriterien, Sollwerte, Normen, Wertvorstellungen, etc.

3. Steuerungsebene: Kognitionen

Gewohnheiten, Einstellungen, automatisierte Handlungs- und Verarbeitungsmechanismen.

Motivationsstruktur: Formelle, informelle Normen, soziale Kontrollen, Zielerreichung durch die Handlung.

Erwerb: durch Modellernen; kognitives, mechanisches und rezeptives Lernen.

Prozeßkontrolle: Erfolg – Mißerfolg

2. Steuerungsebene: Konditionierte Verhaltensweisen

Verhaltensstrukturen durch emotionale Besetzungen von Verhaltensweisen.
Motivationsstruktur: Erfolgsorientierung, Bedürfnisse, Interessen.
Erwerb: durch instrumentelles Lernen; Versuch-Irrtum-Lernen
Prozeßkontrolle: Zufriedenheit – Unzufriedenheit

1. Steuerungsebene: Emotionale Reaktionen

Ererbte und erlernte emotionale Strukturen, welche die emotionale Wertigkeit von Umweltreizen organisieren. Sie bestimmen den emotionalen Bezug zur Sach- und Personenwelt.
Erwerb: durch Assoziationslernen
Prozeßkontrolle: Lust – Unlust

0. Steuerungsebene: Vererbte Strukturen

Reflexe, physiologische Bedürfnisse wie Hunger, Durst, Sexualität; Emotionen wie Angst, Freude . . .; grundlegende Dispositionen wie z. B. Intelligenz, Extrovertiertheit, Introvertiertheit, die ihre Formung erst von der Umwelt erfahren.

Ebene der ablaufenden Erlebens- und Verhaltensprozesse

Informationsaufnahme
Empfindungen
Gestaltgesetze

Informationsverarbeitung
Wahrnehmungen: Encodierung der Info
- Akzentuierung
- Bewertung
- Interpretation

Verhaltensorganisation
Zuordnung der verarbeiteten Informationen zu Denk- und Verhaltensmechanismen und kognitiven Verarbeitungsmethoden.
Die Anforderungen an kognitive Leistungen haben sich in den letzten Jahrzehnten vergrößert. Aus- und Weiterbildung spielen eine immer größer werdende Rolle für den Erhalt einer Gesellschaft. Die nationale und internationale Arbeitsteilung ist weiter fortgeschritten. Die Anforderungen können nur arbeitsteilig in Organisationen bewältigt werden:
- Neue Technologien müssen genutzt und beherrscht werden
- Strukturkrisen fordern Anpassungen

- Probleme globaler Art – wie Umweltprobleme – müssen gelöst werden
- Sicherheitssysteme müssen geschaffen werden, um die Zivilisation zu erhalten.

Individuen und Organisationen müssen lernen mit den Problemen umzugehen. Dafür müssen neue Inhalte wie Methoden erschlossen werden, um den Herausforderungen kognitiv begegnen zu können. Dies soll in dem anschließenden Abschnitt verdeutlicht werden. Im Abschnitt Lernmethoden gehen wir auf die entsprechenden Lernmethoden ein.

3 Anforderungen an die Weiterbildung

3.1 Komplexität und Verschränkung von Theorie/Praxis

Leider bewirken Maßnahmen zur Lösung von Problemen häufig neue Probleme, die man zuvor nicht bedachte. Das ist insbesondere dann möglich, wenn in einer Situation vielfältige Verknüpfungen bestehen, die bei einer Änderung Wirkung zeigen.

Der Führungsstil in einer Organisation wird z. B. verändert, um die Mitarbeiter durch ein angenehmeres Betriebsklima zu mehr Leistung zu motivieren. Der neue kooperative Arbeitsstil erleichtert es den Mitarbeitern, ihren Respekt vor den Vorgesetzten abzubauen und ihre Unzufriedenheit mitzuteilen. Der veränderte Führungsstil hat keine zusätzliche Motivation geweckt, sondern gerade gegenteilig dazu geführt, zusätzliche Probleme und Spannungen aufzubauen. Die Ursachen für die mangelnde Motivation lagen möglicherweise in anderen Dingen begründet, wie z. B. langweilige und ermüdende Arbeit, Spannungen unter den Mitarbeitern und ungenügende Bezahlung etc. In diesem Fall sind die Ursachen multikausal. Entsprechend müssen zusätzliche Maßnahmen durchgeführt werden. Das Gleiche gilt auch für umfassende Systeme, in denen zwischen vielen Elementen Zusammenhänge bestehen, die sich wechselseitig beeinflussen. Das gilt bereits für die Betrachtung einer Gruppe, Abteilung, insbesondere natürlich für gesamte Organisationen oder noch umfassendere Systeme.

Die Elemente einer Situation sind untereinander vernetzt. Ein Netzwerk beschreibt die mehrdimensionalen Beziehungen zwischen den Elementen, die Zusammenhänge z. B. zwischen der Arbeitsleistung und den Rahmenbedingungen der Organisation, der Arbeit selbst, dem Klima in der Abteilung, dem Verhalten des Vorgesetzten . . .

Ein Netzwerk besteht aus aktiven und passiven Elementen. Aktive Elemente beeinflussen das Gesamtsystem und verleihen ihm Eigendynamik. Das Klima kann sich selbständig immer weiter verschlechtern, ohne daß Einfluß genommen wird.

Die Beeinflussung der Elemente wird unterschieden in eine direkte und indirekte Form. Bei der indirekten Beeinflussung muß der Akteur zunächst vorgeschaltete Elemente verändern, um die Veränderung der eigentlichen Elemente zu bewirken. Will man die

Zusammenarbeit in einer Organisation intensivieren, müssen erst dazu die notwendigen Voraussetzungen geschaffen werden, wie die Gliederung der Organisation in teilautonome Gruppen und die Bildung von Ausschüssen zur Bearbeitung spezifischer Probleme etc. Anschließend können die Kooperationsformen eingeübt und dann die Probleme gelöst werden.

Der Verbund aus zahlreichen Elementen ist an sich nicht neu. Allerdings sind diese Vernetzungen heutzutage häufiger als in der Vergangenheit gegeben. Die Teilsysteme, die Lebensräume der Menschen bewegen sich weiter aufeinander zu. Autarke Lebensbereiche existieren kaum noch. (Ein mittelalterliches Dorf war durchaus in der Lage, sich allein zu versorgen.) Auch Nationalität begrenzt keine Verflechtungen mehr. Energiekrisen im Nahen Osten beeinflussen das wirtschaftliche System weltweit. Die effektive Zusammenarbeit einzelner Organisationen kann nur dann gelingen, wenn international einheitliche Regelungen Gesamtsysteme ermöglichen. Solche Systeme zu bilden ist schwer genug. Tauchen Probleme in solchen vernetzten Systemen auf, ist es schwierig, sie zu verstehen und zu lösen.

Entsprechend der Vielzahl von Elementen und den daraus resultierenden Problemen werden bei einem vernetzten System Zielsetzungen formuliert, die auch in Widerspruch zueinander stehen können. Die Entwicklung eines sozialen Klimas kann den geforderten Leistungen widersprechen, die Interessen der Mitarbeiter kollidieren mit denen ihrer Vorgesetzten. Die Schwierigkeit besteht darin, die Widersprüche und die verschiedenen Ziele in Einklang zueinander zu bringen, was manchmal unmöglich sein kann.

Je komplexer die Systeme werden, um so schwieriger ist es, in diese einzudringen. Die Elemente unserer Realität sind – bedingt durch Vernetzung und Eigendynamik – häufig nur vage, zumeist überhaupt nicht bekannt. Ein lineares Problem-Ursachen-Wirkungsdenken hilft nicht weiter. Erklärungen erfordern eine Analyse und Betrachtung multikausaler Zusammenhänge, die über die Grenzen der Einzelwissenschaften hinausreichen.

Wir können auf diese Verhältnisse nun unterschiedlich reagieren. So wird z. B. häufig der Realitätsausschnitt auf einen einzelnen Punkt reduziert: „Die staatliche Bürokratie verhindert Problemlösungen" oder „Der Kapitalismus ist für die Arbeitslosigkeit verantwortlich". Bei diesen einseitigen Betrachtungen fallen die Lösungen entsprechend einfach aus.

Eine andere Möglichkeit ist, die Systemelemente herauszufinden, die man *nicht* beeinflussen kann. Die Frage „Wer ist verantwortlich für die Umweltverschmutzung?" läßt sich leicht von einem Verursacher zum nächsten weiterreichen, erleichtert die Problemlösung jedoch nicht (*Dörner* 1984).

3.1.1 Primärfehler beim Umgang mit komplexen Systemen

Mangelhafte Berücksichtigung zeitlicher Abläufe. Meist werden Daten nur zu der eigentlichen Situation gesammelt. Um die Bewegungsrichtung eines Systems und seine wichtigen Bestandteile zu beherrschen, ist es notwendig, auch die Entwicklungen des Systems vor dem Zeitpunkt der Analyse zu kennen.

Schwierigkeiten beim Umgang mit exponentiellen Entwicklungen. Sehr viele Entwicklungen zeichnen einen Verlauf, der sich in exponentiellen Funktionen ausdrückt. Solche Wachstums- und Verfallskurven lassen sich in unserer Gesellschaft häufig beobachten, z. B. die technische Entwicklung, Erdölverbrauch, Folgen der Umweltverschmutzung etc. Exponentialverläufe besitzen die Eigenart, daß sie recht langsam beginnen, sich dann aber fast explosionsartig beschleunigen.

Denken in Kausalketten statt in Kausalnetzen. Bei der Beschreibung und Erklärung von Problemen wird nicht genügend berücksichtigt, daß Problem und Ursache miteinander verbunden sind und sich bei Lösungsinterventionen gegenseitig beeinflussen. Einfache Wenn-dann-Beziehungen mit entsprechenden Lösungsableitungen können zu unerwünschten Nebeneffekten führen. Es gibt zahllose Beispiele aus der Entwicklungspolitik, daß die Einführung technologischer Neuerungen in einem Entwicklungsland nicht zu steigendem Wohlstand, sondern zur Verarmung führte.

Beim Umgehen mit komplexen Problemen beobachtet man bei erfolglosen Versuchspersonen (Vpn) typische Verhaltensweisen (*Dörner* 1981). Die Vpn mußten eine Stadt (Lohhausen) als Bürgermeister mit unbeschränkten Machtbefugnisen in einer Computersimulation entwickeln:

- Häufiges Wechseln von Bearbeitungsthemen. Man springt von einer oberflächlichen Behandlung eines Themas zum nächsten Thema.
- Konzentration auf Kleindetails. Relativ unproblematische, unwichtige Details werden mit großem Zeitaufwand bearbeitet.
- Sinkende Entscheidungsbereitschaft. Entscheidungen werden herausgezögert, delegiert.
- Schuldverschiebungen. Andere haben daran Schuld, daß sich das System (die Stadt Lohhausen) nicht positiv entwickelt.
- Absinken von Vorannahmen und Selbstreflektionen. Die Auseinandersetzung mit der vorgegebenen komplexen Situation nimmt ab. Es wird weniger vorausgeplant und über die Wirkungen von Maßnahmen nachgedacht.
- Das Denken zersplittert sich. Es bilden sich Stereotypen, Vorannahmen werden selten überprüft.

- Die Verschlechterung des Systems führt zu Notfallreaktionen.

Mißerfolge führen zu einem Verlust der Kontrolle über die Geschehnisse. Emotionale Prozesse haben immer mehr Einfluß auf die Verhaltensweisen der Vpn.

Bei der Auseinandersetzung mit komplexen, vernetzten Problemen geht es auch darum, die emotionalen Faktoren miteinzubeziehen. Das ist neben den kognitiven Faktoren ein wichtiger Gesichtspunkt bei der Gestaltung von Lernprozessen.

3.1.2 Kognitive Anforderungen beim Umgang mit komplexen Systemen

Die Handlungen in einem komplexen System müssen so organisiert werden, daß die gewünschten Effekte eintreten. Zunächst wird die Vielzahl der anfallenden Daten geordnet, strukturiert und auf die wesentlichen reduziert. Die Daten müssen im Gedächtnis verfügbar sein, um sie bei anfallenden Problemen gezielt einsetzen zu können. Handlungsfähigkeit erfordert auch, daß die Problemfelder aktiviert, sie in ihrer Bedeutung richtig eingeschätzt werden und wir uns durch Informationssammlung ein zutreffendes Bild machen.

Zur Entwicklung begründeter und geeigneter Maßnahmen muß man in die Materie eindringen und Ursachen und angestrebte Ziele festlegen. Anschließend wird die angestrebte Zielsetzung in entsprechende Handlungen umgesetzt. Wichtig ist, die Einflüsse der Handlungen einzuschätzen und mögliche Fehlentwicklungen und unerwünschte Folgen vorauszusehen (s. Teil B Kap. 2.1).

Für komplexe Systeme kann es keine ideale Lösung geben. Bereits bei der Festlegung der Ziele treten Konflikte auf, die bei der Lösungsformulierung zu berücksichtigen sind. Ferner entwickelt sich ein System kontinuierlich und eigendynamisch weiter, ohne daß in den Prozeß eingegriffen wird. Diese eigendynamischen Veränderungen sind auf Inhalt und Richtung zu überprüfen, der Handlungs- und Lösungsprozeß sind an die Veränderungen anzupassen.

3.2 Gesellschaftliche Veränderungen und Folgen für die Lerngestaltung

Gesellschaftliche Prozesse wirken sich auch auf das Lernen und die Lernplanung aus. Wertvorstellungen, Technologien verändern sich und damit auch die Zielsetzungen und Anforderungen in der Aus- und Weiterbildung. *Schmidtchen* (1984) stellte z. B. fest, daß sich Arbeitsmoral und wichtige Tugenden der Vergangenheit wandeln und an Bedeutung verlieren, z. B.:

3.2 Gesellschaftliche Veränderungen und Folgen für die Lerngestaltung 23

- Präzision
- Pünktlichkeit
- umsichtig arbeiten
- fleißig sein
- ausgeruht die Arbeit beginnen
- tun, was gefordert wird.

Stattdessen gewinnen kommunikative Tugenden an Wichtigkeit:
- Teamarbeit
- eigene Meinung
- Offenheit
- Verträglichkeit
- Zuhören
- Humor
- für andere da sein.

Die veränderten Arbeitsbedingungen, die Einführung neuer Technologien und Aufgabenstellungen fordern neue Stoffinhalte aber auch ein teamorientiertes Denken und neue Arbeitsstrukturen (teilautonome Gruppenarbeit). So ist Weiterbildung sehr viel mehr als nur eine Vermittlung von neuen Erkenntnissen und Methoden. Haltungen, Einstellungen, Veränderungen der Organisation können ebenfalls mit zum Thema der Weiterbildung gehören.

Normalerweise können wir mit dem in Schulen und Hochschulen erlernten Wissen nicht unsere gesamte Berufszeit bestreiten. Viele Dinge müssen wir uns zusätzlich aneignen, um den gewählten Beruf weiterhin ausführen zu können. Das ist das eine Argument für die Notwendigkeit der Weiterbildung. Das zweite ist, daß in der Praxis Probleme auftauchen, zu denen keine festen Lösungen existieren. Die Lösungen müssen erst entwickelt werden, wobei vorhandenes Wissen uns helfen kann. Dennoch werden wir häufig den Sachverstand anderer Fachleute benötigen.

Den Verbund aller Wissensbereiche kann man allerdings nur dann nutzen, wenn allen Mitarbeitern die Instrumente bekannt sind, mit denen das Vorgehen bei komplexen Problemlösungen gestaltet wird. Kooperative Zusammenarbeit und konstruktive soziale Verhaltensweisen sind die wichtigsten Kriterien für eine fundierte und befriedigende Lösung eines Problems (*Prokop* und *Geissler* 1974).

Vorstellungen, Bedürfnisse und Wertorientierungen wandeln sich in Lernprozessen und prägen das Erleben unserer Arbeitssituation. Dieser Wandel betrifft aber nicht nur die Arbeit an sich, sondern auch die Gestaltung der Lernprozesse in Aus- und Weiterbildung. Folgende Darstellung soll diese wechselseitige Beeinflussung verdeutlichen:

Mensch ⬅————————————➡ **Umwelt**

Fähigkeiten, Fertigkeiten,
Bedürfnisse, Interessen,
z. B. nach Autonomie,
sozialem Kontakt, Selbst-
verwirklichung

Forderungen nach
Bewältigung von kom-
plexen Aufgaben und
Problemen, Anpassung
an neue Technologien.

Forderungen an die Lerngestaltung
- Wandlung des fremdzentrierten in selbstzentriertes Lernen
- Wandlung des linearen, trainerzentrierten Lernen in komplexes, teilnehmerorientiertes, aktives Lernen

Folgende didaktisch-methodische Trends sollen dies verdeutlichen (Tab. 2).

Der Wandel erfordert auch eine stärkere Offenheit in der Gestaltung der Lernsituationen. Dies bedeutet allerdings nicht, daß etwa weniger geplant werden müßte. Der Rahmen, in dem gezieltes Lernen erfolgt, stellt sich in einer anderen Weise dar. Der Bewegungsspielraum der Lernenden verändert sich ebenso wie die Art der Teilnahme an Lernprozessen. Dies soll durch Tabelle 3 veranschaulicht werden.

Die veränderten Lerngestaltungen sollen umfassende Handlungskompetenzen aufbauen und außerdem den veränderten Motivationsstrukturen gerecht werden.

Kompetenzbereiche des Lernens

Zusammengefaßt stellt sich die Aufgabe, Lernen in vier Kompetenzbereichen zu planen und auszuformen (*Decker* 1984, S. 269).

Handlungskompetenz

- *Fachkompetenz:* Begriffe, Wissen, Theorien, Erkenntnisse aus den Wissenschaften
- *Methodenkompetenz:* Methoden zum Lösen von Problemen, Planen, Kontrollieren
- *Sozialkompetenz:* Fähigkeit, Kommunikation und Interaktionen konstruktiv, kooperativ zu gestalten
- *Selbstkompetenz:* Entwicklung zu einer selbstsicheren Persönlichkeit

Berücksichtigt man die Motivationsstrukturen nicht und schafft keine positiven Erlebnisse im Zusammenhang mit dem Lernstoff und eintretenden Veränderungen, muß mit Lernwiderständen gerechnet werden.

3.2 Gesellschaftliche Veränderungen und Folgen für die Lerngestaltung

Tabelle 2 Didaktisch-methodische Trends des Lernens (aus *Decker, F.:* Grundlagen und neue Ansätze in der Weiterbildung. München, Wien 1984).

Trend	
von	zu
isoliertem fragmentarischem Aspektlernen	**systemorientertem, ganzheitlichem Komplexlernen**
umweltbezogenem, äußerem ökonomischen Lernen	umwelt- und umweltbezogenem, äußerem und innerem, objekt- und subjektbezogenem Lernen
rationalem Lernen	rationalem und emotionalem, subjektivem Lernen
Objekt-Lernen	ganzmenschlichem Lernen
inhaltsorientiertem Lernen	zielorientiertem teilnehmer- bzw. mitarbeiterorientiertem Lernen
Lernqualität	Lernqualität
kognitivem, linearem Sachwissen und funktionalen Fertigkeiten, zentralisiertem, frontalem Lernen	Aufbau von Problembewußtsein, Haltungen und situativer Bewältigungsfähigkeit, dezentralem, differenziertem Lernen
passivem Antwortsammeln	aktiver Antwortsuche
starr geordnetem inhaltlichem Lernsystem	flexiblem, anpassungsfähigem offenem Lernsystem
Trainerinitiative und Traineranweisung	Initiative der Lernenden bzw. freiheitlicher Mitgestaltung, Gruppenplanung und Partizipation
auswendig gelernten Wissensbeständen bzw. Antworten	problem- und entscheidungsorientiertem Bewußtsein
hauptsächlichem Gebrauch des Textbuches	Gebrauch von vielen, unterschiedlichen Medien
fremdzentriertem Lernen	selbstzentriertem Lernen
passiver Teilnahme und Informationsverarbeitung des Lernenden (indirektes Lernen)	aktivem Lernen (direktem Lernen)
einseitiger Lernbeanspruchung mit geringer ganzmenschlicher Zufriedenheit	umfassender ganzmenschlicher Zufriedenheit mehrdimensionalen Lernens

Tabelle 3 Stufen der Offenheit beim Lernen (aus *Decker, F.:* Grundlagen und neue Ansätze in der Weiterbildung. München, Wien 1984).

	Offenheit der Aufgaben (Anforderung)	Offenheit des Lernprozesses (Rolle des Lehrenden)	Offenheit des Lehrprozesses (Rolle des Teilnehmerns)	Offenheit des Ergebnisses (Ziel, Leistung)
Starke Öffnung (autonomes Lernen)	Teilnehmer planen Aktivitäten nach eigenen Interessen	Wenig Interventionen, keine Hilfe, wenig Beobachtung	Freies Erkunden, Entdecken, Entwickeln	Nicht festgelegt
Mittlere Öffnung (teilautonomes Lernen)	Lehrender und Teilnehmer planen gemeinsam. Teilnehmer wählen aus gegebenen Aufgaben aus	Stärkere Beteiligung und Förderung. Lehrender beobachtet, fragt, steuert. Programmgesteuerte Gruppen	Entwicklung, Erkundung mit Unterstützung und Führung	Festgelegt, aber flexibel
Geringe Öffnung (vollstrukturiertes Lernen)	Arbeit an festgelegten Aufgaben	Direktes Unterrichten	Vorgegebener Ablauf	Verbindliche Festlegung

3.3 Widerstände gegen Lernen und Veränderungen

In der Weiterbildung wird man immer wieder mit dem Phänomen konfrontiert, daß die Teilnehmer dem Lernprozeß Widerstand entgegensetzen, nicht bereit sind, sich mit dem Thema zu befassen. Dies zeigt sich indirekt durch mangelnde Mitarbeit, Passivität oder direkt in Angriffen auf den Trainer.

Die Ursachen können unterschiedlicher Art sein. Negative Schulerfahrungen führen dazu, daß Lernen mit negativen Emotionen besetzt ist: Der Unterricht war langweilig, die Beurteilungen führten zu persönlich empfundenen Niederlagen, das Klassenklima war schlecht oder Erfolgserlebnisse waren nur auf manche Fächer begrenzt. Die Lernorganisation und Noten führten zu Konkurrenzdenken und/oder Passivität (*Meyer* (1984, S. 289ff.).

Die Widerstände können auch durch massive Ängste hervorgerufen werden, wenn z.B. mit der Weiterbildung Organisationsveränderungen verbunden sind. Die eigene Identität wird als gefährdet erlebt (Bin ich noch in der Lage, mir die neuen Kenntnisse anzueignen? Verliere ich durch die Reorganisation meinen Arbeitsplatz?).

Nur selten werden Bedenken, Meinungen offen und direkt zu Veränderungen geäußert, deshalb einige Beispiele für indirekte Formen aus der Praxis:

Kündigungen. Fünf Schreibkräfte kündigten kurz hintereinander und gaben auf Befragung an, daß sie mit der Vorgesetzten Schwierigkeiten gehabt hätten. Das Ereignis „Kündigungen" stand jedoch in unmittelbarem Zusammenhang mit der Anschaffung neuer Schreibgeräte. Gezielt darauf befragt, gaben alle Mitarbeiterinnen an, gegen die Anschaffung dieser Geräte gewesen zu sein.

Krankheit. Nach einer umfangreichen Reorganisation ohne Beteiligung der Mitarbeiter wurden sehr viele Positionen im Management verändert. Es kam zu Rückstufungen, Versetzungen und Kündigungen. Kündigungen wurden mit Outplacementberatungen begleitet. Ein Manager mit veränderter Position berichtete, daß er eine schwere Nierenerkrankung bekam, die sich somatisch nicht erklären ließ.

Demotivation. In einer Unternehmung finden zwei Organisationsberatungen statt. Die Ergebnisse werden den Hauptabteilungsleitern jeweils mitgeteilt. Die Hauptabteilungsleiter äußern in privaten Gesprächen, daß sie nur noch wenig Interesse haben, sich für die Belange der Firma einzusetzen und bei Veränderungen der Organisation mitzuarbeiten.

Mangelnde Mitarbeit. An einem neu eingeführten DV-System mit entsprechender Software wird ständig herumgemäkelt und diskutiert, was es alles nicht kann. Die Arbeit mit dem Standardsystem verzögert sich immer mehr.

Indirekte Sabotage. Ein altes Beurteilungssystem wird von der Personalabteilung verändert, weil es oft Kritik daran gab. Die Handhabung des veränderten Systems ist ausführlich schriftlich erläutert worden. Die ausgefüllten Bögen laufen nur zögernd und auch nur nach Mahnungen zurück. Viele Beurteilungen sind offensichtlich nicht korrekt bearbeitet worden.

Veränderungen lösen dann Furcht und Angst aus, wenn die Maßnahmen negativ bewertet werden. Im Gegensatz zur Angst ist Furcht immer auf ein konkretes Objekt bezogen. Angst hingegen hat ihren Objektbezug verloren. Man kann nicht mehr angeben, wovor man Angst hat.

Furcht und Angst entstehen bei passiv Innovierenden (Betroffene von Veränderungsmaßnahmen ohne Mitwirkung) also, wenn der Mitarbeiter die Aufgabenstellung als ungewöhnlich schwierig oder gar unlösbar empfindet. Verstärkt werden diese Gefühle, wenn negative Folgen und Sanktionen bei Nichterfüllung der Aufgaben erwartet oder sogar angekündigt werden (*Böhnisch* 1979).

Angst wird dann ausgelöst, wenn die eigene Identität in Frage gestellt wird. Bei Kündigungen und Abwertungen der Stellung ist dies zu erwarten. Die Intensität und der Umfang der Angst ist abhängig davon, wie tief verwurzelt die eigene Identität mit der beruflichen Karriere ist (Abb. 2).

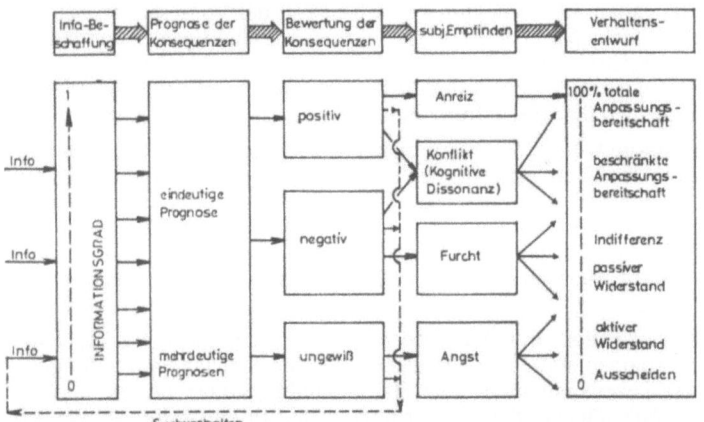

Abb. 2 Die Anpassungsbereitschaft des passiv Innovierenden (aus *Böhnisch, W.*: Personelle Widerstände bei der Durchsetzung von Informationen. Stuttgart 1979).

Menzies (1974) spricht von sozialen Abwehrmechanismen, deren Aufgabe darin besteht, Angstvermeidung zu fördern. Die Auseinandersetzung mit der Angst wird vermieden; ein Lernvorgang, wie mit Angst angemessen umgegangen werden kann, wird nicht eingeleitet. Lerngestaltung bedeutet auch, Lernwiderstände zu berücksichtigen, Ängste abzubauen (s. Teil B Kap. 2.3).

Auch die Kultur der Organisation kann gegen Veränderungen gerichtet sein. Unter Organisationskultur versteht man die Gesamtheit der ausgestalteten Normen, Werte, Gefühle, Einstellungen, Interaktionsformen und Tabus. So kann etwa die Norm bestehen, Konflikte zu vermeiden oder bestimmte Problembereiche werden tabuisiert, z. B. „Über Probleme spricht man nicht". Man geht in den Untergrund, Gerüchte entstehen ... (*Allabauer* 1981, S. 288 u. 290).

Die Zusammenarbeit von Experten kann durch hemmende Kräfte blockiert werden. Hierbei können die Furcht vor Bloßstellung, konkurrierende Verhaltensweisen oder Statusverlust eine Rolle spielen (*Chesler* u. *Flanders* 1970).

Emotionale und soziale Bedingungen erhalten eine wesentliche Bedeutung für die Lerngestaltung. Dies zu berücksichtigen fällt mit Sicherheit schwer, weil das „richtige Lernen" in der Regel nur als ein rationaler Vorgang ohne emotionale Beteiligung gesehen und gestaltet wird. Deshalb gehen wir auf diesen Bereich ausführlich bei der Darstellung der Lernplanung ein. Allerdings ersetzt eine andere Lerngestaltung nur negative Lernerfahrungen durch positive. Existentielle Ängste und Widerstände können nicht bewältigt werden. Sie müssen bei Reorganisationen berücksichtigt werden (*Langosch* 1990).

In einem Seminar gaben Studenten folgende Lösungsvorschläge zu dem Problem der Lerngestaltung:

Zur Lernorganisation

- Vorbereitungsliteratur angeben
- Seminarthema eingrenzen
- klare Zielsetzungen und Form der Arbeit am Anfang erklären
- systematische und methodische Trennung zwischen Informationsvermittlung und -verarbeitung
- Erklärung dessen, was ein Seminar ist, was dort gemacht werden soll und wer welche Rolle spielt
- Seminare mit einer geringen Anzahl von Teilnehmern

Zur Lerngestaltung

- Zeit für Identifikation mit Problem- und Seminar-Fragestellungen lassen
- viele Medien einsetzen und durch mediale Vielfalt nicht jede Sitzung der anderen gleichen lassen
- Frontalunterricht vermeiden, andere Formen im Wechsel ausprobieren und anwenden
- weniger wissenschaftliche Ausdrucksweise (auch von den Dozenten)
- Diskussionen insbesondere da anregen, wo keine feststehenden Lösungen existieren
- die Erfahrungswelt der Studenten in die Thematik einbeziehen
- Beispiele aus dem eigenen Erfahrungsbereich aufgreifen und erfragen.

Zur Interaktionsform

- erlaubte „Ehrlichkeit", offenere Äußerungen
- Bewertungsskalen von Äußerungen abbauen
- unpersönliche Atmosphäre auflockern und entspannen

- Interesse am Austausch mit den Seminarteilnehmern, nicht am Austausch von sekundären Informationen wecken
- am Anfang nicht nur Stoff etc. vermitteln, sondern auch das Kennenlernen in Gruppen ermöglichen
- Möglichkeiten zum Kennenlernen der Studenten untereinander schaffen.

Die Vorschläge beziehen sich auf Faktoren, die das Lerngeschehen fördern und hemmende Faktoren unterdrücken. Austausch, Anknüpfen an die Erfahrungswelt und Durchgestaltung des Seminars bilden wichtige Elemente. Dies kann nur realisiert werden, wenn der Trainer neben dem rein vermittelnden Lernen auch erfahrungsorientiertes Lernen vorsieht. Auch das rein kognitive Lernen wird von vielen Faktoren sozialer und emotionaler Art beeinflußt, die sich positiv oder negativ auf den Lernvorgang eines Individuums auswirken können.

3.4 Erfahrungsorientiertes Lernen

Lewin und seine Schüler entdeckten, wie wirkungsvoll erfahrungsorientiertes Lernen ist (*Comelli* 1985, S.51ff.). Sie konstatierten, daß das Engagement von Trainingsteilnehmern, die sich mit Gruppenprozessen beschäftigten, stark anstieg, wenn sie die Prozeßanalyse selbst durchführten. Entsprechend steigerte sich der Lerneffekt: eine Situation wird vorgegeben, in der eine Gruppe nach Aufgabenstellung agiert; die andere Gruppe beobachtet und beschreibt frei oder mit festgelegten Vorgaben, welche Prozesse sich in der Gruppe abspielen (Feedback). Je nach Trainingsart können sich die Rückkoppelungen verstärkt auf die Gruppe oder mehr auf das Individuum beziehen. Die Auswertung der gemachten Erfahrungen ermöglicht Verallgemeinerungen, die handlungsleitend für zukünftige Gruppensitzungen sind. Die Gruppe entwickelt sich im selbstorganisierten Lernen. Das Verhalten der einzelnen Gruppenteilnehmer paßt sich der Gemeinschaft an (*Gebert* 1974, S.38f).

Erkenntnisse werden durch die Auswertung der Erfahrungen gewonnen, die bis zur Anbindung an theoretischem Wissen vollzogen werden können. Die Aufarbeitung ermöglicht eine Verbindung zwischen Praxis und Theorie.

3.4.1 Kognitives Lernen durch Spielen

Kinder lernen viele wichtige Verhaltensweisen durch Spielen. Welche Lerninhalte überdauern, hängt von der Art, Wertigkeit und der Häufigkeit der gemachten Erfahrungen ab. Auch bei Erwachsenen laufen viele Lernprozesse im Alltag in dieser Form ab. Es liegt nahe darüber nachzudenken, wie man diese Art des Lernens auch für kognitive Lernprozesse nutzen kann, denn einige Dimensionen dieses Lernens sind für die Gestaltung eines Lernprozesses wünschenswert:

Motivation. Die Tätigkeiten selbst haben positiven Aufforderungscharakter. Es macht Spaß zu lernen.

Steuerung. Das Geschehen wird selbst mitgesteuert, der Lernende ist aktiv. Es muß nicht jemand anwesend sein, der Lernaktivitäten auslöst.

Konkretheit. Das Spiel entwickelt sich aus eigenen Erfahrungen, aus denen sich neue Erfahrungen entwickeln können.

Simulation. Im Spiel kann Realität simuliert werden. Der Lernende kann mit situativen Gegebenheiten und Verhaltensweisen experimentieren, ohne daß ein Schaden entsteht.

Kommunikation, Interaktion. In der Regel spielt man mit anderen zusammen. Die Spielpartner lernen sich kennen und erfahren voneinander. Man lernt miteinander und voneinander.

Regelhaftigkeit. Spiele können an mehr oder weniger feste Regeln gebunden sein. Spielräume für eigene Entfaltung und Veränderungsmöglichkeiten werden sichtbar.

Eine wichtige Dimension fehlt allerdings: die eigene auf Erkenntnisgewinn gerichtete Auseinandersetzung. Diesen kognitiven Aspekt müssen wir beim erfahrungsorientierten Lernen berücksichtigen und planen. Er ist am schwersten zu realisieren.

3.4.2 Gestaltung von Diskursen

Wenn Erkenntnisse *aus* der Praxis zu Veränderungen *in* der Praxis führen sollen, gestaltet sich der Lernprozeß anders als in der Schule. Die Probleme werden direkt und praxisbezogen gelöst. Solche Diskurse können auf verschiedene Art systematisch gestaltet werden. Es kommt darauf an, welchen Erkenntnisgewinn man erzielen und was man verändern will.

Die wichtigste Aufgabe von Systematiken zur Aufarbeitung von Erfahrungen ist es, den Wahrnehmungs-, Verarbeitungs- und Verhaltensprozeß rational zu gestalten, um Zugriffsmöglichkeiten und bewußtes Verstehen bei den Beteiligten zu erhalten.

In Workshops bearbeiten z.B. Mitglieder einer Organisation, zumeist mit Unterstützung eines Beraters, ihre Probleme (*Kurtz* u. *Stiefel* 1984); s. Teil B Kap. 4.1). Die Beteiligten nutzen ihr vorhandenes Wissen, um es auf einen konkreten Fall anzuwenden. Das methodische Vorgehen wird auf diese Weise mit erlernt (*Prokop* u. *Geissler* 1974).

Problemlösungsprozesse verlaufen von Natur aus subjektiv gesteuert, ohne daß zwischen Problembeschreibung, Interpretation und Bewertung unterschieden wird. Diese Verarbeitungsprozesse produzieren häufig unzureichende, weil eindimensionale Lösungen. Komplexe Lösungsprozesse lassen sich in dieser Form nicht gestalten. Hierzu müssen individuelle Sichtweisen und Lösungsvorschläge in einem gemeinschaftlichen Diskurs transparent gemacht werden. Diese Transparenz ist nur möglich, wenn die eigentlichen Verarbeitungsprozesse sukzessiv durchgeführt werden:

Beschreibung des Problems. Neben den unterschiedlichen Sichtweisen einer Problemlösungsgruppe sind detaillierte Fehleranalysen erforderlich, die die zusammengetragenen Daten und Informationen ergänzen.

Ursachen des Problems. Ein gemeinsamer Verstehensprozeß, in dem die Ursachen durch Hintergrundwissen erörtert werden, erleichtert das Lösen des Problems.

Zielsetzungen. Für jeden Gruppenteilnehmer muß klar sein, was mit den zu entwickelnden Maßnahmen erreicht werden soll. Die Ziele bestimmen auch, wie die Maßnahmen zu implementieren sind. Weg und Ziel sind voneinander abhängig.

Entwicklung von Lösungen. Nun beginnt ein kreativer Prozeß. Ein Problemlösungsteam entwickelt Lösungsmöglichkeiten, z.B. mit Hilfe des Brainstormings. Einfälle der Teilnehmer werden ohne Wertung gesammelt.

Entscheidung und Planung. Die Lösungen werden bewertet. Die zuvor formulierten Ziele bilden die Maßstäbe, um die Summe aller Entscheidungen zu bewerten. Muß- und Soll-Kriterien können unterschieden und nach ihrer Bedeutung bewertet werden. Anschließend plant das Team die Implementierung der Lösung: **Was?** muß **Wie?** bis **Wann?** von **Wem?** getan werden.

Durchführung und Evaluation. Die Durchführung der Lösung muß kontrolliert und evaluiert werden. Feinanpassungen an die Realität sind auch bei sorgfältigster Planung erforderlich. Um Abweichungen von den Zielvorstellungen bestimmen zu können, werden die tatsächlichen Wirkungen einer Maßnahme laufend kontrolliert. Jede Maßnahme muß von vornherein so angelegt sein, daß eine Revision möglich ist.

In Tabelle 4 sind die unterschiedlichen Formen von Diskursprozessen aufgeführt, mit denen ein Erschließen und Verändern von Realitätsbereichen systematisch und transparent möglich ist. Innerhalb der einzelnen Abschnitte strukturieren Systemtechniken das Vorgehen, z. B. Problemanalysetechniken, Datengewinnung durch Erhebungen, Befragungen, kreative Techniken, Entscheidungstechniken, Evaluierungsmethoden. Das muß kognitiv gelernt werden, um die Erfahrungen auswerten zu können.

Inhaltlich können sich solche Diskurse auf verschiedene Problem-/ Verbesserungsbereiche beziehen. Soziale Vorgänge in einer Organisation oder Qualitätsprobleme können auf diese Weise kognitiv zugänglich gemacht werden. Maßnahmen können dann bewußt entwickelt und kontrolliert werden.

3.4.3 Methodische Gestaltung des erfahrungsorientierten Lernens

Je nach Lernziel lassen sich verschiedene Methoden anwenden, welche die Dimensionen des Spielens aufgreifen und dessen positive Effekte nutzen. Hier sollen sie nur kurz aufgeführt werden. Im Methodenteil werden sie ausführlicher dargestellt.

Rollenspiel. Die Teilnehmer eines Seminars erhalten bestimmte Situationen (Beurteilungs-, Beratungs-, Konfliktsituationen...) als Vorgabe (angeleitetes Rollenspiel).

Mit Hilfe der Vorgaben können gezielt Gesprächssituationen mit zwei oder mehreren Rollenträgern konstruiert werden. In der Vorbereitungsphase wird das Erstellen von Gesprächskonzepten geübt:
- Wie soll das Gespräch ablaufen? Welche inhaltlichen Argumentationen sollen benutzt werden?
- Wie sollen die Interaktionsverläufe zwischen den Gesprächspartnern gestaltet werden?
- Welche emotionalen Wirkungen sollen erzielt werden?
- Sollen bestimmte Regeln, z. B. die eines konstruktiven Problemlösungsgesprächs, angewendet werden?

Das geplante Konzept spielen die Teilnehmer anschließend durch und analysieren den Verlauf und die Ergebnisse.

Dazu sammeln die Teilnehmer Daten, die auf einem strukturierten Beobachtungsbogen entsprechend den Zielen zusammengetragen werden müssen. Die Auswertung kann dann von den Gesprächsteilnehmern oder im Plenum vorgenommen werden. Videoaufnahmen des Rollenspiels lassen eine eingehende erweiterte Analyse zu. Die Aufnahmefähigkeit der Teilnehmer wird durch Wiederholung der Szenen erweitert.

Fallstudie und Varianten. Bei der Fallstudie wird eine komplexe Situation beschrieben. Eine Vielzahl von Daten und Informationen steht meist ungeordnet nebeneinander. Diese Daten können sich z. B. auf eine Unternehmung, eine Abteilung, einen Problemschüler, ein Heim für Jugendliche etc. beziehen. Dies hängt von den Zielen und der Zielgruppe ab, für die eine Problemsituation durchsimuliert werden soll.

Die Varianten der Methode Fallstudie geben Informationen reduziert wieder (s. Teil B Kap. 3.7).

Tabelle 4 Systematiken zur Gestaltung von Veränderungsprozessen.

	Unfreezing			Moving				Refreezing	
Lewin (1947)									
Beckhard (1972)	Diagnose			Strategieplanung	Unterrichtung	Beratung	Schulung	Bewertung	
Goerke (1981)	Problembewußtsein	Bestandsaufnahme und globale Zielbildung	Datenerfassung und Formulierung von Entwicklungszielen	Planung und Vorbereitung der Innovationsschritte		Durchführung		Kontrolle	Rückkopplung
	Auswahl betroffener Personen								
Sievers (1980)	Datensammlung	Datenfeedback	Diagnose	Maßnahmenplanung	Daten-Rückkopplung	Durchführung		Erfolgskontrolle	
Comelli (1985)	Problemerkennung	Datensammlung	Organisationsdiagnose		Maßnahmenplanung	Maßnahmendurchführung		Erfolgskontrolle	

	Problem-Erfassung	Erhebung Ist-Zustand: formale Struktur, Organisationskultur	Schulung		Eingriffsprogramm	Evaluation
Böhm (1981)	Vertrag zwischen Berater und Klientsystem		Erarbeiten von Ideal-Konzeptionen			
			Diagnose			
Gomez u. *Probst* (1985)	Abgrenzung des Problems	Ermittlung der Vernetzung	Erfassung der Dynamik	Interpretation der Verhaltensmöglichkeiten	Bestimmung der Lenkungsmöglichkeiten	Gestaltung der Lenkungseingriffe	Weiterentwicklung der Problemlösung
Checkland (1987)	Problemanalyse Aufgaben/Ziele des Systems		Erstellen einer Systemkonzeption	Prüfung der Systemkomponente mit formalen Systemmodellen	Festlegen der Änderung und Implementierung	Evaluation und Wiederholung der Prozeduren

Die Teilnehmer sollen insbesondere das systematische, reflektierte Vorgehen bei Problemen üben. Dazu setzen sie Systemtechniken ein und ordnen Problemen theoretische Erkenntnisse zu.

Auch die Argumentation, das Durchsetzen von Ideen und das Arbeiten in Gruppen können mit in das Training aufgenommen werden.

Dann analysieren die Teilnehmer auch die Erfahrungen in der Zusammenarbeit, z. B. das systematische Vorgehen, die Zusammenarbeit, das Gruppenklima etc.

Planspiel. Im Planspiel lassen sich noch komplexere Sachverhalte durchspielen. Eine Region, Stadt oder Firma mit ihrer Umwelt werden dargestellt. Die Seminarteilnehmer verändern die Ausgangslage und erfahren die Wirkungen ihrer Maßnahmen. Veränderungen werden im Planspiel simuliert. Computer sind für die Vorgabe der Situation und die Auswertung der Wirkungen eine wichtige Hilfe. Durch den simulierten Realitätsausschnitt lassen sich von vornherein bestimmte Aspekte der Analyse akzentuieren. Man unterscheidet zwischen Organisations-, Unternehmens-, Marketing- und Verhaltensplanspiel.

Beim Verhaltensplanspiel kommt es besonders auf die Gestaltung kooperativer Interaktionsprozesse an.

Interaktionsspiele. *Weber* (1990) und *Röschmann* (1990) haben 1200 Gruppenübungen und Interaktionsspiele nach unterschiedlichen Inhalten geordnet und kurz beschrieben. Danach kann man gezielt die Veröffentlichungen mit der detaillierten Beschreibung der einzelnen Übungen heraussuchen.

Mit den Spielen und Interaktionsübungen können bestimmte Erfahrungsbereiche gezielt simuliert werden. Die gemachten Erfahrungen arbeiten die Teilnehmer auf und verallgemeinern sie, um das Gelernte gezielt in der Praxis anwenden zu können.

Röschmann (1990) und *Weber* (1990) benutzen ein Ordnungssystem, um die rund 1200 Interaktionsspiele thematisch einzuordnen und kurz zu beschreiben:

Individuum und Gruppe: Soziale Wahrnehmung, Normen und Werte, persönliche Entwicklung, Motivation, Erfolg und Mißerfolg.

Arbeitsbezogene Aspekte der Gruppe: Problemlösungsprozesse, Entscheidungsfindung in der Gruppe, Führung, Entwicklung der Kooperationsfähigkeit, der Kreativität, der Lern- und Arbeitstechniken.

Dynamische/emotionale Aspekte der Gruppe: Gefühle innerhalb der Gruppe, Konflikte.

Kommunikation: Verbale und nonverbale Kommunikation, Beratungstechnik und Hilfeleistung, Feedback.

Struktur und Prozeß eines Seminars: Eröffnungsphase, Prozeßanalyse des Seminars, Krisenintervention, Bildung von Kleingruppen, Gestaltung der Schlußphase.

Ausgearbeitete Rollenspiele, Fallstudien und Planspiele gibt es bereits für viele Thematiken – der interessierte Leser findet sie in der angegebenen Originalliteratur bei der Methodenbeschreibung. Dennoch wird der Trainer für seine Lernzwecke selbst Spiele entwickeln müssen, um einen Erfahrungsbereich für seine Teilnehmer zu konstruieren.

Die konstruierte Lernsituation soll wesentliche Elemente der Realität enthalten. Die Erlebnisse und Erfahrungen bei der Durchführung sind zumeist so umfangreich, daß sie nicht alle im Analyseprozeß verarbeitet werden können. Deshalb ist genau zu bestimmen, was mit welchen Methoden und in welcher Reflexionsbreite und Reflexionstiefe von den Teilnehmern analysiert werden soll.

Die Reflexionsbreite bezieht sich auf die verschiedenen Analyseaspekte, beim Rollenspiel z. B. auf die Argumente, die logische Struktur des Gesprächs, bis hin zum emotionalen Austausch der Gesprächspartner etc.

Die Reflexionstiefe wird durch die Art der Auswertungen bestimmt. Das Sprechen über das Erlebte ist die erste unmittelbare Reflexionsebene, die weitere Analyse mittels vorgegebener Verfahren die nächste. Sie führt zu Verallgemeinerungen, z. B. welche Verhaltensweisen fördern/hemmen eine konstruktive Zusammenarbeit. Wir können weiter fortschreiten, bis wir zu den theoretischen Modellen vorgedrungen sind, z.B zu Kommunikations- oder Interaktionsmodellen.

Durch dieses induktive Vorgehen können wir von der Erlebensebene bis zu theoretischen Erkenntnissen fortschreiten. Natürlich läßt sich auch der umgekehrte Weg planen (deduktives Vorgehen). Man geht von Theorien aus und entwickelt Planungen für konkrete Situationen, die man anschließend realisiert.

3.4.4 Organisationslernen

Nur Individuen lernen. Sie verändern durch Lernen ihre Kompetenz. Ein zusätzlicher Effekt stellt sich ein, wenn die Individuen in einer Organisation die gleichen Fertigkeiten erworben haben und diese auch praktizieren. Das gemeinsam Erlernte bildet eine Struktur, die kollektive Denk- und Verhaltensweisen prägt.

Der eigentliche Lernvorgang kann sich innerhalb einer Abteilung ebenso kollektiv organisieren – beispielsweise wird gemeinsam die Arbeitsweise überdacht, Prozeduren verändert etc. Das Lernen kann sich auf die Art der Zusammenarbeit oder auf die Organisation der Arbeitsteilung beziehen. Auf diese Weise lassen sich das Klima und die Arbeitsaufgaben beeinflussen und nach Wunsch der Gruppenmitglieder entwickeln.

Die Mitarbeiter gewinnen durch ihren Austausch untereinander gemeinsame Erkenntnisse, die sie zur Veränderung der Abteilung nutzen. Fehlt theoretisches Wissen, so läßt sich der Gedanken- und Erfahrungsaustausch durch gemeinsame Aneignung von zusätzlichem Wissen ergänzen. Die verschiedenen Lernformen, die zusätzliche Wissensaneignung und das erfahrungsorientierte Lernen lassen sich miteinander verbinden.

Man spricht auch von Organisationslernen. Allerdings ist bei dieser Sprechweise der Sinnzusammenhang zwischen Individuum und seiner sozialen Umwelt verlorengegangen. Eine gemeinsame Organisations-Identität kann nicht unmittelbar wie in einer kleinen Gruppe hergestellt werden. Trotzdem bilden sich durch die Interaktionen zwischen Gruppen Strukturen aus, die vereinheitlichend auf die Denk- und Verhaltensweisen wirken (Unternehmenskultur, Betriebsklima, gemeinsam praktizierte Systeme wie Informationssysteme, Beurteilungssysteme . . .).

Folglich kann über individuelles Lernen ein kollektiver Effekt erzeugt werden, wenn alle Mitglieder einer Organisation ähnliche Verhaltensweisen lernen und anschließend praktizieren (*Deiser* 1984). Solche umfassenden Lernstrategien verfolgen Organisationsentwicklungsprogramme (OE). Diese enthalten auch die Gestaltung der organisatorischen Rahmenbedingungen und bestimmen mit, was von dem Gelernten in der Organisation praktiziert werden kann (*Becker* u. *Langosch* 1990).

Es liegt nahe, den Schluß zu ziehen, daß uns die Synthese verschiedenartiger Lernformen hilft, Erfahrungen bewußt anzuwenden und unser Wissen, Verstehen und Handeln zusammenzuführen.

Wichtig ist, daß alle Lernformen, wie Erfahrungen machen, Fertigkeiten einüben, Wissen aneignen und Verstehensprozesse organisieren, berechtigt und notwendig sind. Sie können sogar für ein und dieselbe Thematik relevant sein: Eine Führungskraft muß nicht nur über verschiedene Kommunikationsstile und ihre Wirkungen informiert sein, sie muß dieses Wissen, angepaßt an verschiedene Situationen, auch anwenden können.

4 Planung von Weiterbildungsmaßnahmen

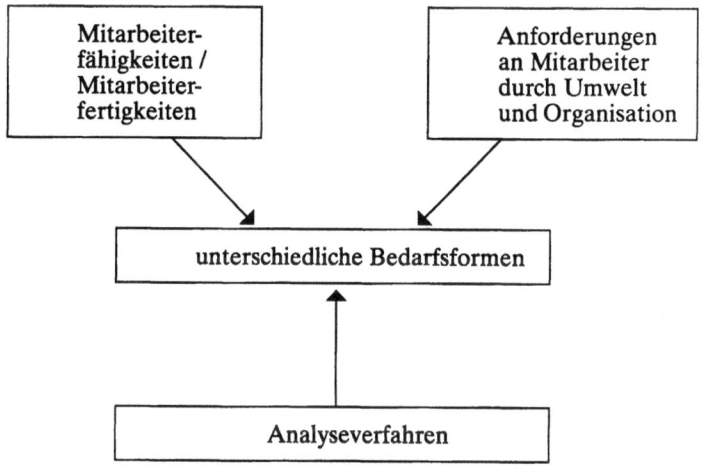

4.1 Weiterbildungsbedarf

In der Erwachsenenbildung gibt es in der Regel keine verpflichtenden Bildungspläne. Das ist ihre Besonderheit, die Möglichkeiten, aber auch Unsicherheitsfaktoren bietet.

Berufliche Weiterbildung erfordert, allgemein ausgedrückt, organisierte Lehr- und Lernprozesse, bei denen berufliche Qualifikationen und soziale Kompetenzen vermittelt, erhalten, ergänzt, verändert oder wiederhergestellt werden (*Preuss* 1980).

Allen Bildungseinrichtungen, die sich mit Weiterbildung beschäftigen, ist nur gemeinsam, daß sie mit den gleichen Zielgruppen arbeiten. Sie spezialisieren sich auf unterschiedliche Aspekte der Weiterbildung, die sich aber in manchen thematischen Bereichen überschneiden können. Auch in der Weiterbildung ist ein Markt entstanden, in dem Organisationen konkurrieren.

Die Volkshochschulen behandeln nicht nur „private" Freizeitbedürfnisse, sie vermitteln auch berufliche Qualifikationen. Die Weiterbildung eines Unternehmens ist ebenso nicht nur auf die berufliche Qualifikation ausgerichtet, sondern umfaßt ebenfalls Themen der Freizeitgestaltung. Daneben gibt es eine Vielzahl privater Anbieter (*Mahari* u. *Schade* 1990).

Interessen, Bedürfnisse und Defizite sind Ausgangspunkt und Objekt der Erwachsenenbildung, auch wenn sie nur begrenzt von einer Institution aufgegriffen werden. Die Inhalte der Weiterbildung werden durch den Bedarf der Zielgruppen bestimmt. Jede Planung muß die vermuteten oder erforschten Bildungs- und Lernerwartungen der Adressaten adäquat in ihrem Bildungsangebot berücksichtigen und aufnehmen.

Bei einer **angebotsorientierten** Planung entscheidet die Nachfrage, welche der konzipierten Veranstaltungen zukünftig weitergeführt werden und welche neuen Veranstaltungen anzubieten sind. Bei einer **bedarfsorientierten** Planung ermittelt man die Bedürfnisse bei der Zielgruppe. Die Zielgruppe bestimmt die Inhalte und den Umfang der Weiterbildung und was in Weiterbildungsplanungen zu berücksichtigen ist.

Für eine zukunftsorientierte Weiterbildung genügt das nicht. Der Bedarf an Weiterbildung entsteht in dem dynamischen Feld unserer Gesellschaft und ihrer Organisationen. Gesellschaftliche Wandlungen beeinflussen die Organisationen. Die Organisationen können nur dann ihre Existenz sichern, wenn ihre Mitglieder in der Lage sind, die sich ständig verändernden Herausforderungen zu bewältigen. Ausbleibende Anpassungen können unter Umständen existenzgefährdend für das Unternehmen sein und bis zum Konkurs führen. Der Bedarf an Weiterbildung leitet sich dann aus der Strategie der Organisationen ab.

Folgende allgemeine Zwecke und Ziele lassen sich für die Weiterbildung formulieren:

- Weiterentwicklung des fachlichen Wissens
- Vermittlung von Erkenntnissen und Informationen aus den Bereichen Organisation und Umwelt
- Veränderung von Einstellungen, Wertvorstellungen und Motivationen, damit notwendige Anpassungen einer Organisation vollzogen werden können.
- Verbesserung der Interaktionsformen, damit sich die Zusammenarbeit innerhalb oder zwischen den Arbeitsgruppen der Organisation verbessert.

Die Ziele können wir durch Erfassung des Bildungsbedarfs konkretisieren.

4.1.1 Nähere Bestimmung des Begriffs „Bildungsbedarf"

Die Feststellung des Bildungsbedarfs in einer Institution zeigt sich in der Diskrepanz zwischen einem Soll- und einem Ist-Zustand. Solche Diskrepanzen sind nicht durch den Mangel an Eignung bedingt – dies beträfe dann die Auswahl der Mitarbeiter – sondern durch ergänzungsbedürftige Verhaltensweisen, die erlernt werden können.

Wir unterscheiden zwischen objektivem und subjektivem Bildungsbedarf. Beide Arten setzen wir in Beziehung zueinander. Folgende Kombinationen sind für die Ermittlung und Umsetzung unproblematisch:

1. „Objektiver Bildungsbedarf **entspricht** subjektivem Bildungsbedarf" und
2. „kein objektiver Bildungsbedarf **entspricht keinem** subjektivem Bedarf"

Anders verhält es sich bei den Kombinationen

3. „Objektiver Bildungsbedarf, **aber kein** subjektiv empfundener Bildungsbedarf" und
4. „Kein objektiver Bildungsbedarf, **aber** subjektiv empfundener Bildungsbedarf".

Die Kombination 3 versucht man mit den Mitarbeitern zu erarbeiten, indem man in einem Beurteilungsgespräch die Defizite nennt, die sich bei der Bearbeitung konkreter Aufgaben zeigen. Die im Gespräch deutlich gewordenen Lücken sollen dazu führen, daß der Mitarbeiter einen Weiterbildungsbedarf empfindet.

Auch eine Organisationsanalyse kann Defizite sichtbar machen, die dann in einem Weiterbildungsbedarf für Teile der Organisation oder die gesamte Organisation resultieren.

Bildungsbedarf ergibt sich ebenso, wenn die Strategische Planung einer Organisation zu neuen Anforderungen an die Mitarbeiter führt, die noch nicht bewältigt werden können.

Die Kombination 4 bezeichnet private Bedürfnisse der Mitarbeiter. Manche Institutionen berücksichtigen diese Bedürfnisse und bieten entsprechende Veranstaltungen an. Die Weiterbildung bekommt hier einen anderen Akzent, die Interessen und das Wohlbefinden der Mitarbeiter werden mit bedacht.

4.1.2 Methoden zur Erfassung des Bildungsbedarfs

Eine direkte Informationsquelle bildet der Mitarbeiter selbst. Seine Fähigkeiten müssen an die fortschreitenden Technologien und die Veränderungen im Markt angepaßt und weiterentwickelt werden.

Eine Möglichkeit zur Definierung von Soll-Vorstellungen bietet die Funktionsbeschreibung und die besondere Zielsetzung für eine festgelegte Zeitspanne (Management by objectives).
Der individuelle Weiterbildungsbedarf wird in einem Beurteilungsgespräch festgestellt. Vorgesetzte und Mitarbeiter stellen die Defizite und verbesserungsbedürftigen Bereiche fest und planen, welche Maßnahmen geeignet sind. Auch durch Assessment Center lassen sich Bedürfnisse im Bereich der Führungsqualifikationen feststellen. Die individuellen Bedürfnisse werden zusammengefaßt und zu Seminarkonzepten umgeformt.

Im Gegensatz zur **individuellen** Bedarfsermittlung bietet die **umfassende** Bedarfsermittlung eine weitere Möglichkeit zur Planung von Weiterbildung.

Man kann zwischen Primär- und Sekundärerhebungen unterscheiden.

Primärerhebungen: Die Informationen über den Bedarf werden direkt durch Befragungen und Beobachtungen (Fragebogenmethode, Interviewmethode) ermittelt.

Sekundärerhebungen: Vorhandenes Material wird für die Zwecke der Bedarfsermittlung analysiert (z. B. neue gesetzliche Bestimmungen, Fluktuationsstatistiken und Erhebungen über die Häufigkeit von Krankmeldungen, Reibungspunkte bei alltäglichen Produktions- und Verwaltungsabläufen).

Methoden s. *Leiter* u.a. (1982)

4.1.3 Erhebung des Bildungsbedarfes

Wenn der Bildungsbedarf durch einen Fragebogen ermittelt wird, werden folgende Phasen durchlaufen:

Vorbereitende Planung. Der Themenumfang der Weiterbildungsangebote wird durch Gruppeninterviews erst einmal sondiert. In einer großen Organisation bildet man homogene Diskussionsgruppen (nach Funktionsbereichen und Hierarchiestufen) und diskutiert mit ihnen ihren Bildungsbedarf. Anschließend diskutieren Fachexperten die Ergebnisse der Diskussionen und formulieren Vorgaben für ein standardisiertes Verfahren. Der vorläufig erstellte Fragebogen wird von der Zielgruppe überprüft und anschließend verabschiedet. Eine Befragung kann nun durchgeführt werden (s. Teil A Kap. 4.1.4.1).

Datensammlung und Auswertung. Nach der Befragung erfolgt die Auswertung der Daten. Themen werden nach ihren Prioritäten zusammengestellt und mögliche Maßnahmen vorbereitend diskutiert.

Datenfeedback. Mit den Befragten werden die Ergebnisse besprochen und überprüft. Sich abzeichnende Maßnahmen können mit den Betroffenen schon diskutiert werden, ohne daß die Absprache bindend ist.

Folgeaktivitäten. Aus dem nun vorliegenden Material werden Rahmenpläne für die untersuchten Zielgruppen abgeleitet. Für bestimmte Tätigkeitsbereiche wie Verkauf, Produktion, Marketing, Administration und für verschiedene Hierarchiestufen werden die Themen für Veranstaltungen festgelegt.

Im weiteren Verlauf wird auf der Grundlage der Rahmenpläne das Weiterbildungsprogramm entwickelt. Auch der quantitative Bedarf läßt sich aus den Ergebnissen ableiten.

Die Rahmenpläne gewährleisten eine kontinuierliche Weiterbildung der Mitarbeiter. Aber sie berücksichtigen nicht einen objektiv bestehenden gegenwarts- oder zukunftsorientierten Bedarf (s. Kap. 4.2).

Problemorientierte Bedarfserfassung

Bei dieser Art der Erfassung geht es nicht um die bereits geschilderte Anpassung der Mitarbeiter an die Erfordernisse ihrer Aufgabenstellungen, sondern um Veränderungen in der Organisation, in den Abteilungen. Probleme und Verbesserungsbereiche werden durch Auswertung von Daten, Befragungen ermittelt. Die Maßnahmen werden unter Mitarbeit der Betroffenen systematisch entwickelt. Solche Maßnahmen umfassen auch die Weiterbildung.

Schritte eines Problemlösungsprozesses

Identifizierung von Problemen, Verbesserungsbereichen: Was ist nicht so, wie es sein sollte?

Ist-Zustand: Wie sieht die gegenwärtige Situation aus? Genaue Beschreibung der Probleme.

Soll-Vorstellung: Was sind die Ziele, Standards, Richtgrößen? Genaue Festlegung der Richtgrößen, wenn möglich, in meßbaren Größen.

Ursachenermittlung: Was sind die möglichen Ursachen für die Abweichung? (z.B. die Methode, das Material, die Maschinen, die Organisation, das Verhalten der Mitarbeiter . . .). Die aufgeführten Ursachenbereiche sind auf das Problem hin zu konkretisieren.

Entwicklung von Lösungen: Welche Maßnahmen können die Ursachen beseitigen? Wie müssen die Maßnahmen durchgeführt werden, damit sie eine optimale Wirkung erzielen?

Entscheidung und Planung: Welche Maßnahmen versprechen den besten Erfolg? In welcher Reihenfolge müssen die Maßnahmen durchgeführt werden?

Durchführung und Kontrolle: Verlaufen die Maßnahmen wie geplant? Stellen sich die gewünschten Wirkungen ein?

Die problemorientierte Bedarfserfassung ist ein Verfahren zur Anpassung an Soll-Forderungen, bei der Weiterbildung eine wichtige Rolle spielt. Auf diese Weise können bei entsprechenden Gruppenkonstellationen Probleme, die über die einzelnen Abteilungen hinausreichen, erkannt und aufgearbeitet werden. In der Gruppenarbeit präzisieren sich nicht nur die Vorstellungen über das Problem, es verstärkt sich auch das gemeinsame Problembewußtsein.

Das Problemlösen in Gruppen kann selbst auch zur Weiterbildung gehören. Die Zusammenarbeit kann dabei ebenfalls als Ziel verfolgt werden (s. Teil B Kap. 4.1 und Teil A Kap. 4.1.4.2).

Aktionsforschungsorientierte Bedarfserfassung

Die besprochenen Verfahren genügen allerdings nicht, wenn die Weiterbildung die Organisation an die Zukunft anpassen soll. Hierzu muß sie aus einer umfassenden Organisationsanalyse abgeleitet werden, in der die zukünftig relevanten Umwelteinflüsse Berücksichtigung finden. Die Mitarbeit der Firmenmitglieder ist für diese Analyse unabdingbar. Interne oder externe Berater begleiten in der Regel solche umfassenden Analysen.

Verlauf der Bedarfserfassung

Erkundung: Der Berater orientiert sich beim Auftraggeber über den Umfang des Bedarfes und stellt die Prinzipien seiner Vorgehensweise vor.

Eintritt: Arbeitsbeziehung wird weiterentwickelt. Untersuchungsbereiche und Regeln für die Zusammenarbeit werden festgelegt.

Datensammlung: Erfassen, Auswerten und Darstellen der gewünschten Daten über die Umwelt, Organisationsvariablen und Organisationsprozesse. (Ein Verfahren für eine solche Analyse ist in Teil A Kap. 4.5.3.4 unter der Überschrift **Fragebogen Organisationsanalyse** beschrieben.)

Datenfeedback (Datenrückmeldung und Auswertung): Die Daten werden aufbereitet und mit den Mitarbeitern interpretiert. Der Zustand der Organisation und die zukünftigen Aufgabenstellungen sollen erkannt und als gemeinsames Anliegen verstanden werden.

Maßnahmenplanung und Durchführung: Bereiche für Interventionen und Interventionsmethoden müssen festgelegt und geplant werden. Bevor die Durchführung realisierbar wird, müssen die Abfolge der Maßnahmen und die Kontrollen (Evaluierungsmethoden) festgelegt werden. Insbesondere sind die vorbereitenden und begleitenden Weiterbildungsmaßnahmen zu bestimmen.

Kontrolle über Erfolg und Ergebnis: Die Auswirkungen der Maßnahmen werden erfaßt und anhand der Zielvorgaben bewertet. Die Diskrepanz zwischen realisierten und nicht realisierten Zielvorgaben bestimmt die anschließenden Folgemaßnahmen.

Bei der aktionsforschungsorientierten Bedarfserfassung und Abdeckung der Bedürfnisse kann die Weiterbildung eine wichtige Rolle spielen. Sie bereitet auf die Veränderungen vor, begleitet den Prozeß und hilft Widerstände zu verringern.

Immer wichtiger wird Weiterbildung als vorbereitende Maßnahme bei umfassenden Veränderungen. Die Weiterbildung kann bereits vor Einführung neuer z. B. technischer Systeme geplant werden und bereitet den Prozeß der Implementierung des neuen Systems vor. Der Vorteil liegt auf der Hand. Unsicherheiten und Ängsten bei den betroffenen Mitarbeitern kann frühzeitig begegnet werden, notwendige Fähigkeiten und Fertigkeiten sind bei der Einführung schon vorhanden. Störungen können auf diese Weise reduziert werden.

(Zur Erfassung des Weiterbildungsbedarfs s. *Sattelberger* 1983)

4.1.4 Verfahren für die Ermittlung des Weiterbildungsbedarfs

4.1.4.1 Beispiel: Fragebogen

Im folgenden ist ein Ausschnitt aus einem Fragebogen wiedergegeben.

Weiterbildungsbedarf

Fragebogen zur Feststellung des Informations- und Weiterbildungsbedarfs

Ziel des Fragebogens:

Der Weiterbildungsbedarf eines jeden Mitarbeiters soll ermittelt werden, um weiterbildende Aktivitäten für diverse Funktionen und Positionen zu planen.

Inhalt des Fragebogens:

Der Fragebogen ist nach folgenden Bereichen gegliedert:

Marketing	Personalbereich
Verkauf	Quantitative Methoden und EDV
Technik/Produktion	Kommunikation und Kooperation
Kommerzieller Bereich	Managementtechniken

Methodische Anleitung zur Beantwortung:
Sie entscheiden sich bei jedem Fragepunkt („Item"), mit welcher Intensität Sie Information bzw. Weiterbildung wünschen, und wählen eine der vorgegebenen Antwortkategorien 0, 1, 2, 3 oder 4. Die Intensität steigt von von 0 = kein Bedarf bis 4 = umfassender Bedarf.

0	1	2	3	4
kein Bedarf	Einführung	Intensive Orientierung	Training des Sachgebiets	Intensives Training bis zur vollständigen Beherrschung

Erläuterung der Skala 0 bis 4:

0 = kein Bedarf.

1 = **Einführende Orientierung:** Über den inhaltlichen Bereich soll ein allgemeiner Überblick gegeben werden. Das kann mittels Skripten, Literaturhinweisen, Filmen und programmierten Unterweisungen erfolgen.

2 = **Intensive Orientierung:** Weitergehende Informationen und Einzelheiten der Gebiete sollen vermittelt werden. Die Methodik wäre die gleiche wie bei Punkt 1 (entsprechend intensiver).

3 = **Training des Sachgebiets:** Kenntnisse und Wissen über ein Gebiet sollen so trainiert werden, daß sie in der Praxis verwendet werden können (z.B. Schulung im Kurs oder Seminar).

4 = **Intensives Training bis zur vollständigen Beherrschung:** Die vermittelten Kenntnisse und Methoden sollen in der Praxis angewendet werden, um eine Veränderung im eigenen Tätigkeitsbereich zu vollziehen. Die vermittelten Kenntnisse müssen beherrscht und ihre Anwendung in die tägliche Arbeit integriert werden (z.B. Seminare, Transfer in die Praxis und Behandlung der Umsetzungsprobleme).

Weiterbildungsbedarf
– Anleitung –
1. Prüfen Sie bitte bei der Beantwortung des Fragebogens die Items der einzelnen Bereiche auf **Vollständigkeit** und **Verständlichkeit.** Ihre Ergänzungen und Anmerkungen können Sie auf dem Antwortbogen an vorgesehener Stelle notieren.

2. Bestimmen Sie zu jedem Item Ihren Weiterbildungsbedarf gemäß der Intensitätsskala 0 bis 4 und **kreisen** Sie die gewählte Zahl ein.

3. Diskutieren Sie anschließend mit Ihrem Vorgesetzten die Notwendigkeit und Intensität und legen Sie gemeinsam den endgültigen Bedarf für Weiterbildungsmaßnahmen fest. Diese gemeinsam gewählte Zahl **kreuzen** Sie anschließend bitte durch.

4. Um Mißverständnisse zu vermeiden, lassen Sie bitte keine Items unbeantwortet. Sie können jedoch die Bereiche durchstreichen, für die grundsätzlich kein Bedarf besteht.

Bevor Sie sich den Fragebogen „Weiterbildungsbedarf" anschauen, überlegen Sie bitte, was Ihnen – unbeeinflußt von unseren Fragen – zum Thema „Weiterbildung" einfällt. **Was** sollte Ihrer Ansicht nach intensiver trainiert werden?

a) allgemein sollte innerhalb der Organisation trainiert werden:

b) innerhalb Ihrer Aufgaben- und Funktionsbereiche sollte vertieft werden:

c) für Sie persönlich ist folgendes Training wünschenswert:

Es folgen Vorgabebeispiele aus dem Marketingbereich.

Marketing

1. Aufgaben von Marketing im Unternehmen	Beschreibung
1.1 Organisation	Einordnung der Marketingfunktion in das Unternehmen
	Marketingfunktion im Verhältnis zu anderen Funktionsbereichen
1.2 Unternehmensziele und Marketingzielsetzungen	Entwicklung der Marketingziele aus den Unternehmenszielen und deren gegenseitige Abhängigkeit
	Verbindung von Marketingzielsetzungen und Zielsetzungen der anderen Arbeitsbereiche

2. Marketingplanung	
2.1 Entwicklung von Marketing-Konzeptionen	Entwicklung klarer Zielsetzungen für die betreuten Produkte aufgrund jeweils relevanter Informationen und mit Hilfe geeigneter Zielerreichungsmethoden. (Entwicklung und Aufbau der Marketing-Strategie)
2.2 Projektplanung	Planung einzelner Marketing-Aktionen (z.B. Runden-Aktionen, laufende Produktentwicklung, Einsatz unter Berücksichtigung der Prozedur)
2.3 Planungskontrolle	Methoden aussagefähiger Vergleiche zwischen Aktionsplanung und Aktionsergebnis: • B-Proforma und letzte Schätzung • Kontrolle einzelner Marketingaktionen
3. Marketing-Techniken	Weiterbildung zur Verbesserung des Einsatzes von Marketing-Techniken überwiegend durch Fallübungen (= optimaler Einsatz des Marketing-Mix)

Vorgabebeispiele zur Illustration des Verfahrens

	Kein Bedarf			Intensiver Bedarf, intensives Training		
Bereich	0	1	2	3	4	Anmerkungen
Marketing 1.1 Organisation:	0	1	2	3	4	
1.2 Unternehmens- und Marketingzielsetzung:	0	1	2	3	4	
2.1 Entwicklung von Marketingkonzepten:	0	1	2	3	4	
2.2 Projektplanung	0	1	2	3	4	
2.3 Planungskontrolle:	0	1	2	3	4	
3 Marketing-Techniken:	0	1	2	3	4	

4.1.4.2 Beispiel: Workshop zum Ermitteln von Trainingsbedarf

Die Führungsmannschaft eines mittelständischen, international agierenden Unternehmens hatte die Aufgabe, Problembereiche in der Organisation festzustellen. Von der Analyse ausgehend sollte ein Weiterbildungskonzept erarbeitet werden. Für diese Zielsetzung entschloß man sich, Workshops durchzuführen.

In den Hierarchiestufen Geschäftsleitung mit Hauptabteilungsleitern, Abteilungsleiter und Gruppenleiter wurden ganztägige Sitzungen durchgeführt, um von den Problemen ausgehend den Bildungsbedarf zu ermitteln. Dazu wurde in folgender Weise vorgegangen:

Einleitung der Analysephase
- Information zum Gesamtprogramm
- Hintergrundinformationen zu allgemeinen Umweltveränderungen:

Technologischer Wandel, Wertewandel, etc. und ihre Bedeutung für das Unternehmen.

Der weitere Ablauf war durch folgende Abfragen und Diskussionsschwerpunkte gekennzeichnet:

1. Entwicklungsstand des Unternehmens

Nach kurz vorgetragenen Informationen über die verschiedenen Entwicklungsphasen des Unternehmens (Pionier-, Differenzierungs- und Integrationsphase) stuften die Teilnehmer das Unternehmen aus ihrer Perspektive ein. Anschließend kommentierten sie ihre Einstufung.

2. Positive/negative Erfahrungen und Erlebnisse im Unternehmen

In Dreier-Gruppen tauschten die Teilnehmer ihre Erfahrungen aus und notierten sie stichwortartig auf Karten, die nach positiv/negativ und Thematiken ausgewertet wurden. Schon bei dieser ersten Sichtung ergaben sich durchgehende Probleme, die durch eine Diskussion im Plenum präzisiert wurden.

3. Abfrage: Was sollte in unserem Unternehmen, in unserer Abteilung bezüglich Routinehandlungen und Problemlösungen verbessert werden?

Vor der Diskussion wurden in einem Kurzreferat die typischen Führungssituationen und dazugehörenden Kommunikationsformen dargestellt.

In vier Gruppen arbeiteten die Teilnehmer folgende Vorgaben zu den beiden Führungssituationen (Routine und Problemlösung) aus:

- Zielsetzung/Kontrolle
- Organisation
- Kommunikation/Interaktion

Die Ergebnisse wurden zusammengetragen und miteinander diskutiert. Ein gemeinsames Problembewußtsein entwickelte sich. Durch die gemeinsam festgestellten Defizite bildete sich auch eine Motivation, kooperativ die Probleme in der Zukunft zu bewältigen.

4. Abfrage: Was fehlt mir, um meine Arbeit besser zu gestalten?

Die Frage wurde in zwei Gruppen bearbeitet. Die Ergebnisse hielt der Moderator auf einer Pinnwand fest.

5. Schlußfrage: Wie zufrieden sind Sie mit der durchgeführten Analyse?

Natürlich kann die Sitzung nur einen Einstieg in die eigentliche Problemlösungsphase leisten. Die Maßnahmen selbst werden aus dem gesammelten und ausgewerteten Material gefiltert und in weiteren Gesprächen mit den Beteiligten, in denen diese ihre Vorstellungen präzisieren, erörtert.

Bei diesem Verfahren erhält man nicht nur Informationen für ein Weiterbildungsprogramm, sondern auch für andere Maßnahmen. Dies können Veränderungen in der Organisationsstruktur oder Einführung von Systemen sein (Informations-, Beurteilungs-, Personalentwicklungssystem ...).

4.2 Aufarbeitung des Weiterbildungsbedarfs in eine Rahmenplanung

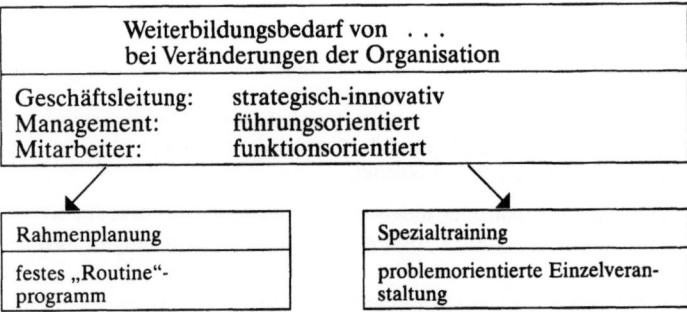

Die Ergebnisse einer Bedarfserfassung müssen schrittweise weiterverarbeitet werden, um Weiterbildungsmaßnahmen planen zu können. Je nach Zielsetzungen und damit verbundenen Erhebungstechniken werden die erhaltenen Daten transformiert. Bei der Erstellung eines Rahmenplanes wird man die ermittelten Befragungsdaten in standardisierte Weiterbildungsprogramme überführen.

Kontinuierliche Weiterbildung ist für die meisten Organisationen von großer Bedeutung. Sind z.b. ständige Anpassungen an eine sich dynamisch verändernde Umwelt notwendig, müssen die Mitarbeiter laufend ihre Handlungskompetenzen erweitern. Auch die geistige Mobilität der Mitarbeiter bildet für die Organisationen ein wichtiges Kapital, um die Flexibilität der Mitarbeiter für Umschulungen zu erhalten. Hier treffen sich die Interessen der Mitarbeiter und der Organisation.

In den Kursprogrammen von Unternehmungen findet man solche Gliederungen, die eine kontinuierliche Weiterbildung für verschiedene Funktionsbereiche aufweisen. Das Programm ist in einzelne Funktionen gegliedert, z.B. für Produktion und Technik, Administration, Absatz: Marketing und Verkauf. Ferner werden Seminare im Personalbereich, im Datenverarbeitungsbereich oder anderen Abteilungen durchgeführt. Diese Aufteilung ist in der Regel allein für die fachliche Weiterbildung vorgesehen.

Die Führungskräfte erweitern ihre Fachkompetenzen und werden vor allem im Bereich der Führungsqualifikationen, in der Anwendung von Kommunikations- und Systemtechniken trainiert.

Ein Beispiel soll dies veranschaulichen:

Das Weiterbildungsangebot der DEUTSCHEN UNILEVER GmbH, 1991.

1. Managementnachwuchs:
Allgemeiner Informationskurs
Volkswirtschaftliche Zusammenhänge
Werbepraxis im Marketing
Produktions-Einführungs-Kurs
Einführung in die Administration Unilevers
Marktforschungs-Informations-Kurs
Marketing-Einführungskurs

2. Funktionsbezogene Seminare

2.1 Technischer Bereich:
Seminar für das technische Management
Einsatz von Mikrorechnern im Bereich von Produktion und Technik. Teil 1
Einsatz von Mikrorechnern im Bereich von Produktion und Technik. Teil 2
Praxis der betrieblichen Problemlösung
Qualitätssicherung

Mikrobiologie und Hygiene
Führung und Kommunikation im Produktionsbereich

2.2 Kommerzieller Bereich:
Verhandlungsführung und Überzeugungstraining für Einkauf
Recht im Einkauf. Teil 1
Recht im Einkauf. Teil 2
Recht im Einkauf. Teil 3
Investitionsbudget und GA Kostenrechnung

2.3 Absatzbereich
Instrumentelles Marketing
Direktwerbung
Marketing
Drucktagung
Handelsmarketing
Werbebeurteilung
Profitorientiertes Marketing
Strategy making NDT
Strategy making
Industrial Marketing
BWL für AD-Mitarbeiter
PC-Expreß
Expreß 1
Verkaufstechniken

2.4 Personalbereich
Psychologisches Testverfahren zur Auswahl von Bewerbern
Grundlagen und Praxis der betrieblichen Altersversorgung bei Unilever

3. Funktionsübergreifende Seminare für die untere und mittlere Führungsebene:

3.1 Technisch-organisatorisch orientierte Seminare:
Sicherheit der Lebensmittel
Datenschutz und Datensicherung
Software Engineering
Organisationskursus I
Organisationskursus II
Arbeitsplatzcomputer

3.2 Kommerziell orientierte Seminare:
Steuerungsgrößen für die Geschäftspolitik
Produktionsplanungssysteme
Physical Distribution
Unternehmenslogistik
VWL-Zusammenhänge – Wirtschaftspolitik
Kostenanalyse und Kostenbeeinflussung
Investitionsrechnung für Techniker

BWL-Grundlagen für Nichtfachleute

3.3 Absatzorientierte Seminare:
Marketing für Nichtfachleute

3.4 Führungsorientierte Seminare:
Motivation als Führungsinstrument
Umgang mit zwischenmenschlichen Konflikten
Führungsseminar
Grundlagen der Führung
Bedingungen erfolgreicher Gruppenarbeit I
Bedingungen erfolgreicher Gruppenarbeit II
Ausbildung der Ausbilder
Schulung der Beurteiler
Didaktische Grundlagen für innerbetriebliche Weiterbildungsmaßnahmen
Arbeitsrechtliches Kolloquium
Kündigung und Kündigungsschutz
Theorie und Praxis des Einstellungsinterviews
Theorie und Praxis des Mitarbeitergesprächs
Arbeitsrecht für Manager
Intensivseminar Betriebsverfassungsrecht

3.5 Managementwissen
Produkthaftung
Wertanalyse
Projektarbeit
Moderatorentraining
Zeitplanung für die eigene Arbeit
Kreativitätstechniken
Systematik bei Problemen I
Systematik bei Problemen II
Überwinden von Widerständen
Gesprächsführung
Präsentationstechniken
Rhetorik I
Rhetorik II

---

4. Funktionsübergreifende Seminare für mittlere und obere Führungsebene

4.1 Kommerziell orientierte Seminare
Strategisches Informations-Management
Strategisches Controlling
Konkurrenzanalyse und Wettbewerbsstrategie
Grundlagen des strategischen Managements
Kolloquium Materialmanagement

4.2 Absatzorientierte Seminare
Integrierte Warenwirtschaftssysteme

Strategisches Marketing

4.3 Führungsorientierte Seminare
Strategisches Human Resource Management
Kommunikation und Menschenführung

4.4 Managementwissen
Dialektik I
Dialektik II
Entspannungstraining und Streßmanagement
Management-Seminar
Die Persönlichkeit des Sprechenden in der freien Rede

Ferner gibt es im internationalen Rahmen stattfindende Seminare für die obere Führungsebene, zu denen die Manager benannt werden.

Die Rahmenplanung enthält die Routineveranstaltungen innerhalb der Weiterbildung, die – wie das Beispiel zeigt – einen erheblichen Raum einnehmen können. Revisionen sind natürlich selbstverständlich. Innerhalb der Seminare ändern sich Inhalte, neue Seminare kommen hinzu, einige können vielleicht wegfallen.

Zusätzlich sind noch zeitlich begrenzte Trainingsaufgaben zu bewältigen. Die Einführung neuer Technologien und Systeme erfordert flankierende Weiterbildungsmaßnahmen, die sich nicht nur auf die Handhabung, sondern auch auf die Widerstände beziehen können.

Weiterhin kann die Einrichtung von Problemlösungsgruppen Weiterbildung oder die Moderation durch Trainer notwendig machen (Workshop). Zur Aufgabe der Weiterbildung gehört auch, Lernsysteme wie Lernstatt, Qualitätszirkel in die Organisation einzuführen und zu betreuen. Die Organisation ändert sich zu einem sich aktiv anpassenden System, wenn die Lernsysteme die gesamte Organisation umfassen, z.B. Total Quality Konzepte, Organisationsentwicklungsprogramme (*Becker* und *Langosch* 1990).

Weiterbildung ist integrierter Bestandteil der Personal- wie Organisationsentwicklung (*Neuberger* 1991).

Abb. 3 soll den Stellenwert der Weiterbildung für die Orientierungs- und Verbesserungsprozesse einer Organisation deutlich machen.

Das Festlegen der Thematiken ist erst der Beginn für eine intensive Auseinandersetzung mit dem Lernstoff, die schließlich zu Seminaren führt. Bis zu diesem Endpunkt sind viele Schritte zu durchlaufen. Abgesehen davon können die Erfahrungen der Kursusteilnehmer mit dem Seminar zu weiteren Revisionen führen.

Bevor Veranstaltungen stattfinden können, sind die Bedürfnisse in Lernplanungen zu übersetzen. Das vollzieht sich in mehreren Planungsschritten.

4.2 Aufarbeitung des Weiterbildungsbedarfs in eine Rahmenplanung

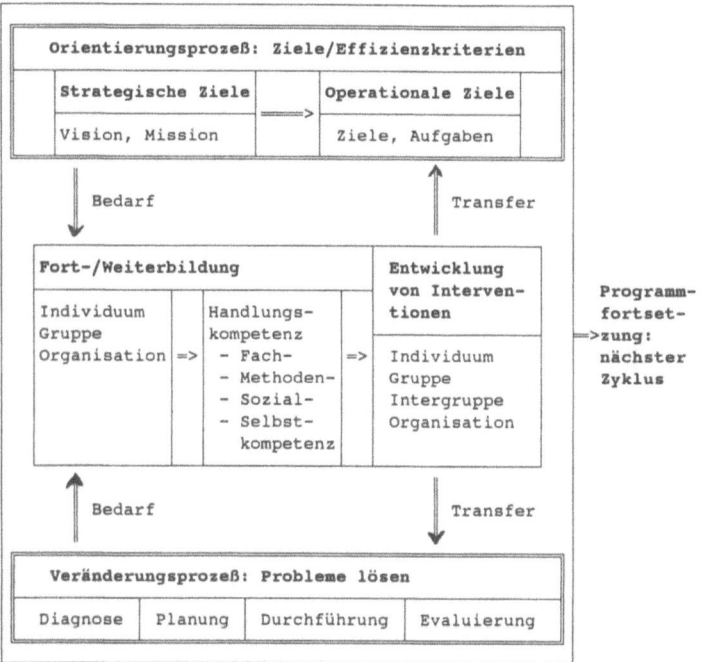

Abb. 3 Stellenwert der Weiterbildung für die Orientierungs- und Verbesserungsprozesse einer Organisation.

4.3 Stoffanalyse: Bildungsgehalt eines Stoffes

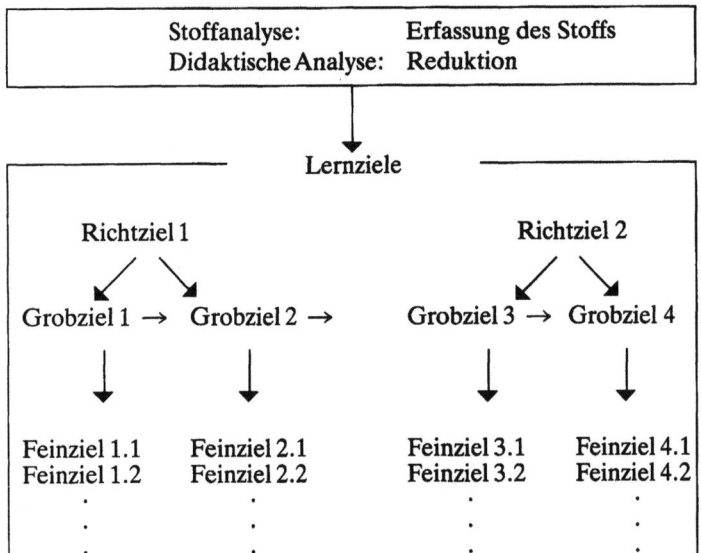

Bei der Stoffanalyse sind es besonders die verschiedenen Lernbereiche, die es zu berücksichtigen gilt. Es dürfte deutlich geworden sein, daß eine Thematik nicht nur hinsichtlich ihrer Begriffe, Definitionen, Regeln analysiert werden darf. Der Stoff ist auch dahingehend zu untersuchen, was er zu anderen Kompetenzen beiträgt, sei es für das planvolle Handeln oder für das Problemlösen. Auch eine Analyse hinsichtlich der Selbst- und Sozialkompetenz sollte erfolgen. Nicht immer stehen die beiden letztgenannten Kompetenzen in unmittelbarem Zusammenhang mit einem Stoff. Wenn dies nicht der Fall ist, so müssen diese Kompetenzen im Zusammenhang mit dem Planungsaspekt Lehrmethoden berücksichtigt werden. Selbst eine Auseinandersetzung mit mathematischen Formeln kann so gestaltet werden, daß sich soziale Kompetenzen entwickeln, indem man z. B. bei der Stoffaneignung die Methoden Partner- und Gruppenarbeit einplant. Gegenseitige Unterstützung ist für eine Organisation sicher wichtiger als ein Konkurrenzverhalten.

Nehmen wir als Beispiel für die Auseinandersetzung mit einem Stoff die Thematik „Konflikte". Naheliegend ist, daß man sich zuerst mit den vielfältigen Erkenntnissen beschäftigt, die mit der

4.3 Stoffanalyse: Bildungsgehalt eines Stoffes

Thematik verbunden sind. Dabei geht es um die Klärung von Begriffen, Erklärungen, Theorien, also allem, was mit dem Begrifflichen zu tun hat. So können verschiedene Konfliktarten in klassifizierende Systeme eingeordnet werden. Man erarbeitet die Unterschiede zwischen destruktivem und konstruktivem Konflikt, untersucht das Entstehen von Konflikten und zieht Theorien oder Modelle heran, die erklären helfen, wie das Individuum Konflikte verarbeitet. Auch der Einfluß des sozialen Umfeldes kann thematisiert werden. Auf diese Weise ergibt sich ein umfangreiches Material für den Bereich des Wissenserwerbs. Die Thematik erfordert aber auch, daß man sich bewußt wird, wie man die wissenschaftlichen Erkenntnisse gewonnen hat. Empirisches Forschen, Erhebungs- und Auswertungsmethoden kommen hinzu.

Die Thematik ist damit längst nicht erschöpft. Es gibt darüber hinaus Methoden der Gesprächsführung, z. B. wie man einen konstruktiven Konflikt gestaltet. Hierzu müssen bestimmte Verhaltensweisen und Systematiken eingeübt werden. Sicherlich kann man sich damit begnügen, bestimmte Handlungsschemata zu trainieren. Die Anpassungsfähigkeit an verschiedene Konfliktsituationen ist dann allerdings begrenzt. Soll der Gegenstand der Auseinandersetzung die Konzeption und Analyse verschiedener Situationen bilden, müssen auch andere Wissensbereiche erschlossen und einbezogen werden. Wir können uns nur flexibel im Umgang mit diversen Konfliktsituationen halten, wenn Möglichkeiten gedanklicher Reflexion erarbeitet werden. Theoretische Hintergründe, Umsetzungen in verschiedenartige Situationen sind für die Konzeption von Gesprächsabläufen notwendig. Fest verbunden mit der Planung ist dann die jeweilige Handlungsumsetzung. Sind die Handlungen vollzogen, müssen sie auch analysiert werden. Nur auf diese Weise kann der Lernende Feinabstimmungen zwischen Planung und Handlung vornehmen und weitere Facetten des Stoffes einbeziehen (planvolles Handeln, s. Teil B Kap. 3.6.6).

Wenn der Lehrende in die Stoffanalyse die verschiedensten Aspekte des Stoffes einbezieht, erwirbt er eine Gesamtvorstellung über den Lehrstoff. Er kann sowohl den gesamten Stoffumfang als auch seine Teilbereiche darstellen. Es wird ihm ein Leichtes sein, zu entscheiden, welche Stoffanteile er gegenüber seinen Seminarteilnehmern thematisieren möchte. Das Wissen des Lehrenden ist folglich weit umfassender als die Thematik, die er letztendlich in seinem Seminar vorstellt.

Die Stoffanalyse sollte er getrennt von der didaktischen Analyse durchführen, um eine eingeengte Sichtweise auszuschließen.

Sinn der Stoffanalyse kann es nicht sein, alles, was mit dem Thema im engeren und weiteren zu tun hat, zu behandeln. Das ist schlicht unmöglich. Die Informationsfülle würde allein für Unübersichtlichkeit sorgen. Aufgabe der Stoffanalyse ist, die Inhalte zu sichten und für die weitere Planung übersichtlich zu gliedern. So können Inhalte diskutiert und modifiziert, neue Aspekte hinzugefügt und diese in die ausgewählten Wissensbereiche integriert werden.

Zweckmäßigerweise stellen Trainer die zu lernenden Inhalte auf einem hohen Abstraktionsniveau vor und konkretisieren sie anschließend nach Belieben. Diese Methode verbindet die Vorteile, daß Zusammenhänge einerseits umfassend formuliert, andererseits im Detail plastisch gemacht werden können, ohne daß Verfeinerungen den übergeordneten Zusammenhang verzerren. Dieses Prinzip wird „Spreadsheet" genannt. Ein Beispiel soll es demonstrieren:

Das Thema des übergeordneten Zusammenhangs ist die *Gesprächsführung*. Ihr unterstehen die verschiedenen *Themenbereiche:*

| Kommunikation | Kommunikationsstörungen | Konflikt | Gesprächsformen |

Differenzierungsstufe 1 der Themenbereiche Gesprächsformen:
Gruppengespräche:
- Gruppendiskussion
- Gruppenarbeit zum Erarbeiten von Problemlösungen
- kreative Gruppenarbeit

Gespräche:
- Sachgespräch
- Beratungsgespräch
- Disziplinargespräch
- Beurteilungsgespräch

Differenzierungsstufe 2 für Beurteilungsgespräche:
Beratung im Bereich der Fähigkeiten und Fertigkeiten eines Individuums:
- klientenzentrierte Beratung
- psychodynamische Beratung
- entwicklungsbezogene Beratung
- verhaltensbezogene Beratung
- rational-emotive Beratung

Jedes Thema eines Stoffbereiches kann thematisch und hierarchisch verzweigt werden. Eine solche Verzweigung kann für die Weiterbildung relevant sein, bildet aber in jedem Fall einen pragmatischen Gesichtspunkt. Dennoch kann es sinnvoll sein, die hierarchisch untergeordneten Stoffbereiche darzustellen und mögliche Ausgrenzungen der Inhalte zu diskutieren.

Die Ergebnisse der Weiterbildungsbedarfsanalyse steuern die Akzentuierung und Reduzierung des Stoffes. Dies läuft auf die

Frage hinaus, welche Kompetenzen mit dem jeweiligen Stoff und der jeweiligen Zielgruppe unter den gegebenen Bedingungen erarbeitet werden sollen.

Die didaktische Analyse steuert solche akzentuierenden und reduzierenden Prozesse. Solche Prozesse helfen Kriterien zu generieren, die die Bedeutung von Stoffinhalten zum Ergebnis haben. *Klafki* stellt u.a. folgende Fragen:

Bedeutungsstruktur des Stoffes. Welchen größeren bzw. allgemeineren Sinn- oder Sachzusammenhang vertritt und erschließt der jeweilige Stoff bzw. Inhalt?

Welche Phänomene, Grundprinzipien, Gesetzmäßigkeiten, Regeln, Kriterien, Probleme, Arbeitsmethoden, Einsichten, Wertbegriffe, Techniken oder Haltungen lassen sich in der Auseinandersetzung mit dem Inhalt erfassen oder vermitteln? Für welchen allgemeineren Sachverhalt soll der behandelte Stoff exemplarisch, repräsentativ, typisch sein?

Gegenwartsbedeutung des Stoffes. Welche Bedeutung haben der betreffende Inhalt und die an diesem Thema zu gewinnenden Einsichten, Erfahrungen, Fähigkeiten, Kenntnisse, Fertigkeiten bereits im gegenwärtigen Arbeitsleben der Lernenden?

Zukunftsbezug des Stoffes. Worin liegt die Bedeutung des Themas für die Zukunft der Lernenden?

Ist die Bedeutung für die Berufspraxis eher zunehmend oder zukünftig abnehmend?

Exemplarischer und motivationaler Bezug des Stoffes. Welches sind die besonderen Fälle, Phänomene, Situationen, Regeln, Begriffe, die das Interesse an der Sache stiften?

Welche Fragestellungen könnten gleichsam den „Motor" des Unterrichts darstellen?

Zielgruppe und Stoffinhalte. Über welche Vorerfahrungen, Vorurteile, Einstellungen, etc. verfügt der Lernende im Hinblick auf dieses Thema? Worin liegen die im Hinblick darauf zu bestimmenden Ausgangs- und Zugangsfragestellungen?

Es gibt verschiedene didaktische Modelle, die in ihrer Konsequenz unterschiedliche Kriterien entwickeln und von daher den Stoff akzentuieren (*Blankertz* 1986, *Peterssen* 1982).

4.4 Lernziele

Die ausformulierten Ziele eines Seminars sollen den Lehrenden und Lernenden transparent machen, welche Verhaltensänderungen, Ausdifferenzierungen von Kompetenzen der Unterricht erreichen soll. Die Absichten des Lehrenden werden für alle Beteiligten nachvollziehbar, können diskutiert und gegebenenfalls verändert werden.

Die Kontrolle von Lernergebnissen und damit zusammenhängend die Entwicklung von Beurteilungsverfahren ist erst möglich, wenn die Ziele in Form von beabsichtigten Lernergebnissen vorliegen.

Gleichzeitig ist allerdings auch zu bedenken, daß die Lernziele nicht alle möglichen Lernergebnisse erfassen, die sich durch den Unterricht aber tatsächlich vollziehen. Die ausformulierten Ziele beziehen sich nur auf einen Teil der tatsächlichen Lernprozesse, meistens nur auf die kognitiven Bereiche des Lernstoffes.

Dies bedeutet:

- Wichtige Ziele, wie z. B. die der Sozial- und Selbstkompetenzen werden meist nicht ausformuliert.
- Die Lerngestaltung bedingt manchmal eine Lernform, die den formulierten Unterrichtszielen widerspricht. Es werden z. B. Selbständigkeit und Engagement angestrebt; die Lerngestaltung hingegen fördert Passivität und Abhängigkeit. Negative Einstellungen gegenüber Themen werden verstärkt statt abgebaut, s. Teil A Kap. 2).

Das eigentliche Lerngeschehen ist weit komplexer als die Vermittlungsprozesse und wird vor allem durch emotionale Prozesse begleitet, die sich den rationalen, planerischen Zugriffen weitgehend entziehen. Deshalb spricht man auch von einem „heimlichen Lehrplan".

4.4.1 Was sind Lernziele?

Wir wollen hier nicht auf die Diskussion eingehen, ob es angemessener ist von „Lern-" oder „Lehrzielen" zu sprechen. Wir wählen den umstrittenen, aber gebräuchlichen Ausdruck „Lernziel".

Ein formuliertes Lernziel beschreibt das gewünschte Endverhalten des Lernenden. Es beinhaltet die Beschreibung des Lerninhaltes und des geforderten Verhaltens. Die Lernziele können wir in verschiedenen Abstraktionsebenen beschreiben:

Richtziele: Allgemeine Fähigkeiten oder Fertigkeiten werden beschrieben.

Beispiel: Der Teilnehmer soll kommunikative Fähigkeiten besitzen. Was unter kommunikativen Fähigkeiten zu verstehen ist, muß erst noch weiter bestimmt werden. Dies geschieht in Form von Grobzielen.

Grobziele: Die Teilnehmer sollen Gruppengespräche strukturieren können. Damit schließt man andere Gesprächsformen, wie Beurteilungs- und Beratungsgespräche, aus.

Nun ist genauer zu bestimmen, was bei einer Gruppendiskussion anfällt:

Die Teilnehmer sollen die *Gruppendiskussion moderieren*, sie sollen *Störungen in der Diskussion behandeln* und *Konsensergebnisse erzielen* können ...

Feinziele: In der Diskussionsführung werden Begriffe wie „Moderation", „Störung", „Konsens" genannt, die man weiter präzisieren kann.

Die Teilnehmer sollen

- den Verlauf einer Moderation planen
- die verschiedenen Gestaltungstechniken für eine Visualisierung beherrschen
- Moderationstechniken anwenden
- Abfragen formulieren können.

Der Trainer entscheidet, wieweit er die Lernziele konkretisiert (operationalisiert). Es gibt hierfür keine verbindlichen Vorgaben.

Folgende Punkte sollte er beachten:

1. Die Beschreibung eines Lernzieles bezeichnet ein beabsichtigtes Ergebnis und nicht den inhaltlichen Umfang.
2. Die Beschreibung eines Lernzieles ist dann am brauchbarsten, wenn aus ihr die Lehrabsicht deutlich hervorgeht.
3. Das Lernziel ist um so stärker operationalisiert, je genauer Inhalt und dazugehörende Verhaltensweise bezeichnet sind.
4. Wenn ein Lernprogramm mit Lernzielen beschrieben wird, ist es vorteilhaft, von allgemeinen Zielen auszugehen, die weiter untergliedert werden, z.B. Richtziele, Grobziele, Feinziele (*Möller* 1973).

Die Ergebnisse der didaktischen Analyse müssen sich in den festgelegten Lernzielen wiederfinden. Die Lernziele sagen nun konkret aus, was wirklich gelernt und was nicht gelernt werden soll.

4.4.2 Ordnungsschema für den Verhaltensaspekt der Lernziele

Außer dem Inhalt bezeichnet ein Lernziel auch das Verhalten, das gelernt werden soll. So können für einen Inhalt verschiedene Verhaltensweisen vorgesehen sein, z.B. Beurteilungsgespräche konzipieren, durchführen und analysieren können.

Den verschiedenen Kompetenzbereichen lassen sich Verhaltensweisen zuordnen, die in Lernzielen aufgegriffen werden. Die folgende Aufstellung verdeutlicht die Kompetenzbereiche und ihre möglichen Verschränkungen miteinander. Natürlich ist die gewählte Ordnung willkürlich. Es gibt Klassifikationen, die ebenso plausibel sind.

Sachkompetenz. In diesem Bereich werden kognitive Fähigkeiten für die Verarbeitung von Situationen zusammengefaßt:

- *Wissen* von Begriffen, Fakten, Klassifikationssystemen, Verfahrensweisen, Gesetzen, Methoden, Theorien,...
- *Verstehen* von Zusammenhängen, Interpretieren von Sachverhalten, Ableiten von Gesetzmäßigkeiten ...

Methodenkompetenz. Systematische Vorgehensweisen und spezielle Techniken sollen die Handlungen systematisch gestalten:

- *Analyse*: Zergliederung eines Ganzen (z.B. Zergliederung von Sätzen, Beziehungen, Prinzipien); Unterscheidung von Tatsachen, Hypothesen, Aussagen, Folgerungen, relevanten und belanglosen Inhalten, Bilden und Anwenden von Klassifikationssystemen.
- *Synthese*: Zusammenfügen von Elementen zu einer Ganzheit, Entwicklung neuer Gesichtspunkte (Kreativität, produktives Denken)
- *Bewertung*: Aufgrund vorgegebener Kriterien eine quantitative, qualitative oder logische Bewertung vornehmen.
- *Methoden zum Gestalten von Planungen, Problemlösungsprozessen:* Netzplantechniken, Problemanalyseverfahren, Entscheidungsanalyse, Analyse potentieller Probleme.

- *Psychomotorische Fertigkeiten:*
Kraft: mit Hand, Arm, Fuß die Zielkraft ausüben;
Stoß: etwas in eine bestimmte Richtung bewegen;
Geschwindigkeit: Arbeiten in vorgegebener Zeit ausführen;
Dynamische Präzision: Genauigkeit bei Bewegungen;
Koordination: gleichzeitige Ausführung mehrerer Tätigkeiten.

Sozialkompetenz. Soziale Fähigkeiten und Fertigkeiten zur Gestaltung zwischenmenschlicher Beziehungen bestimmen diesen Bereich:

- Aufbau und Gestaltung sozialer Kontakte
- konstruktive Problemlösung
- Kooperation in Gruppen
- Veränderung und Vereinbarung sozialer Regeln
- Konzeption, Gestaltung, Analyse der Gruppenprozesse.

Selbstkompetenz. Der Bereich umfaßt die individuelle Persönlichkeit.

- *Beachten*: Kenntnisnahme, Aufnahmebereitschaft, Lenken der Aufmerksamkeit auf bestimmte Sachverhalte;
- *Beantworten*: Bereitschaft zur Antwort, Freude an der Mitarbeit;
- *Werten*: Wertannahme, Wertauswahl, Wertbindung;
- *Wertzuordnung*: Erstellung eines Wertsystems, Festlegung der Persönlichkeit durch eine Wertordnung und Bildung von Weltanschauungen (*Möller* 1973).

Diese Aufstellung ist nicht vollständig. Sie will nur Anregungen geben, verschiedene Aspekte des Lernens zu bedenken und neben dem kognitiven Bereich auch andere Lernzielbereiche zu berücksichtigen.

4.4.3 Strukturierung von Lernprozessen mit Lernzielen

Vom Bekannten zum Unbekannten
Vom Leichten zum Schwierigen
Vom Knappen zum Umfangreichen
Vom Einfachen zum Komplexen
Vom Langsamen zum Schnellen
Vom Sichtbaren zum Unsichtbaren

(nach *Anaxagoras*)

Formuliert man für ein Seminar nur die Ziele, so erhält man eine unübersichtliche Anzahl von Zielsetzungen. Deshalb verbindet man mit den Lernzielen weitere Funktionen, die sich auf die Gestaltung der Lernprozesse beziehen.

Mit den Grobzielen kann der zeitliche Ablauf geplant werden. Das Lernen ist für den Teilnehmer einfacher, wenn er Verbindungen von einer Lerneinheit zur nächsten herstellen kann. Grobziele werden aufeinander bezogen und mit Hilfe von Prinzipien, die organisierenden Charakter haben, verkettet:

Logische Zusammenhänge. Die Grobziele werden nach logischen Beziehungen geordnet und in eine Reihenfolge gebracht.

Funktionale Zusammenhänge. Tätigkeiten in der Verwaltung, Produktion etc. haben bestimmte Abläufe. Das Lernen kann nach diesen Abläufen organisiert und in Abschnitte aufgeteilt werden, so daß am Ende ein kompletter Vorgang beherrscht wird.

Deduktives Vorgehen. Man geht vom Abstrakten aus und stellt dann Beziehungen zum Konkreten her. Erst werden die Theorie, das Modell, die Begriffe geklärt. Dann bezieht man das erworbene Wissen auf Phänomene, die nun interpretiert werden können (kognitives Lernen: Aneignen und Anwenden von Wissen).

Induktives Vorgehen. Es wird von konkreten Geschehnissen ausgegangen. Prinzipien, Verallgemeinerungen, Modelle, Gesetzmäßigkeiten werden mittels eines Diskurses herausgearbeitet (erfahrungsorientiertes Lernen).

Vom Einfachen zum Komplexen. Ein Vorgang, ein Modell etc. wird zunächst in einfacher Form mit wenigen Einflußfaktoren erläutert. Durch weitere Differenzierung werden immer mehr Einflußgrößen hinzugezogen – das Modell nähert sich der Realität mit ihren vielen Variablen.

Natürlich lassen sich diese organisierenden Prinzipien ergänzen und kombinieren. Letztlich bestimmen die Ergebnisse der Stoffanalyse, der didaktischen Analyse und die daraus abgeleiteten Lernziele, welche Lernabläufe zu planen sind.

Berücksichtigen müssen wir bei der Ausformulierung der Feinziele und ihrer zeitlichen Abfolge mehrere Aspekte: Die Tiefe des Eindringens in den Stoff, das Aneignen und das Anwenden. Deshalb ist es auch zweckmäßig, mit den Feinzielen auch die Methoden, Sozialformen, Medien und Lernkontrollen zu planen.

Auf verschiedene Formen des Lernablaufs wird später eingegangen. In der Wissensvermittlung gliedern sich die Lernschritte in anderer Weise, als bei einem verstehenden Eindringen in einen Stoff oder bei Einstellungsveränderungen (s. Lernablauf).

Liegen die Lernziele vor, so kann man auch Lernkontrollen entwickeln.

4.5 Verfahren für die Lernzielkontrolle

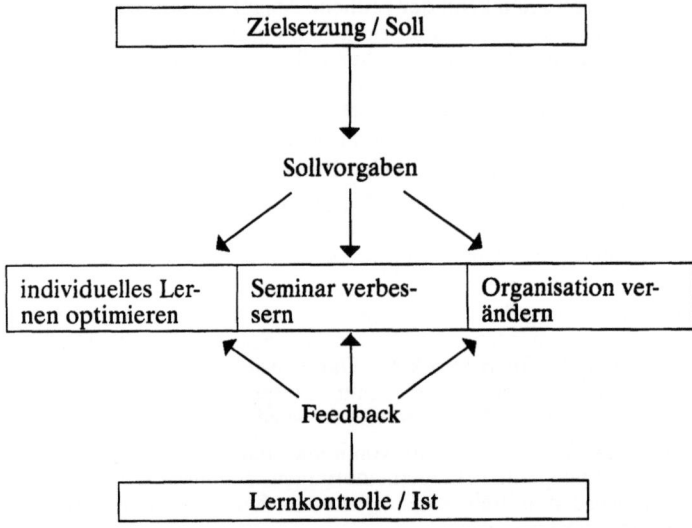

Über den Sinn und Unsinn von Schulnoten ist genügend diskutiert worden. Die Wirkungen sind tiefgreifend und zumeist negativ. Außerdem kann man einer Note nicht entnehmen, wie das Lernergebnis konkret aussieht. Für die Korrektur des Unterrichts sind sie ebenfalls wertlos. In der Weiterbildung sollte man auf ein Noten- oder Punkteverfahren verzichten.

Ist eine detaillierte Bewertung des Lernerfolges für den Lernenden unverzichtbar, wählt man besser ein lernzielorientiertes Verfahren. Die Beurteilungsergebnisse sagen aus, welches Lernziel erreicht bzw. nicht erreicht wurde. Der Vergleich zwischen den Teilnehmern eines Kursus unterbleibt. Für diesen Teil stellen wir Aufgabentypen vor, mit denen man Verfahren entwickeln kann.

Will man andere Aspekte eines Seminars beurteilen, so kann man die Teilnehmer mit einem Fragebogen nach ihren subjektiven Eindrücken befragen. Die Beurteilungen können sich auf verschiedene Aspekte des Seminars beziehen. Die Informationen reichen zumeist von der Akzeptanz gegenüber den Inhalten bis hin zu persönlichen Einschätzungen der Dozenten. Detaillierte Fragebögen bieten vielfache Anregungen (s. Beispiele), welche Aspekte der Seminargestaltung überarbeitungsbedürftig sind. Diese Art der Rückmeldungen bezieht sich auf den Vermittlungsprozeß mit seinen Rahmenbedingungen, nicht auf die Lernergebnisse.

Ein Beispiel (s. Kap. 4.5.3.3) schildert das Verfahren, das die Veränderungen in der Praxis erfaßt. Die gewünschten Soll-Zustände werden dargestellt. Die tatsächlichen Ist-Zustände werden von den betroffenen Mitarbeitern mittels einer Befragung ausgedrückt. Eine Weiterbildungsmaßnahme, die den Ist-Zustand in Richtung Soll-Zustand verändern soll, kann mit diesem Instrument durch eine Nachbefragung beurteilt werden. Von der Entwicklung des Instrumentes bis zur Auswertung der Daten nach den Maßnahmen sind die Mitarbeiter mitbeteiligt. Man verspricht sich davon, daß die Teilnehmer noch mehr motiviert sind, das Gelernte in die Praxis zu transferieren.

4.5.1 Lernziel-/Kriteriumsorientierter Test

Zur Erfassung der Lernergebnisse benötigen wir eine Bezugsnorm und ein Meßinstrument. Die Bezugsnormen lernzielorientierter Tests sind die festgelegten Lernziele. Man spricht von einer Idealnorm im Unterschied zu einer Realnorm, bei der die durchschnittliche Leistung der Teilnehmergruppe die Bezugsnorm ist. Zur Beurteilung der Leistung stellt sich die Frage: „Hat der Teilnehmer das Lernziel erreicht, oder hat er es nicht erreicht?" Nur diese beiden Ausprägungen sind möglich.

Um festzustellen, ob ein Lernziel erreicht wurde, müssen Aufgaben gestellt werden, die das Lernziel, seine Inhalte und Verhaltensweisen repräsentieren (s. Teil A Kap. 4.5.2). Es ist nicht sinnvoll zu verlangen, daß die gestellten Aufgaben zu 100% gelöst werden, d. h. die Fehlerquote bei 0% liegt. Eine Fähigkeit oder Fertigkeit kann durchaus vorhanden sein, obwohl der Teilnehmer diese nicht in allen Situationen perfekt äußert. Eine vorhandene Fähigkeit definiert sich als die Wahrscheinlichkeit, mit der eine Aufgabe bestimmter Art in einer bestimmten Situation gelöst wird. Die Anzahl zu lösender Aufgaben liegt meist unter hundert Prozent. Das Ergebnis wird dennoch als „vollständig gelöst" bewertet. Üblich ist ein Prozentsatz von 95 oder 90%. Die Festlegung dieser prozentualen Leistungsgrenze erscheint willkürlich, sollte aber begründet sein. Manche Lehrziele erfordern durchaus eine höhere Präzision. In diesem Fall legt man das Erreichen des Lernziels auf 95% fest.

Zusätzlich wird die Anzahl der Aufgaben anhand eines zweiten Faktors bestimmt, des Meßfehlers. Jede Messung ist mit Fehlern behaftet, die auch in die Summe der zu tolerierenden Fehler eingeht. Durch die Bewertung der gelösten oder ungelösten Aufgaben schätzt man mit einer gewissen Wahrscheinlichkeit ein, ob der Teilnehmer eine Fähigkeit/Fertigkeit besitzt oder nicht. Durch diese weiteren Gesichtspunkte wird letztlich entschieden, wieviele Aufgaben ein Teilnehmer lösen muß, damit er das Lernziel erreicht hat (*Klauer* u.a. 1972).

Wie bei allen Meßverfahren müssen auch die Gütekriterien beachtet werden, damit eine zuverlässige Messung überhaupt entstehen kann. Solche Kriterien sind:

Objektivität. Man unterscheidet Anweisungs- und Auswertungsobjektivität. Gemeint ist, daß die Anweisungen hinsichtlich Durchführung und Auswertung des Verfahrens so gestaltet werden müssen, daß verschiedene Beurteilende zu gleichen Ergebnissen kommen.

Reliabilität = Zuverlässigkeit. Hierunter wird die Genauigkeit der Messung verstanden. Mit jedem Meßinstrument entstehen Meßfehler, d. h. eine exakte Aussage ist nicht möglich. Der „wahre Wert" kann nur mit einer Wahrscheinlichkeit geschätzt werden. Diese Einschränkung gilt für alle Messungen und bedeutet auf die Idealnorm übertragen, daß wir nur mit einer gewissen Wahrscheinlichkeit aussagen können, ob der Teilnehmer das Lernziel erreicht hat oder nicht.

Validität = Gültigkeit. Damit wird die Beziehung zwischen dem zu messenden Lernziel und dem Verfahren erfaßt. Ein Verfahren soll bestimmte Lernziele überprüfen. Die Aufgaben müssen deshalb die im Lernziel geforderten Leistungen erfassen. Will man z. B. überprüfen, ob ein Teilnehmer mit Bruchzahlen verschiedene mathematische Operationen ausführen kann, so müssen entsprechende Aufgaben gestellt werden. Verkleidet man die mathematischen Aufgabenstellungen in sogenannte Textaufgaben, werden andere Fähigkeiten mit erfaßt, nämlich die der Analyse und Interpretation von Texten. Valide wäre das Instrument nur dann, wenn auch das Textverstehen in den Lernzielen formuliert worden ist. Die Gültigkeit drückt sich also darin aus, ob die Aufgaben die Fähigkeit erfordern, die im Lernziel formuliert ist.

Zur Feststellung der Reliabilität und Validität gibt es statistische Verfahren, die hier aber nicht weiter besprochen werden sollen.

Diese Art der Leistungsfeststellung hat natürlich wesentliche Folgen für das Procedere der Beurteilung. Der Vergleich zwischen den Teilnehmern unterbleibt. Die Rückmeldung erfolgt nur in Abhängigkeit zum Lernziel. Für den Teilnehmer, der das Lernziel nicht erreicht hat, richtet sich das Beurteilungsgespräch auf die Möglichkeiten, wie er das Lernziel noch erreichen kann. Die gesamte Beurteilung bleibt jedoch im Rahmen der Lernprozesse, d.h. der Vergleich bezieht sich nur auf Lernziel und Lernergebnis; über Qualifikationen und Qualitäten der Teilnehmer kann keine Aussage getroffen werden (*Herbig* 1976).

Tabelle 5 gibt die Anforderungen zur Erreichung des Lernziels bei unterschiedlich umfangreichen Tests an.

Tabelle 5 Anforderungen zur Erreichung des Lernziels bei unterschiedlicher Testlänge und Lernzielfestlegung (5% Irrtumswahrscheinlichkeit).

Anzahl der falschen Antworten	Lernzielfestlegung bei	
	95%	90%
−1		bei 7
−2	bis 10 Aufg.	–
−3	bis **28**	bis 14
−4	bis 40	–
−5	bis 53	bis **29**

Beispiel: Hat man z.B. 20 Aufgaben gestellt, so müssen bei einer Lernzielfestlegung von:

95% 17 Aufgaben und bei

90% 15 Aufgaben richtig gelöst sein, damit das Lernziel erreicht ist.

Weitere Verfahren für verschiedene Beurteilungsbereiche sind bei *Klauer* (1982) und *Ingenkamp* (1985) beschrieben. *Brickenkamp* (1975 und 1983) beschreibt verschiedene Leistungstests, die allerdings meistens als realnormorientierte Verfahren vorliegen.

4.5.2 Aufgabentypen zur Leistungsüberprüfung

Bei Schnelligkeitstests werden relativ viele mittelschwere bis leichte Aufgaben gegeben, die in einer mehr oder minder stark begrenzten Bearbeitungszeit zu lösen sind. Es kommt ein zusätzlicher Leistungsfaktor hinzu, nämlich die Bearbeitungsgeschwindigkeit.

Beim Niveau-Test hingegen spielt die Zeit keine Rolle. Die Aufgaben sind mittelschwer bis sehr schwer und sind nach ihrem Schwierigkeitsgrad geordnet: von den leichten zu den schweren Aufgaben.

Aufgaben stellen eine Situation dar, auf die ein Teilnehmer reagieren soll. Die Aufgabe hat zwei Komponenten: die Darbietung von Aufgaben und die Aufforderung nach einer Antwort. Bei Aufgabentypen (Aufgabenformen) werden nach der Art und Weise unterschieden, wie die Antwort erfolgen soll.

Die Darbietungsweisen seien hier nur kurz aufgeführt. Prinzipiell werden Aufgaben fast immer auditiv oder visuell abgefaßt. Natürlich kann beides auch kombiniert werden. Die Aufgabe wird z. B. erläutert, indem das Problem besprochen und durch eine Zeichnung dargestellt wird (Abb. 4).

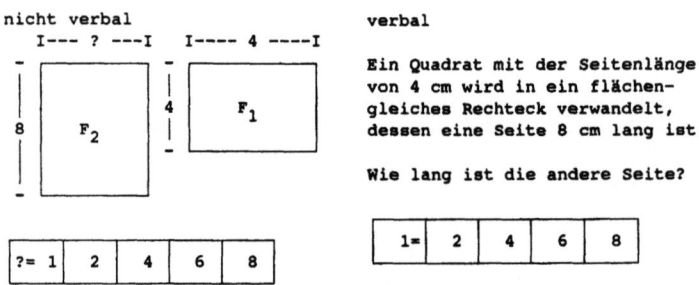

Abb. 4 Nicht verbale und verbale Erläuterung einer Aufgabenstellung.

Aufgabentypen

Die Art und Weise, wie eine Aufgabe beantwortet werden kann, läßt sich in zwei Hauptgruppen und eine Nebengruppe aufteilen:
1. Freie Beantwortung
2. Gebundene Beantwortung
3. Zwischenformen

Bei der freien Beantwortung ist es dem Teilnehmer überlassen, die Antwort selbst zu formulieren, während bei einer gebundenen Beantwortung der Beantwortungsspielraum durch Antwortvorgaben eingeschränkt ist.

Beantwortungsformen

Freie Aufgabenbeantwortung
1. Aufsatzform
2. Interpretation

3. Frageform
4. Ergänzungsform
5. Assoziationsform

Gebundene Aufgabenbenatowrtung
1. Alternativform
2. Mehrfachwahlaufgaben
3. Zuordnungsaufgaben

Zwischenformen
1. Korrektur- und Verbesserungsaufgaben
2. Umordnungsaufgaben

4.5.2.1 Freie Aufgabenbeantwortung

Aufsatzform

Es wird ein Thema oder eine Fragestellung vorgegeben. Dazu soll der Teilnehmer Stellung nehmen. Die Möglichkeiten der Bearbeitung sind nicht durch weitere Vorgaben eingeschränkt. Die Lösungen spiegeln dann am besten das individuelle Verstehen und Vorgehen wider.

Bei dieser Form ist das Bewerten am schwierigsten. Es besteht die Gefahr, daß subjektive Eindrücke die Bewertung beeinflussen und das Zustandekommen der Bewertung nicht nachvollziehbar ist. Ein Vergleichen der Leistungen untereinander ist unmöglich.

Bei der Beurteilung der Aufsätze muß folgendes beachtet werden:
1. Festlegen der Bewertungskriterien und deren Gewichtung
2. Bestimmen der Ausprägungen für jedes Kriterium und Zuordnung von Punkten
3. Aufführen der Bewertungen getrennt nach Kriterien
4. Bewerten ohne Kenntnis des Namens
5. Überprüfen der Beurteilungen durch einen Zweitbeurteiler
6. Nachvollziehbarkeit der Beurteilung für den Beurteilten
7. Ergänzen der Beurteilung durch Hinweise, wie die Leistung verbessert werden kann.

Interpretationsform

Es werden Probleme, Daten oder andere Sachverhalte vorgegeben, die dann zu interpretieren sind. Der Vorteil dieses Verfahrens liegt darin, daß es auf allen Gebieten angewendet werden kann, in denen es auf die Fähigkeit, Dinge zu interpretieren, ankommt. Die Art des vorgelegten Materials kann verschieden sein, z.B. Texte, Karten, grafische Darstellungen, Bilder.

Außerdem lassen sich, wie bei der Aufsatzform, komplexe Sachverhalte prüfen, wie z. B. Problemlösungsfähigkeiten und Denkfähigkeiten des Prüflings. Der wichtigste Vorteil gegenüber dem Aufsatz besteht in der Vorstrukturierung, die ein Ausweichen oder Umdefinieren unmöglich macht.

Wie bei der Aufsatzform ist die Beurteilung der Lösungen schwierig. Auch hier müssen die Beurteilungskriterien transparent und ihre Anwendung auf die Lösungen hin nachvollziehbar sein. Der Zeitaufwand für eine Beurteilung ist wie beim Aufsatz erheblich.

Frageform

Es werden offene Fragen gestellt, die zu beantworten sind. Die Fragen können sehr eng auf ein bestimmtes Wissen hin gestellt sein oder zu einer umfassenden Darstellung eines Wissensbereiches auffordern.

Zu einem Lehrstoff können viele Fragen gestellt werden. Damit erhält man umfassende Informationen über den Wissensstand. Allerdings erfährt man weniger über die Verarbeitungsform des Prüflings.

Richtige Antwortmöglichkeiten lassen sich leichter erstellen. Die Beurteilung wird dadurch objektiver.

Ergänzungsform

Bei dieser Art von Aufgaben wird eine unvollständige Aussage vorgegeben, die zu ergänzen ist. Das entscheidende Wort fehlt.

Beispiel: Warmblütige Tiere, die lebend geboren werden und ihre Jungen säugen, nennt man . . . .
Man vermeidet hierbei, plausible Antwortmöglichkeiten finden zu müssen. Außerdem können recht eng umgrenzte Fähigkeiten schnell abgefragt werden.

Assoziationsform

Diese Aufgabenform ist der Frageform ähnlich. Zu einer Vorgabe muß die richtige Ergänzung erbracht werden. Es müssen also Paare gebildet werden.

Beispiel: Nennen Sie die Hauptstädte folgender Länder:

USA   _____
Island   _____
BRD   _____
Brasilien _____

Geben Sie das deutsche Wort an:

table   _____
fork   _____

chair   _____
knife   _____

4.5.2.2 Gebundene Aufgabenbeantwortung

Unter vorgegebenen Alternativen muß die richtige Antwort herausgefunden werden. Dadurch wird kaum eine Schreibarbeit nötig, und die Auswertung ist objektiv und relativ einfach.

Alternativform

Es werden Behauptungen, Aussagen (Statements) vorgegeben, die mittels alternativer Antwortmöglichkeiten zu bewerten sind. Antwortmöglichkeiten können z. B. sein:

richtig   – falsch
Tatsache – Meinung
ja   – nein

Man kann aus diesen Antwortmöglichkeiten auch Kombinationen bilden:

richtig – falsch – Tatsache – Meinung

Beispiel: Lesen Sie jede der folgenden Aussagen durch. Wenn die Aussage eine Tatsache ist, umkreises Sie ein „T". Wenn es eine Meinung ist, umkreisen Sie ein „M".

TM 1. Die Verfassung ist das höchste Gesetz unseres Landes.
TM 2. Die erste Ergänzung der Verfassung war die wichtigste.

Der Vorteil einer solchen Testkonstruktion ist die Einfachheit in der Durchführung und Auswertung. Es müssen solche Aussagen konstruiert werden, die nur durch das erlangte Wissen gelöst werden können. Die Wahrscheinlichkeit des richtigen Ratens ist 50%. Es müssen deshalb viele Aufgaben vorgegeben werden, damit Leistungen genau erfaßt werden können.

Mehrfachwahlaufgaben (multiple choice)

Die Vorgabe besteht entweder aus einer direkten Frage oder aus einem unvollständigen Statement. Dazu wird eine Liste von Lösungen angeboten: Wörter, Zahlen, Symbole, Sätze. Aus dieser Liste muß die richtige Antwort aus den restlichen falschen herausgesucht werden.

Beispiel: Streichen Sie den Buchstaben an, der die richtige Antwort auf folgende Frage beinhaltet. Welche der folgenden Städte ist die Hauptstadt der BRD?

A Berlin
B Bonn
C Frankfurt
D München

Die Vorgabe von mehreren Antwortmöglichkeiten erniedrigt die Ratewahrscheinlichkeit. Die Antwortvorgaben müssen allerdings gleich plausibel sein. Das größte Problem ist, eine genügend hohe Auswahl falscher, aber plausibler Antworten zu finden.

Zuordnungsaufgaben

Aussagen und Antwortmöglichkeiten werden in zwei Reihen dargeboten. Aufgabe ist es, die richtige Zuordnung zu treffen.

Beispiel: Auf der Linie vor den Aussagen der Reihe A schreiben Sie den Buchstaben des Wortes von Reihe B, der zu der gegebenen Aussage paßt.

A	B
1. Name des Ergebnisses bei Additionen	A Differenz
	B Dividend
2. Name des Ergebnisses bei Subtraktionen	C Multiplikand
3. Name des Ergebnisses bei Multiplikationen	D Produkt
	E Summe
4. Name des Ergebnisses bei Divisionen	F Subtrahend

Für solche Aufgabenkonstruktionen ist die Homogenität der Aussage notwendig. Für jede Aussage unter A muß es mehrere plausible Antworten unter B geben. Sie müssen für die, die den Sachverhalt noch nicht verstanden haben, gleich attraktiv sein.

4.5.2.3 Zwischenformen

Hier werden Aufgabentypen aufgeführt, die sich weder bei der freien noch bei der gebundenen Aufgabenbeantwortung einordnen lassen:

1. Korrektur- und Verbesserungsaufgaben: Ein Text, der irgendwelche Fehler aufweist (Rechtschreibung, Zeichensetzung, Satzbau, Wortwahl etc.), ist zu verbessern.

2. **Umordnungsaufgaben:** Bestimmte Objekte (Wörter, Sachverhalte etc.) sind nach einem gewissen Kriterium in eine Reihenfolge zu bringen.

Beispiel: Ordnen Sie die folgenden Metalle gemäß ihren Ordnungszahlen im periodischen System der Elemente.

A	Barium	1	2	3	4	5	6
B	Strontium	1	2	3	4	5	6
C	Eisen	1	2	3	4	5	6
D	Kupfer	1	2	3	4	5	6
E	Aluminium	1	2	3	4	5	6
F	Uran	1	2	3	4	5	6

(*Rütter* 1973)

4.5.2.4 Regeln für das Abfassen von Aufgaben
(*Ebel* 1951)

1. Sagen Sie klar und unmißverständlich, was der Adressat tun soll.
2. Benutzen Sie nur eindeutige Wörter und Begriffe.
3. Vermeiden Sie komplizierte Satzkonstruktionen.
4. Vermeiden Sie funktionslose Füllwörter in der Aufgabenstellung.
5. Vermeiden Sie doppelte Negationen.
6. Geben Sie dem Adressaten alle notwendigen Informationen, die er zur Auswahl der richtigen Antwort benötigt.
7. Vermeiden Sie ungenaue bzw. falsche Darstellungen von Sachverhalten.
8. Vermeiden Sie unnötige und übertriebene Genauigkeit in der Aufgabenstellung und in den Antworten.
9. Vermeiden Sie unnötige Erschwernisse, die sich nicht auf das zu messende Kriterium beziehen.
10. Vermeiden Sie verdeckte Hinweise, die die Auswahl der richtigen Antwort ohne eigentliche Sachkenntnis ermöglicht.
11. Vermeiden Sie stereotype und ständig wiederkehrende Formulierungen.
12. Gleichen Sie die Schwierigkeit der Aufgaben der Adressatengruppe und dem Zweck des Tests an.

4.5.3 Verfahren für die Beurteilung von Seminaren

Mit den Beantwortungen von Aufgaben erhält man Informationen über das Lernergebnis der Seminargruppe und der einzelnen Teilnehmer. Daraus lassen sich auch Informationen über die Lerngestaltung ableiten. Lerndefizite der Gruppe sprechen dafür, daß die Lernphase intensiver zu gestalten ist. Weitere Informationen erhält man, wenn man die Teilnehmer zum Seminar befragt.

4.5.3.1 Beurteilungsbogen für ein Seminar

Drücken Sie mit Hilfe der angeführten Begriffspaare Ihren allgemeinen Eindruck von dem Seminar aus:

interessant	1	2	3	4	5	uninteressant
wichtig	1	2	3	4	5	unwichtig
ansprechend	1	2	3	4	5	langweilig
gut	1	2	3	4	5	schlecht
übersichtlich	1	2	3	4	5	verwirrend
gründlich	1	2	3	4	5	oberflächlich
nützlich	1	2	3	4	5	nutzlos
aufschlußreich	1	2	3	4	5	banal

Bitte beantworten Sie folgende Fragen:
Was hat ihnen gefallen?

Was hat Ihnen nicht gefallen?

Was war für Sie am wichtigsten?

4.5.3.2 Fragebogen: Seminarbeurteilung

1. Folgende Themen habe ich vermißt:
___
___
___

2. Folgende Themen halte ich für überflüssig:
___
___
___

3. Der äußere Rahmen des Seminars war:

1 ——— 2 ——— 3 ——— 4 ——— 5 ———
mangelhaft   befriedigend   sehr gut

Die Organisation des Seminars war:

1 ——— 2 ——— 3 ——— 4 ——— 5 ———
mangelhaft   befriedigend   sehr gut

4. Sonstige Bemerkungen
___
___
___

4.5.3.3 Stimmungsbarometer und Beobachtungsbogen
(aus *Döring* 1990)

Es werden nur einige Vorgaben exemplarisch aufgeführt. Der gesamte Fragebogen ist bei *Döring* (1990, 277 ff.) zu finden.

Kreuzen Sie zu jeder Frage – entsprechend ihrem persönlichen, subjektiven Eindruck – eine der Zahlen zwischen 1 und 7 an.

I. Komplex: Inhalte

1. Gliederung und Aufbereitung waren

   unübersichtlich   1   2   3   4   5   6   7   übersichtlich

2. Die erworbenen Kenntnisse sind in der Praxis
   wenig   überwiegend
   anwendbar   1   2   3   4   5   6   7   anwendbar

II. Komplex: Gestaltung des Unterrichts

1. Die unterrichtlichen Hilfsmittel waren in qualitativer Hinsicht für das Lernen eine
   Verwirrung   Bereicherung
   und   und
   Belastung   1   2   3   4   5   6   7   Hilfe

2. Die Gestaltung des Unterrichts war didaktisch insgesamt schlecht auf die
   Teilnehmer abge-   gut auf
   stimmt (Über-/   die Teilnehmer
   Unterforderung)   1   2   3   4   5   6   7   abgestimmt

3. Meine eigene aktive Beteiligung im Unterricht war
   wenig   häufig
   möglich   1   2   3   4   5   6   7   möglich

4. Möglichkeiten zum Üben des Gelernten im Unterricht wurden in Anbetracht der verfügbaren Zeit
   zu wenig   angemessen
   geboten   1   2   3   4   5   6   7   geboten

5. Möglichkeiten zum Erfahrungsaustausch waren in der Veranstaltung insgesamt
   wenig   genügend
   vorhanden   1   2   3   4   5   6   7   vorhanden

III. Komplex: Verhalten der Teilnehmer

1. Hinsichtlich Lernbereitschaft und Mitarbeit waren die Teilnehmer
   passiv   1   2   3   4   5   6   7   aktiv

2. Das Verhalten der Teilnehmer untereinander und gegenüber dem Dozenten war geprägt durch
   Unsachlichkeit   1   2   3   4   5   6   7   Sachlichkeit

3. Im Verlauf der Veranstaltung entwickelte sich ein „Wir-Gefühl", ein Gruppenbewußtsein.
   Stimmt nicht   1   2   3   4   5   6   7   Stimmt

IV. Komplex: Verhalten des Dozenten

1. Das Verhalten des Dozenten wirkte im Unterricht

| lähmend, lernbehindernd | 1 2 3 4 5 6 7 | aktivierend, lernfördernd |

2. Der Dozent ging im Unterricht auf Fragen Einwände und Diskussionen

| in unangemessener Weise ein | 1 2 3 4 5 6 7 | in angemessener Weise ein |

3. Der Dozent wirkte im Unterricht

| schlecht vorbereitet | 1 2 3 4 5 6 7 | gut vorbereitet |

4. Der Dozent schuf ein

| unangenehmes Lernklima | 1 2 3 4 5 6 7 | angenehmes Lernklima |

5. Das Sprachverhalten des Dozenten war

| unklar, unverständlich | 1 2 3 4 5 6 7 | klar, verständlich |

V. Komplex: Allgemeine Anmerkungen

1. Zum Seminar insgesamt:

2. Zum Dozenten:

4.5.3.4 Fragebogen: Beurteilung von Lernplanung und Lernprozeß

Vorbemerkung

Wie jeder kognitive Vorgang bedarf die Analyse von Planungen und Lernprozessen eine gesteuerte Auseinandersetzung. Der erste Eindruck ist durch eine stark emotionale, bewertende, allgemeine Aussage geprägt: Das Seminar war gut, es hat Spaß gemacht oder es war langweilig, man hat überhaupt nichts gelernt. Setzt man diesen Prozeß fort, kommt nicht eine Analyse der Planung oder des abgelaufenen Lernprozesses zustande, sondern nur eine Sammlung von Argumentationen zur Stützung eines Werturteils. Dies ist aber nicht hilfreich für eine gezielte Verbesserung der Seminaren.

Bei dieser Darstellung wird der Versuch gemacht, einen Präzisierungsvorgang zu gestalten. Dies geschieht unter der Berücksichtigung vorwissenschaftlicher Strukturierungen. Diese sollten nicht geleugnet werden, da sie auf jeden Fall wirksam sind, s. hierzu *Laucken* (1974).

Die Verschränkung von beschreibenden, bewertenden und interpretierenden Aspekten wird nur dann getrennt, wenn dies ratsam erscheint, z. B.:
- Positive Eindrücke sollen analysiert werden, um günstige Lerngestaltungen herauszuarbeiten und zu verallgemeinern.
- Negative Verläufe sollen analysiert werden, um die Verbesserungen zu erarbeiten, Alternativen zu entwickeln und in Zukunft Fehler zu vermeiden.

In diesen Fällen müssen Beschreibung, Interpretation und Bewertung getrennt werden.

In diesem Fragebogen sind die Bewertungskriterien vorgegeben. Sie können nach eigenen Anschauungen ergänzt und verändert werden. Damit ist das Bewertungssystem für jeden transparent und diskutierbar.

Als Grundlage für den kursorischen oder präzisen Diskurs dienen die Vorgaben in dem Fragebogen, der dem allgemeinen Eindruck Substanz gibt: Festhalten positiver Eindrücke, Kenntlichmachen der vage umschriebenen Probleme. Von den Eingruppierungen ausgehend erfolgt dann die Analyse in weiteren systematischen Schritten.

Vorgehen bei der Beurteilung

1. Registrieren von Auffälligem. In der Planungsskizze streicht man Auffallendes (negativ/positiv) an. Die Vorkommnisse während des Seminarverlaufes notiert man sich möglichst konkret.

2. Ausfüllen des Fragebogens. Danach geht man den Bogen durch und streicht an:

0 = nicht relevant, 1 = stimmt überein, 2 = weicht ab.

Die Auffälligkeiten werden entsprechend zugeordnet, evtl. in der Spalte „Bemerkungen" näher gekennzeichnet.

3. Auswerten des Fragebogens. Die Punkte, auf die eingegangen werden soll, werden gekennzeichnet und zusätzlich erläutert. Positive Eindrücke werden mit Situationen belegt; das Positive wird hervorgehoben und begründet.

Negative Eindrücke gehen in eine systematisch Problemanalyse ein.

4. Systematik der Problemanalyse: Die Probleme werden beschrieben:

Problemdefinition, Kurzbeschreibung der Probleme:
- Was ist genau das Problem?
- Welches Ausmaß, welche Folgen hatte das Problem?

- Wann trat das Problem auf?
- Welche Veränderungen bedingte das Problem?
- Probleme entstehen durch Abweichungen zwischen Ist und Soll. Beschreibung der Soll-Vorstellungen.
- Welche Maßnahmen kann man treffen, um das Problem in Zukunft abzustellen?

1. Seminarplanung

0 = nicht relevant, 1 = stimmt überein, 2 = weicht ab.

Stoffanalyse

Die bedeutsamen Aspekte des Stoffes werden beschrieben.	0 1 2
Wesentliche Anteile in den Bereichen Wissen, Verstehen, Fertigkeiten sind in der Sachanalyse berücksichtigt.	0 1 2

Didaktische Reduktion

Die Beschränkung auf wesentliche Teile des Stoffes ist begründet.	0 1 2
Die Reduzierung beachtet zielgruppenspezifische Aspekte.	0 1 2
Die wesentlichen Merkmale der Zielgruppe sind berücksichtigt.	0 1 2

Curriculare Aufbereitung

Die Überlegungen der Stoffanalyse werden nachvollziehbar in Richtziele ausformuliert.	0 1 2
Die Grobziele sind den Richtzielen begründet zugeordnet.	0 1 2
Die Grobziele stehen in einem Sinnzusammenhang.	0 1 2
Die Feinziele stehen zueinander in Bezug und sind sach- sowie zielgruppengemäß.	0 1 2

Methodik

Die Feinziele stehen im Zusammenhang mit der Seminargestaltung.	0 1 2
Die Seminargestaltung ermöglicht einen positiven Erlebensablauf der Teilnehmer.	0 1 2
Die Seminargestaltung ermöglicht die aktive Mitarbeit aller Teilnehmer.	0 1 2
Medien unterstützen den Lernprozeß.	0 1 2

2. Lernprozeß

Konkreter Ablauf

Ablauf stimmt im wesentlichen mit der Planung überein.	0 1 2
Die Ziele sind den Teilnehmern transparent und werden von ihnen akzeptiert.	0 1 2

Informationen sind klar und verständlich, insbesondere
die Arbeitsanweisungen. 0 1 2
Ergebnisse werden systematisch zusammengefaßt und
ausgewertet. 0 1 2
Veranschaulichungen durch Medien sind den Zielen
angemessen und unterstützen den Lernablauf. 0 1 2
Der Lernerfolg wird durch angemessene Maßnahmen
gesichert. 0 1 2

Interaktion zwischen den Teilnehmern

Die Teilnehmer gehen überwiegend freundlich miteinander
um. 0 1 2
Konflikte werden konstruktiv gelöst. 0 1 2
Die Teilnehmer arbeiten zusammen und helfen sich. 0 1 2
Man hört aufeinander, geht auf die Äußerungen des
anderen ein. 0 1 2
Das Seminar fördert die Interaktion zwischen den
Teilnehmern 0 1 2

Interaktion Trainer – Teilnehmer

Das Auftreten des Trainers unterstützt die Lernprozesse. 0 1 2
Der Trainer ermutigt, unterstützt die Teilnehmer. 0 1 2
Der Trainer behandelt Störungen konstruktiv, problem-
lösend. 0 1 2

Rhetorik

Das Sprechtempo ist angemessen. 0 1 2
Die Tonmodulation ist lebendig, abwechslungsreich. 0 1 2
Die Artikulation ist deutlich. 0 1 2
Pausen erfolgen angemessen, lassen den Teilnehmern
Zeit zum Nachdenken 0 1 2
Gestik und Haltung ist angemessen. 0 1 2

4.5.3.5 Organisationsanalyse zur Feststellung von Fähigkeiten

Zielsetzungen

1. Der Fragebogen hilft Soll-Vorstellungen darüber zu entwickeln,
- wie im Unternehmen gearbeitet werden soll
- welche Rahmenbedingungen dazu notwendig sind.

Folgende allgemeine Aufgabenbereiche werden erfaßt:

1. Interne/externe Kunden optimal zufriedenstellen
2. Anfallende Probleme schnell und wirksam lösen
3. Anpassungen an Umweltveränderungen aktiv vornehmen.
4. Leistungen des Unternehmens positiv nach außen darstellen.

2. Der Fragebogen erfaßt den Ist-Zustand der Organisation durch eine Befragung der Mitarbeiter.
3. Von den Abweichungen (Soll-Ist) ausgehend, können Maßnahmen entwickelt werden, die das Unternehmen in Richtung Soll-Vorstellungen verändern.

Vorgehen

1. Mit dem Führungspersonal wird der Fragebogen auf die Bedürfnisse des Unternehmens und der Mitarbeiter zugeschnitten.
2. Der Fragebogen wird von allen Mitarbeitern nach ihren subjektiven Vorstellungen ausgefüllt. Sie geben mit Hilfe der Fragebogenvorgaben an, wie sie das Unternehmen sehen, damit werden die Abweichungen zu den Soll-Vorstellungen konkretisiert.
3. Der Fragebogen wird ausgewertet. Mit der Auswertung können die Stärken und Schwächen des Unternehmens in den vier Aufgabenbereichen aus der Sichtweise der Mitarbeiter beschrieben werden.
4. Von den Ergebnissen ausgehend, können dann Maßnahmen zur Verbesserung des Unternehmens entwickelt, geplant, verwirklicht und anschließend auf ihre Wirkung hin beurteilt werden.
5. Die Beurteilung der Wirkungen kann mit dem gleichen Fragebogen erfolgen.

Aufbau des Fragebogens

1. Interne/externe Kunden optimal zufriedenstellen

1.1 Allgemeine Beurteilung
1.2 Organisatorische Voraussetzungen
1.3 Ziele und Kontrolle
1.4 Methoden/Systeme
1.5 Information und Kommunikation

2. Anfallende Probleme schnell und wirksam lösen

2.1 Allgemeine Beurteilung
2.2 Organisatorische Voraussetzungen
2.3 Methoden/Systeme
2.4 Kommunikation und Interaktion

3. Anpassungen an Umweltveränderungen aktiv vornehmen

3.1 Methoden
3.2 Kommunikation und Interaktion

4. Leistungen des Unternehmens nach außen darstellen
4.1 Darstellung des Unternehmens in der Öffentlichkeit
4.2 Methoden/Systeme
4.3 Kommunikation und Interaktion

Beantworten der Vorgaben

Im folgenden sind eine Vielzahl von Vorgaben aufgeführt, welche die optimale Ausgestaltung der vier genannten Aufgabenbereiche (1. Interne/externe Kunden optimal zufriedenstellen, ..., 4. Leistungen des Unternehmens positiv nach außen darstellen) in einem Unternehmen kennzeichnen.

Diese Soll-Vorstellungen sind mit der Ist-Situation zu vergleichen. Der Ausprägungsgrad der Abweichungen ist durch folgende Antwortalternativen zu kennzeichnen:

1. trifft zu	2. trifft weitgehend zu	3. trifft zum Teil zu	4. trifft kaum zu	5. trifft gar nicht zu

Beispiel
Die organisatorischen Rahmenbedingungen
sind optimal gestaltet.   1   2   3   4   5
Markieren Sie die „2", wenn Sie der Meinung sind, daß die organisatorischen Rahmenbedingungen in Ihrer Unternehmung „weitgehend optimal" gestaltet sind.

Fragebogen Organisationsanalyse

1. Interne/externe Kunden optimal zufriedenstellen

In diesen Aufgabenbereich fallen alle Handlungen, die sich tagtäglich in gleichbleibenden Abläufen vollziehen:

In den Abteilungen werden Teilaufgaben erfüllt, die von einer anderen Abteilung weiterverarbeitet werden (interne Kunden). Aufträge werden entgegengenommen, Lieferungen werden ausgeführt (externe Kunden).

Bei all diesen Tätigkeiten geht es darum, einen möglichst gleichbleibend hohen Standard der Ausführung zu garantieren.

	1. trifft... zu	5. trifft gar nicht zu

1.1 Allgemeine Beurteilung
Die organisatorischen Rahmenbedingungen sind optimal gestaltet.   1   2   3   4   5

	1. trifft... zu		5. trifft gar nicht zu		
Die Aufgabenbearbeitung ist ständig auf einem hohen Niveau	1	2	3	4	5
Die Organisation kann schnell auf Kundenwünsche reagieren.	1	2	3	4	5

1.2 Organisatorische Voraussetzungen

Die Aufgaben der Mitarbeiter sind in qualitativer Hinsicht (höhere Verantwortung, Eigenkontrolle usw.) optimal erweitert.	1	2	3	4	5
Routineabläufe sind weitgehend standardisiert.	1	2	3	4	5
Mitarbeiter planen, organisieren und gestalten die Arbeitsprozesse mit.	1	2	3	4	5

1.3 Ziele und Kontrolle

Ziele, Prioritäten für die Abteilung sind für jeden Mitarbeiter klar.	1	2	3	4	5
Die Überprüfungen der vorgegebenen Ziele werden selbständig durchgeführt.	1	2	3	4	5

1.4 Methoden / Systeme

Zusätzliche Ziele werden gemeinsam festgelegt (Management by Objectives).	1	2	3	4	5
Rückmeldungen über die Leistungen erfolgen regelmäßig (Beurteilungssystem).	1	2	3	4	5
Bei Einführung neuer Techniken, Systeme, Abläufe usw. wird die Weiterbildung mitgeplant.	1	2	3	4	5

1.5 Information und Kommunikation

Informationen zwischen den einzelnen Fachabteilungen fließen ungestört.	1	2	3	4	5
Gespräche finden regelmäßig statt. Sie sind ein wesentliches Führungsmittel.	1	2	3	4	5

2. Anfallende Probleme schnell und wirksam lösen.

Aus der täglichen Arbeit erwachsen Probleme aber auch Verbesserungsmöglichkeiten. Sie können sich auf praktizierte Verfahren, auf die Zusammenarbeit in und zwischen Abteilungen beziehen. Eine Hauptaufgabe ist es, die Leistungsfähigkeit des Unternehmens zu halten bzw. ständig zu erhöhen. Dazu müssen die Probleme und Verbesserungsbereiche bestimmt und analysiert werden.

	1. trifft... zu			5. trifft gar nicht zu	

2.1 Allgemeine Beurteilung

Probleme, Verbesserungsmöglichkeiten werden systematisch bearbeitet.	1	2	3	4	5

2.2 Organisatorische Voraussetzungen

Projektteams werden von der Geschäftsleitung bzw. von den Vorgesetzten unterstützt.	1	2	3	4	5
Der Aufgabenbereich der Mitarbeiter ist so gestaltet, daß sie bei Problemlösungen mitwirken können.	1	2	3	4	5

2.3 Methoden/Systeme

Methoden zur systematischen Problemlösung sind bekannt und werden eingesetzt.	1	2	3	4	5
Probleme werden mit Hilfe von Theorien interpretiert; Hypothesen über Ursachen werden formuliert.	1	2	3	4	5
Das Unternehmen nutzt zur Problemlösung die Kreativität und Sachkenntnis der Mitarbeiter.	1	2	3	4	5
Bevor Entscheidungen gefällt werden, werden sie mit den betroffenen Fachabteilungen besprochen.	1	2	3	4	5
Nach Durchführung einer Maßnahme werden die neuen Erfahrungen systematisch erfaßt und ausgewertet.	1	2	3	4	5

2.4 Kommunikation und Interaktion

Es existiert ein bereichsübergreifendes Denken und Handeln.	1	2	3	4	5
Die Bereitschaft zur Auseinandersetzung mit anderen Meinungen ist vorhanden.	1	2	3	4	5

3. Aktive Anpassungen an Umweltveränderungen

In unserer Zeit ist jede Organisation ständigen Umweltveränderungen ausgesetzt. Märkte, Technologien, Verfahren, Erkenntnisse aber auch gesellschaftliche Normen und Werte ändern sich. Diese Dynamik betrifft sowohl nationale als auch internationale Märkte.

Jedes Unternehmen muß diese Prozesse verfolgen und für seine Existenzsicherung aktiv nutzen. Die Zukunftsentwicklungen müssen analysiert, für die Aufgabenstellungen des Unternehmens übersetzt und in konkrete Aktivitäten überführt werden.

	1. trifft... zu			5. trifft gar nicht zu	

3.1 Methoden

Zukunftsstrategien für das Unternehmen werden systematisch entwickelt.   1 2 3 4 5

Innovationshemmende Kräfte im Unternehmen werden analysiert und überwunden.   1 2 3 4 5

3.2 Kommunikation und Interaktion

Informationen, die Chancen und Risiken für das Geschäft darstellen, werden systematisch beobachtet.   1 2 3 4 5

Impulse, die zu veränderten Sichtweisen des Geschäfts führen, werden aufgenommen.   1 2 3 4 5

4. Darstellung der Unternehmensleistung

Die Darstellung des Unternehmens in der Öffentlichkeit hat wichtige Funktionen: Nicht nur der Kunde muß von der Leistungsfähigkeit überzeugt sein, auch die Öffentlichkeit soll ein positives Bild von der Unternehmung entwickeln. Hiervon hängt unter anderem ab, ob man gute Mitarbeiter vom Arbeitsmarkt rekrutieren und diese dann auch im Unternehmen „halten" kann.

	1. trifft... zu			5. trifft gar nicht zu	

4.1 Darstellung des Unternehmens in der Öffentlichkeit

Die Firma hat in der Öffentlichkeit ein positives und realistisches Erscheinungsbild.   1 2 3 4 5

Wichtige Umwelttrends (wie Umweltschutz, Humanisierung der Arbeit ...) werden erkannt, umgesetzt und für die Unternehmensdarstellung genutzt.   1 2 3 4 5

4.2 Methoden/Systeme

Praktikanten werden sorgfältig betreut.   1 2 3 4 5

	1. trifft... zu			5. trifft gar nicht zu	
Eine Public-Relation Abteilung ist Bestandteil des Unternehmens.	1	2	3	4	5

4.3 Kommunikation und Interaktion

Gelegenheiten, das Unternehmen bei verschiedenen Anlässen zu repräsentieren werden genutzt.	1	2	3	4	5

4.6 Planung eines Seminars

Seminarplanung			
I. Einstieg	II. Lernen	III. Abschluß	IV. Transfer
• Kennenlernen	• Stoff aneignen	• Zusammenfassen	• Verändern
• Motivieren	• Anwenden	• Verfestigen	• Anpassen

Die vorausgegangenen Planungsschritte bilden die Grundlage für ein strukturiertes Themengebilde, das sich nach der Stoffanalyse und der didaktischen Analyse durch die Lernziele in einem zeitlichen Verlauf darstellt. Allerdings fehlt noch die konkrete Lerngestaltung.

In diesem Abschnitt wollen wir die weiteren Planungen vorstellen, die notwendig sind, um die gewünschten Inhalte den Teilnehmern zu vermitteln.

Ein Seminar läßt sich in vier Phasen gliedern. Jede Phase hat ihre eigene Funktion. Die eigentliche Lernphase, die wichtigste Phase des Seminars, ist zeitlich die längste.

Wir wollen den Abschnitt Seminarplanung mit einem Aufgabenkatalog beschließen, anhand dessen jeder den Planungsverlauf nachvollziehen kann.

Bei der Lerngestaltung sind auch die verschiedenen Lernmethoden wichtig, die aber aufgrund ihrer Komplexität in einem eigenen Abschnitt, dem Teil B des Buches behandelt werden.

4.6.1 Rahmenbedingungen des Seminars

Die äußeren Umstände, wie Raumgestaltung, Beleuchtung, Größe der Arbeitsfläche und die zur Verfügung stehenden Materialien stützen oder beeinträchtigen den Erfolg eines Seminars. Die Teilnehmer wirken aktiv an der Gestaltung der Rahmenbedingungen mit, indem sie bereitgestellte Medien nutzen und die Ergebnisse auf Plakaten und Schaubildern vorstellen. Die Arbeitsergebnisse sind auf diese Weise immer präsent.

Insbesondere aber trägt eine positive Atmosphäre zum Erfolg eines Seminars bei, die bewußt vom Trainer zu gestalten ist. Damit unterscheidet sich Weiterbildung von der schulischen Ausbildung. Nicht Konkurrenz und Passivität sind erwünscht, sondern ein gegenseitiges Unterstützen und aktives Beteiligtsein sind die wesentlichen Kennzeichen dieser Seminare. Das Lernen ist außerdem in hohem Maße auf das Anwenden von Kenntnissen und Methoden gerichtet.

4.6.2 Phase 1: Einstimmung und Einstieg in das Seminar

In der Regel ist die Situation, wenn die Teilnehmer erstmalig zusammenkommen, angespannt und von Unsicherheit gekennzeichnet. Der Lehrende kennt seine Zielgruppe noch nicht, weiß ihre Eigenarten, Stärken und Schwächen nicht angemessen einzuschätzen und die Lernenden kennen Verlauf und Zielsetzungen des Seminars meist nur ungenau. Sie wissen nicht, was alles auf sie zukommt.

Die Unsicherheiten zu übergehen und einfach mit dem Unterricht zu beginnen, ist nicht ratsam. Eine solche unbehagliche Atmosphäre trägt nicht zu einem effizienten Lernen und Vermitteln bei. Was ist zu tun?

Zu Beginn des Seminars soll dem Teilnehmer die Möglichkeit gegeben werden, sich vorzustellen. Verschiedene Formen bieten sich an: Jeder erzählt über seine Position, seine Aufgaben und Interessen. Intensiver kommen die Teilnehmer miteinander in Kontakt, wenn sich jeweils zwei, gegebenenfalls nach einem Interviewleitfaden, unterhalten. In den Interviewleitfaden können persönliche und sachliche Fragen einfließen, die man zuvor gemeinsam erarbeitet. Verschiedene Interaktionsspiele stellen (*Weber* 1990) und *Röschmann* 1990) vor.

Beispiele

Übungsname: Heimatort

Jeder Teilnehmer trägt seinen Namen und seinen Heimatort auf einer Landkarte ein und erzählt etwas von sich und seiner Heimat (*Weber* 1990, S.692).

Übungsname: Wappen
Nach einer kurzen Einführung in die Heraldik werden die Teilnehmer gebeten, ein ihnen entsprechendes Wappen zu zeichnen (*Weber* 1990, S.702).

Übungsname: Konversationsspiel
Zettelpaare mit zusammengehörenden Stichwörtern werden gemischt und verteilt. Die Teilnehmer müssen den Partner finden, dessen Zettelinhalt mit dem eigenen zusammenpaßt. Wer sich gefunden hat, benutzt die Stichworte als Anregung, um ins Gespräch zu kommen (*Röschmann* 1990, S.363).

Übungsname: Ich schätze an mir
Die Teilnehmer finden sich paarweise zusammen und erzählen sich jeweils nacheinander für ca. 2 Minuten
- was ich an mir am meisten schätze
- was ich besonders gern tue
- welche Erfolge ich in letzter Zeit errungen habe.

Anschließend stellen die Teilnehmer ihren Partner kurz vor, indem sie eine Zusammenfassung der Punkte geben, auf die er stolz ist (*Röschmann* 1990, S.377).

Im weiteren Verlauf des Seminars sollten die Erwartungen/Befürchtungen der Teilnehmer bezüglich des Stoffes dargestellt werden, damit der Trainer die speziellen Aufgabenstellungen des Seminars und das methodische Vorgehen auf die Bedürfnisse der Teilnehmer noch zuschneiden kann.

Die Teilnehmer werden dann in die Thematik eingeführt und können Stellung zur Planung beziehen.

Sozialer Bereich:

- Arbeitsklima schaffen, in dem sich Trainer und Teilnehmer kennenlernen können
- sich gegenseitig vorstellen, Kontakte unter den Teilnehmern aufbauen
- Verkrampfungen lockern, Kontakt- und Lernängste abbauen, indem der Trainer das Lernprogramm darstellt und Lernhilfen anbietet
- Vertrauen schaffen, Wünsche und Interessen der Teilnehmer berücksichtigen.

Sachlicher Bereich:

- in den Kurs einführen, die Thematiken darstellen
- Zielsetzungen und Lernkontrollen erläutern
- Seminarablauf und Zeitplan vorstellen
- Teilnehmerwünsche und Teilnehmerziele integrieren.

4.6.3 Phase 2: Lernen

Dies ist die wichtigste und längste Phase, in der die Aneignung und die Auseinandersetzung mit dem Lernstoff stattfinden.

Trotz der im Mittelpunkt stehenden Lernsituation sollte der Trainer nicht die Atmosphäre des Seminars vernachlässigen, sondern die Freude an der aktiven Mitarbeit, die Freude am Lernen stärken.

Dennoch werden immer wieder Probleme und Widerstände auftreten, die der Lehrende bearbeiten sollte. Grundsätzliche Fragen helfen, negative Spannungen zu entdecken und auszuräumen. Hierzu einige Beispiele:

Abfrage: Zufriedenheit mit dem Lernabschnitt

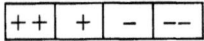

Bemerkungen:

Abfrage: Lernintensität und Freude am Lernen.

```
max. |
     |
Lernen|
     |
min. |_____
     min.    Spaß    max.
```

Kommentare:

Jeder Teilnehmer stellt seine Meinung mittels eines Punktes dar und kommentiert diese.

Der Einsatz verschiedener Methoden kann vorbeugend wirken. Eigene Aktivität und Gruppenarbeit erleichtern die positive Spannungsentwicklung hinsichtlich des Stoffes. Aneignen und Anwenden des Wissensstoffes können sich im Wechselspiel vollziehen. So stellen sich auch Erfolgserlebnisse ein, wenn der Nutzen und das eigene Umgehen mit dem Stoff sichtbar werden. Allerdings sind die Methoden den Lernschritten anzupassen.

Das Lernen ist nur bei einer Spannung beim Lernenden möglich, die natürlich positiv zum Lernstoff ausgerichtet sein soll (Motivation).

Aufbau von Spannung (Motivation)

Die Möglichkeiten, prinzipiell Motivationen zu erzeugen, sind eingangs im Zusammenhang mit den Lerntheorien beschrieben worden. Wir wollen nun die Motivationsformen zusammenstellen, die bei der Stoffvermittlung möglich sind.

Die positive Gestaltung des Lernklimas in der 1. Phase: Die Eröffnung des Seminars soll schon Erwartungen wecken und somit Motivationen für das Seminar erzeugen. Positiv kann sich auch die thematische Auseinandersetzung bereits im Vorfeld auswirken, indem Interessen und Erfahrungen der Teilnehmer aufgegriffen werden. Eine ansprechende Einführung weckt Neugierde auf die kommenden Inhalte.

Die aktive Beschäftigung mit den Themen und mit den Meinungen der anderen Teilnehmer baut weitere positive Spannungen auf und erhält die Motivation während der Lernphase. Lernmethoden sollten variieren und vorwiegend aktive Beteiligung zulassen. Mangelnde Möglichkeiten aktiver Beteiligung führen zu Monotonie und Frust.

Treten Frustrationen auf, müssen sie im Seminar aufgegriffen und abgebaut werden.

Checkliste: Motivation (nach *Becker* u.a. 1980)

Die Liste stellt Möglichkeiten für eine positive Motivierung der Teilnehmer zusammen. Sie kann zur Planung, aber auch zur Analyse von durchgeführten Seminaren dienen.

Ziel: In die Thematik einführen, Spannung aufbauen, Spannung während des Lernens erhalten.

geplant   realisiert

1. Vorstellen der Thematik
   - ○ Darstellung der Lernziele und Erläuterung   ○
   - ○ Eingrenzen des Themas   ○
   - ○ Veranschaulichen der Bedeutung der Thematik   ○
   - ○ Gespräch mit den Teilnehmern über das Vorgehen   ○

2. Bezug zu den Teilnehmern
   - ○ Erfragen vorhandener Kenntnisse, Erfahrungen   ○
   - ○ Zusammenstellung der Wünsche, Vorstellungen der Teilnehmer, Bezug zur Thematik   ○
   - ○ Anknüpfen an Vorkenntnisse   ○
   - ○ Aufforderung an die Teilnehmer, Fragen zu stellen   ○

3. Spannungsverlauf
   - ○ Auswahl eines überraschenden, unerwarteten Einstiegs   ○
   - ○ Positive Provokation der Teilnehmer   ○
   - ○ Formulierung gegensätzlicher Thesen   ○
   - ○ Konfrontation mit praktischen Fällen   ○
   - ○ Demonstration von Fällen aus der Praxis   ○
   - ○ Erzeugung von Betroffenheit bei den Teilnehmern   ○
   - ○ Methodenwechsel   ○
   - ○ Förderung selbständigen Arbeitens   ○

Gestaltung des Lernablaufs

Jede einzelne Thematik durchläuft verschiedene Lernphasen bis der geplante Lernvorgang (Lernziele) abgeschlossen ist. Haben die Teilnehmer nicht die beabsichtigten Lernziele erreicht, so liegt das an der Lerngestaltung des Trainers. Natürlich gibt es für derartige Verstöße genügend Gründe – insbesondere die Zeitknappheit oder die Teilnehmer haben daran Schuld.

Häufig stellt sich aber heraus, daß der Trainer selbst Verursacher mangelnder Lernergebnisse ist. Meist hat er das Thema unzureichend behandelt. Typische Fehler sind:

- Eine Einführung in den Lernstoff hat nicht stattgefunden.
- Der Trainer bietet den Stoff unstrukturiert und zusammenhangslos an. Die Lernenden müssen erahnen, was der Kern der Lernabschnitte ist, und sind bei der Strukturierung des Stoffes überfordert.
- Den Lernenden bleibt keine Gelegenheit, den Stoff zu verarbeiten. Selbst bei reinem Wissenserwerb muß der Stoff wiederholt werden, bis er zum festen Bestandteil des Wissens des Lernenden gehört (Verfestigung des Lehrstoffes durch Üben).
- Das Übertragen des Erlernten in verschiedene Praxissituationen unterbleibt. Der Stoff verallgemeinert sich nicht. Der Lernende kann den Stoff nicht an die Erfordernisse der Praxis anpassen.

Solche Fehler können durch Gliederung des Lernens in Phasen vermieden werden. *Döring* und *Ziep* (1989, S. 132) unterscheiden zwischen rezeptiver und expressiver Phase; zwei Lernphasen, die in ihren Stufen methodisch unterschiedlich zu gestalten sind:

Rezeptive Phase: Aufnehmen des Lernstoffes in das Langzeitgedächtnis.

- *Gestaltung der Informationsaufnahme*: Sensorisch bestimmte Prozesse der Informationsaufnahme (Zuhören; Betrachten/Beobachten; Lesen etc.)
- *Gestaltung der Informationsverarbeitung*: Assoziative Vorgänge des Verknüpfens und Einbettens der Wahrnehmung (Denken; Erinnern; Verbinden; punktuelles Übertragen; Abschreiben; Abzeichnen etc.)
- *Verfestigung der Informationen*: Fixierungs- und Speicherprozesse (Bewußtes Behalten; Speichern; Üben; Auswendiglernen; Wiederholen etc.)

Expressive Phase: Anwenden des Lernstoffes

- *Abrufen der Informationen*: Erinnern als aktiver, assoziativer Rekonstruktionsprozeß (Suchen; Denken; Aufzeichnen; Aufschreiben etc.)

- *Aktives Gestalten der Informationen*: Wiedergabe als erster Schritt zur Darstellung (Objektivation) des Gelernten (Erklären; Vortragen; Aufsagen; Aufzeichnen; Aufschreiben etc.)
- *Integrieren und Übertragen der Informationen*: Ganzheitliches Übertragen und Anwenden als zweiter Schritt der Darstellung des Gelernten (Diskutieren; Ausprobieren; Simulieren; Rollenspielen; Übungsaufgaben lösen etc.)
- *Reale Handlungen mit den Informationen gestalten und organisieren*: Dritter Schritt zur Darstellung des Gelernten (Eigenständige Arbeitstätigkeiten; Problemlösungen; Praxisbewältigung der verschiedensten Arten etc.)

Ein Beispiel für einen Lernablauf mit der Zuordnung verschiedener Methoden findet sich bei *Döring* (1990, 155 f.)

Das Ziel der Aneignung eines Lernstoffes ist der Aufbau kognitiver Strukturen, die aus Wissens-, Verstehens-, Wertstrukturen und Verfahrensweisen wie z. B. Problemlösungsverfahren bestehen. Diese Strukturen steuern Verarbeitungsprozesse, die unsere Wahrnehmung und unser Verhalten organisieren. Von den angewandten Methoden und der Tiefe der geleisteten Verarbeitung durch die Teilnehmer ist es abhängig, welche Art des kognitiven Zugriffs beim Lernenden sich einstellt.

Das Gleiche gilt auch für eine erfahrungsorientierte Lerngestaltung, die zu kognitiven Einsichten führen soll. Die Erfahrungen können mehr oder weniger verstehend verarbeitet werden und sind damit unterschiedlich bewußt. Der Lernprozeß soll zu einer Handlungsfähigkeit führen, die allerdings kognitiv unterschiedlich ausgeformt sein kann.

Ausubel (1974) unterscheidet zwei Dimensionen kognitiven Aneignens. Diese beiden Dimensionen beeinflussen den Grad der Verfügbarkeit von Wissen:
- mechanisch/sinnvoll,
- rezeptiv/entdeckend.

Aus ihnen lassen sich vier Kombinationen bilden:
- **mechanisch/rezeptiv**: Informationen werden mechanisch gelernt.
- **mechanisch/entdeckend**: Ein entdeckter Sachverhalt wird mechanisch erlernt.
- **sinnvoll/rezeptiv**: Informationen werden in das vorhandene Wissen integriert.
- **sinnvoll/entdeckend**: Ein selbst entdeckter Sachverhalt wird in das vorhandene Wissensgefüge eingeordnet.

Emotionale Erlebnisse erzeugen individuelle Empfindungen zum Lernstoff, die ebenfalls organisierend wirken. Ferner sammeln wir Erfahrungen durch das Anwenden des erlernten Wissens. Auch hier führen nur emotional positive Erlebnisse zum Praktizieren des Gelernten.

4.6.4 Phase 3: Abschluß eines Seminars

In bezug auf den inhaltlichen Bereich endet ein Kurs mit dem Dokumentieren der Lernergebnisse oder zumindest mit dem Festhalten von Zwischenergebnissen. Weitere Anweisungen zum Vertiefen und Festigen des Lernstoffes sollte der Trainer geben, wenn allein Zwischenergebnisse oder unbefriedigende Lernergebnisse vorliegen. Auf diesem Wege sollte die Lernphase abgeschlossen, der Lernprozeß als Teil ganzheitlichen Denkens und Handelns abgerundet werden.

Aus sozialer Sicht schließt das Seminar mit dem Auseinandergehen der Teilnehmer, dem Abschiednehmen. Ein informelles Abschlußtreffen hilft Seminar und Zusammenarbeit in angenehmer Erinnerung zu halten. Dadurch entsteht eine Grundlage für eine über das Seminar hinausgehende firmeninterne Zusammenarbeit. Das kann auch ein wichtiges Ziel sein, wenn man die Zusammenarbeit innerhalb oder zwischen Abteilungen verbessern will.

Sachlicher Bereich:

- die geplanten Ziele mit den erreichten vergleichen
- offene Fragen feststellen, bearbeiten
- Maßnahmen, Vorhaben formulieren
- Absprachen treffen
- Überprüfungsformen für weiteres Lernen festlegen

Sozialer Bereich:

- individuelle Erfahrungen miteinander austauschen
- Fördernde als auch hindernde Verhaltensweisen in der Zusammenarbeit dokumentieren
- Maßnahmen zur Verbesserung der Zusammenarbeit entwickeln.

Grundsätzliche Faktoren der Kursentwicklung und Beeinflussung (*Mackenzie* u.a. 1973).

4.6.5 Phase 4: Transferieren des Gelernten in die Praxis

In der Weiterbildung ist oft das Lernen mit dem Seminar noch nicht abgeschlossen. Es fehlt die Übertragung (der Transfer) des Gelernten in die Praxis. Die Simulation genügt oft nicht, um auch die Anpassung an die besonderen Praxisbedingungen vorwegzunehmen. Die Betreuung der Seminarteilnehmer über den Kurs hinaus macht eine erfolgreiche Umsetzung sicherer.

Sofern wir einen kontrollierten Transfer des Gelernten in die Praxis vorsehen, müssen emotionale Erlebnisse mit berücksichtigt werden. Sonst bauen sich Widerstände auf, die ein Anwenden verhindern. Falls Widerstände aus dem Tätigkeitsbereich erfolgen, müssen sie behandelt werden. Deshalb ist die Transferphase genauso sorgfältig zu planen wie das gesamte Seminar.

Organisationen, Firmenabteilungen erwarten zu Recht, daß das Erlernte angewendet wird und die Leistungen eines Mitarbeiters, einer Abteilung sich verbessern. Dies geschieht nicht automatisch. Die Seminare müssen darauf hin konzipiert werden, damit die neuen Inhalte fließend in die Organisation integriert werden können. Anwendung und Umsetzung der Erkenntnisse müssen betreut werden, will man den Erfolg nicht dem Zufall überlassen.

Bedingungen für Transfer

Schon zu Beginn des Seminars sollten die Erwartungen der Teilnehmer, wie bereits erläutert, angesprochen werden. Sowohl der Lernstoff als auch die Lerngestaltung, müssen auf den Transfer ausgerichtet sein.

Deutlich ist das bei einem Workshop, (s. Teil B Kap. 4.1). Man greift die praktischen Erfahrungen direkt auf. Von den Erfahrungen ausgehend gestaltet man einen mehr oder weniger intensiven Diskurs. Dies ermöglicht, Erfahrungen und Erlebnisse distanzierter zu betrachten und die Problematik aus größerer Entfernung analysieren und verstehen zu können. Zusätzlich bietet der Workshop den leistungssteigernden Effekt der Gruppenarbeit.

Anders sieht es aus, wenn neue Systeme eingeführt werden sollen, wie DV-Systeme oder Beurteilungssysteme. Dazu muß Wissen vermittelt werden, das dann auch in der Praxis angewendet wird. Das Anwendenkönnen wird erheblich gesteigert, wenn mit praktischen Beispielen (Fallstudien) und Simulationen (Rollenspiele, Planspiele) das Anwenden geübt wird. Dies genügt aber nicht. Am Ende der praxisrelevanten Übungen und Simulationen sollte eine weitere Phase stehen, die *Transferphase*. Während dieser Phase setzen sich die Teilnehmer mit den Betriebsbedingungen auseinander und planen Umsetzung und Integration ihres neuen Wissens in die betriebliche Situation:

- Sie setzen sich mit den Widerständen, aber auch Möglichkeiten auseinander, die in der Praxis zu erwarten sind.
- Sie planen gemeinsam die Schritte für einen Transfer und eine Überwindung etwaiger Hemmnisse.
- Sie erläutern und nutzen unterstützende Möglichkeiten.

Gerade die flankierenden Maßnahmen sind für eine erfolgreiche Umsetzung wichtig. Hierzu gehören:

- unterstützende Rolle des Vorgesetzten, der von Beginn in die Planung mit einbezogen werden muß

- gegenseitige Unterstützung der Seminarteilnehmer durch Lernpartnerschaften, (s. Teil B Kap. 4)
- Nachfolgeseminare, die sich speziell mit den Erfahrungen des Transfers beschäftigen
- firmeninterne Moderatoren, die bei der Anwendung neuer Methoden unterstützen können
- Einsatz von Verfahren, welche die beabsichtigten Veränderungen erfassen.

Fragebogen zur Transfersicherung (aus *Stiefel* 1980)

Bearbeiter:

Bearbeitungszeitpunkt:

Weitergabe an Vorgesetzten und Abteilung Weiterbildung.

1. Beschreiben Sie kurz die Veränderungen, die beabsichtigt sind und nach dem Seminarbesuch verwirklicht werden sollten:

   _____

   _____

2. In welchen Bereichen haben Sie etwas unternommen:

   _____

   _____

3. Beschreiben Sie, was im einzelnen eingetreten ist:

   _____

   _____

4. Sind Sie mit dem jetzt erreichten Zustand zufrieden:

   _____

   _____

5. In welchen Bereichen hat Ihnen die Anwendung des Gelernten Schwierigkeiten bereitet:

   _____

   _____

6. Im folgenden sind Antworten aufgeführt, die möglicherweise Schwierigkeiten verursacht haben. Bitte kreisen Sie die Ziffern 1 für „trifft gar nicht zu" bis 5 „trifft voll zu" ein:

	trifft gar nicht zu			trifft voll zu	
	1	2	3	4	5
Ich hatte keine Zeit, die im Seminar erworbenen Kenntnisse anzuwenden.	1	2	3	4	5
Für die Umsetzung waren Entscheidungen notwendig, die nicht in meiner Verantwortung lagen.	1	2	3	4	5
Ich konnte die Schwierigkeiten, das Gelernte umzusetzen, nicht bewältigen.	1	2	3	4	5
Ich habe nichts unternommen, weil ich mich nicht sicher genug für eine eigenständige Umsetzung fühlte.	1	2	3	4	5
Gegen den Widerstand der Kollegen wollte ich das Gelernte nicht umsetzen.	1	2	3	4	5
Betriebliche Regelungen wie Dienstanweisungen widersprachen der Umsetzung des Gelernten.	1	2	3	4	5
Nach dem Seminar standen keinerlei Hilfen bei den Problemen der Umsetzung zu Verfügung.	1	2	3	4	5
Die tägliche Routine hinderte mich an der notwendigen weiteren Verarbeitung des Gelernten.	1	2	3	4	5
Ich hätte mir gewünscht, daß mein Vorgesetzer besser über Ziele des Seminars informiert worden wäre.	1	2	3	4	5

Es folgen nun zwei Beispiele, die den Lernablauf mit einer Transferphase veranschaulichen.

Beispiele für Transferplanung (*Kettgen* 1989)

In einer durch Grund- und Aufbaustruktur gegliederten Seminarstruktur mit gesondertem Transferabschnitt lassen sich Lern- und Umsetzungsphase optimal verknüpfen. Die Theorievermittlung wechselt mit den praktischen Arbeitsphasen, in denen neue Inhalte angewendet, vertieft und überprüft werden. In jeder Aufbaustufe erhöht sich der Praxisbezug. Ein Workshop schließt den gesamten Prozeß ab. Hier können alle aufgetretenen Probleme bei der Anwendung besprochen und gelöst werden.

Beispiel 1: Logistikschulung

1. Einstiegsbaustein aller Logistikseminare: Selbstlernprogramm am Personal-Computer mit unterschiedlichen Anfangsstufen und einem Ausgangstest
2. Grundseminar: Industrielle Logistik. Dauer 3 Tage
3. Logistik-Aufbauseminare:
   Beschaffung. Dauer 2 Tage
   Produktion. Dauer 2 Tage
   Absatz. Dauer 2 Tage
4. Logistik Workshop: Planung der Maßnahmen zur Umgestaltung der Logistik. Neugestaltung in der Abteilung. Dauer 3–5 Tage

Kommentar: Vermitteln und Vertiefen des Wissensstoffes erfolgt in den ersten beiden Seminarabschnitten.

Konkretisieren auf Anwendungsgebiete und Übertragen in die Praxisbereiche schließt sich in den beiden nächsten Abschnitten an.

Beispiel 2: „Rationelles Arbeiten"

Jeder Teilnehmer erhält zur individuellen Vorbereitung des Seminars einen Fragebogen mit der Aufgabe, die eigene Arbeitssituation selbständig zu analysieren. Der Teilnehmer notiert seinen Weiterbildungsbedarf. Er besucht das Seminar mit klaren Zielvorstellungen, die seinen Arbeitsplatz betreffen. Das Seminar soll ihm Hilfen für seine Arbeitsgestaltung erbringen.

Mit Abschluß des Seminars legt der Teilnehmer – beraten vom Trainer – individuelle Schwerpunkte seiner Transferaufgaben fest. Die neuen Erkenntnisse wendet er dann am Arbeitsplatz an.

Nach etwa 10 Wochen treffen sich alle Seminarteilnehmer und berichten über ihre Erfahrungen.

Ablauf:

1. Vorbereitungsphase: Situationsanalyse durch den Teilnehmer
2. Grundlagen:
   Ursachen unerledigter Arbeiten
   Prioritäten setzen
   Arbeitsziele
   Tagesarbeitsplan
   Bedeutung von Reservezeiten
   Ideen-/Notizen-Kartei
   ABC-Analyse (Gewichten der Tätigkeiten)
   Zielvereinbarungen. Dauer 2 Tage
3. Transferaufgaben:
   Bearbeitung gestellter Aufgaben und Fragen

Anwendung neuer Erkenntnisse am Arbeitsplatz
Geplante Verhaltensänderungen
4. Transfersicherung:
Transfererfahrung
Zielrealisierung, Blockaden
Problemlösungen
Vertiefungsübungen. Dauer 1 Tag
5. Transferkontrolle durch Teilnehmer und Vorgesetzte.

4.6.6 Beispiel für eine Seminarplanung: Teamentwicklung

Ein Beispiel für eine Seminarplanung soll die vorangehenden Phasen insbesondere die Lernphase verdeutlichen.

In dem Beispiel soll nur die Grobstruktur vorgestellt werden, damit der Lernverlauf nachvollziehbar wird.

Ziele

Die Teilnehmer sollen
- Personalsysteme entwickeln, planen und die Kontrolle für eine Implementierung entwerfen,
- Gruppenprozesse analysieren und steuern können.

Methode

Für die Ausarbeitung von Personalsystemen werden den Teilnehmern Fallstudien vorgegeben, die individuell und in Gruppen zu bearbeiten sind. Die Ergebnisse präsentieren und diskutieren die Gruppen im Plenum.

Die Gruppen analysieren ihre Gruppenprozesse mit Hilfe vorgegebener Methoden. Sie bestimmen die Verbesserungsbereiche und entwickeln Maßnahmen, um ihre Zusammenarbeit zu fördern. Am Ende des Seminars führen die Teilnehmer verschiedene Feedback-Übungen durch. Die bereits gewonnenen Erfahrungen und Erkenntnisse zur Gestaltung von Gruppenprozessen werden damit vertieft.

Schriftliche Unterlagen („Skripten") sollen die Erfahrungsbasis vertiefen und verallgemeinern helfen. Das Material bezieht sich auf die Bereiche:
- systematisches Problemlösen, Entscheiden
- Gruppendynamik
- Methoden zur Analyse von Gruppenprozessen.

Ablauf des Seminars

Einführungsphase (1 Tag)

1. Kennenlernen
2. Gruppenarbeit
- Warum Gruppenarbeit in Organisationen?
- Welche Gruppen gibt es? Was sind ihre Aufgaben?
- Welche Probleme entstehen bei der Zusammenarbeit?

Kommentar: Das Klima in dem Seminar wird durch verschiedene Kennenlernspiele aufgebaut. Kleingruppendiskussionen vertiefen das Kennenlernen und führen an das Thema heran.

3. Lösen von Problemen
- Wie geht man Probleme an?
- Was benötigt man, um Probleme systematisch zu lösen?
- Wie gestaltet man konstruktive Zusammenarbeit?

Wissen, Erfahrungen, Theorien, Methoden ...

↓

Probleme lösen: Meinen, Wissen, Verstehen, Wollen, Konzipieren, Planen, Gestalten

↑

Handlungen in der Praxis: Probleme, Verbesserungsbereiche

- Lesen im Skript: Systematisches Problemlösen, Entscheiden

Kommentar: Dieser Seminarteil umfaßt das systematische Vorgehen bei Problemen. In dieser Phase eignen sich die Teilnehmer ein Wissen über Methoden an, wie man Probleme analysiert, Entscheidungen systematisch fällt und Planungen durchführt.

4. Übung Seenot
- Individuelle Bewertung
- Gruppenbewertung
- Gesamtauswertung
- Gruppenanalyse: Blitzlicht (kurze Darstellung eigener Befindlichkeit)
- Lesen im Skript: Methoden zur Analyse von Gruppenprozessen

Kommentar: Eine kleine Fallstudie setzt eine Gruppendiskussion in Gang. Anschließend analysieren die Gruppenmitglieder ihre Befindlichkeit. Lesen in einem Skript fügt Hintergrundwissen über

Ziele und Verfahren bei Gruppenanalysen hinzu. Der erfahrungsorientierte Diskurs wird auf diese Weise durchgeführt und durch Informationen vertieft.

5. Gruppeneinteilung

Die gebildeten Gruppen bleiben über die gesamte Zeit im Seminar zusammen.

Lernphase (3 Tage)

1. Fallstudie: Gehaltssystem
- Individuelle Vorarbeit
- Gruppenarbeit
- Vorbereitung der Präsentation
- Gruppenanalyse: Analyse des Gruppenklimas
  individuelle Analyse
  Gruppenanalyse
- Präsentation der Ergebnisse
- Kurzreferat: Probleme und Widerstände bei der Durchführung von Projekten

2. Fallstudie: Turbinengerätebau AG
- Individuelle Vorarbeit und Gruppenarbeit: Auswertung der Wirkungsanalyse von Beurteilungssystemen. Zusammenstellen positiver und negativer Wirkungen
- Was sind die Probleme?
- Was sind die Ursachen?
- Was ist zu tun?
- Wie sollte ein Beurteilungssystem eingeführt/verändert werden?

Aktivitäten zeitlich geordnet	Art der Implementierung

- Vorbereitung der Präsentation
- Gruppenanalyse: Systematisches Vorgehen
- Präsentation im Plenum

3. Fallstudie: 3-M-Beurteilungssystem
- Individuelle Vorarbeit und Gruppenarbeit:
  Welches System soll eingeführt werden?
  Wie soll es eingeführt werden?
  Welche Kontrolle soll die Implementierung begleiten?
- Vorbereitung der Präsentation
- Gruppenanalyse: Soziogramm nach Vertrauen und Macht
- Präsentation im Plenum
- Zustand der Gruppe im Bild: Individuell, Gruppenbild, Plenum

Kommentar: Inhaltlich setzen sich die Teilnehmer mit verschiedenen Praxisproblemen aus dem Personalbereich auseinander:
- In der ersten Fallstudie ist eine Konzeption für ein Gehalts- und Anreizsystem zu entwerfen.
- In der zweiten Fallstudie setzen sich die Teilnehmer mit Widerständen bei der Einführung eines Beurteilungssystems auseinander.
- In der dritten Fallstudie sollen die Teilnehmer ein Beurteilungssystem verändern und die Implementierung der Veränderung planen.

Die angefallenen Gruppenprozesse analysieren die Gruppen mit verschiedenen Methoden. Sie versuchen ihre Zusammenarbeit Schritt für Schritt zu verbessern.

Schlußphase (1 Tag)

1. Aquarium (Gruppen beobachten sich bei der Analyse ihrer Gruppenprozesse und geben sich Feedback)
- Vorbereitung: Fragebogen zur Gruppenanalyse
- Durchführung der Übung

2. Feedback in den Gruppen
- Individuelle Fähigkeiten (Analyse der eigenen kommunikativen Fähigkeiten)
- Signale (gegenseitiges Feedback über die beobachteten Verhaltensweisen), nach Bedarf vertiefende Gespräche

Kommentar: Die Gruppenprozesse und Verhaltensweisen der einzelnen Gruppenmitglieder stehen am Ende im Mittelpunkt der Auseinandersetzung. Jeder sammelt Informationen über seine Verhaltensweisen im Bereich Kommunikation und Interaktion, wertet sie aus und leitet für sich Folgerungen ab.

Material zum Seminar

1. Fallstudien:
   Seenot mit Lösung
   Gehaltssystem
   Turbinengerätebau AG
   3-M-Beurteilungssystem

2. Skripten:
   Systematisches Problemlösen, Entscheiden
   Gruppenprozesse gestalten
   Methoden zur Analyse von Gruppenprozessen
   Akzeptanz neuer Personalbeurteilungssysteme

4.6.7 Zusammenfassung: Schema für Seminarplanungen

1. Allgemeine Vorplanung

1.1 Stoffanalyse bezogen auf einen Bereich des Weiterbildungsbedarfs

Welche Themen ergeben sich aus dem Bedarf? Wie sind die Themen untergliedert? Welche Kompetenzbereiche sollen mit den Inhalten vermittelt werden?

Themen	Lernbereiche			
	Sach-	Methoden-	Sozial-	Selbst-
			kompetenz	

1.2 Didaktische Analyse

Akzentuierung und Reduzierung des Lernstoffs. Was ist für die Zielgruppe besonders wichtig? Welche Themenbereiche können weggelassen werden?

___

___

___

1.3 Zielgruppe (Vorkenntnisse, Erwartungen, Bedürfnisse)

___

___

___

2. Ziele der Weiterbildung mit zeitlicher Abfolge der Vermittlung

2.1 Richtziele

___

___

___

4 Planung von Weiterbildungsmaßnahmen

2.2 Grobziele und ihre zeitliche Verknüpfung. Verlauf der Unterrichtseinheiten:

_____

_____

_____

3. Planung einer Unterrichtseinheit
3.1 Thema

_____

_____

_____

3.2 Grobziele der Unterrichtseinheit

_____

_____

_____

Seminarablauf		
Unterrichtsphasen mit Feinzielen	Lernmethode	Arbeitsmittel, Medien
1. Motivationsphase		
2. Lernphase		
3. Schlußphase		
4. Transferphase		

4. Lern-, Transferkontrolle
Welche Verfahren sollen eingesetzt werden? (s. Teil A Kap. 4.5)

B Methoden

Verarbeiten lassen!
Wer nur Wissen aufnimmt und
damit sein Hirn als ausgelastet betrachtet,
beweist, daß er zuwenig davon hat.

1 Einleitung

Leider gibt es die eine wirksame Methode nicht. Die Entscheidung für eine bestimmte Lehrmethode kann nur dann leicht fallen, wenn sich die Auswahl auf wenige verfügbare Methoden beschränkt. Je nach Zielsetzungen und nach dem Stand des Lernprozesses (Aneignen, Anwenden des Stoffes) müssen die Lehrmethoden und Medien ausgewählt werden (s. hierzu *Mackenzie* u.a., 1973).

Aber auch andere Aspekte müssen für die Wahl einer angemessenen Methode berücksichtigt werden:
- der zu lernende Stoff, die spezifischen Inhalte, Verfahren
- der Spannungsverlauf in einer Lehreinheit (Spaß am Lernen)
- die verschiedenen Kompetenzbereiche: Sach-, Methoden-, Sozial-, Selbstkompetenz.

Bevor wir die Lehrmethoden vorstellen, sollen zwei Klassifikationsmöglichkeiten dargestellt werden. Die Darstellung will einen Überblick über die verschiedenen Methoden bieten.

Ordnung nach Sozialform

Einzelarbeit, Stillarbeit, Eigenstudien. Der Lernende setzt sich allein mit dem Lernstoff auseinander, wobei die Arbeit so organisiert sein muß, daß der Lernende sich selbständig mit dem Stoff befassen kann. Dies ist laufend vom Trainer zu überprüfen.

Die Methode erlaubt es, jederzeit den Grad selbständiger und eigenverantwortlicher Arbeit des Lernenden zu überprüfen. Lücken werden sichtbar und können bearbeitet werden. Das Erlernen sozialer Kompetenzen ist mit dieser Methode nicht möglich.

Partnerarbeit. Zwei Personen arbeiten gemeinsam an dem Lehrstoff. Sofern die Strukturierung der Aufgaben der Zielgruppe angemessen ist und die Partner entsprechend ihren Fähigkeiten und Kenntnissen zusammensitzen, können sie sich gegenseitig helfen und unterstützen. Leistungsunterschiede können durchaus einen motivierenden Charakter haben, wenn Helfen positiv erlebt wird. Bei der Partnerarbeit können sich auch soziale Verhaltensweisen entwickeln, allerdings nur wenn die Zusammenarbeit konstruktiv und partnerschaftlich ist. Das muß der Trainer kontrollieren. Bei Mängeln ist ein erfahrungsorientierter Diskurs notwendig, um die Erfahrungen aufzuarbeiten und eine konstruktive Zusammenarbeit zu entwickeln.

Kleingruppenarbeit. Gruppen arbeiten zusammen, um Auseinandersetzungen mit dem Lehrstoff zu vollziehen. Gerade bei komplexen Lernprozessen ist dies eine geeignete Methode. Gegenseitige Anregungen führen zu einem vertieften Verstehen. In den Lernbereichen „planvolles Handeln, Probleme lösen" ist die Methode der Kleingruppenarbeit unverzichtbar. Die Zusammenarbeit ist bei der Bewältigung komplexer Aufgabenstellungen notwendig.

Gruppenarbeit ist auch bei anderen aktiven Methoden (Rollenspiel, Fallstudie, Planspiel) ein wichtiger Bestandteil, um die Auseinandersetzung mit dem Stoff zu intensivieren. Negativ verläuft der Ablauf der Kleingruppenarbeit erst dann, wenn die Vorgaben zur Bearbeitung der Aufgaben ungenau sind und die Regeln konstruktiver Zusammenarbeit mißachtet werden. Kleingruppen müssen in der Lage sein, ihren Arbeitsprozeß selbst zu strukturieren und zu kontrollieren, wobei die Techniken der Selbstkontrolle häufig erst einer Einübung bedürfen.

Plenum. Bei dieser Methode setzen sich alle Teilnehmer gemeinsam mit dem Lehrstoff auseinander, wobei die Beteiligung der Lernenden und des Lehrenden sehr unterschiedlich ausfallen kann. Beim Lehrvortrag ist lediglich der Lehrende aktiv. Bei einer Gruppenpräsentation übernimmt ein Lernender den aktiven Part. Dazwischen gibt es eine Reihe Methoden (z.B. Lehrgespräch, Diskussion etc.), bei denen die Rolle der Teilnehmer unterschiedlich ist.

Das führt uns zur nächsten Klassifikationsform nämlich nach der Beteiligung am Lernprozeß.

Ordnung nach Art der Beteiligung am Lernprozeß

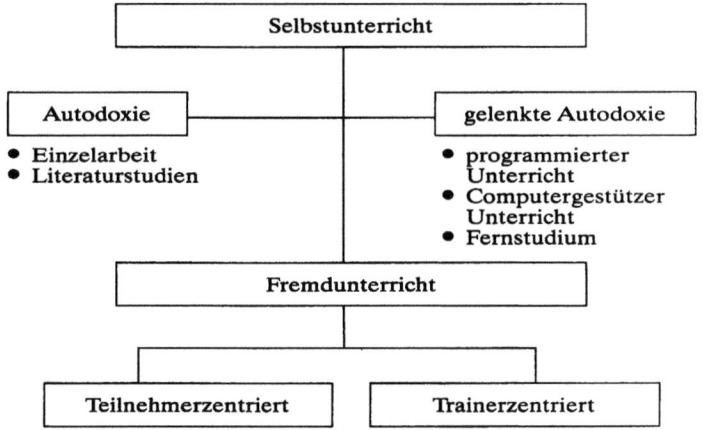

Lehrmethoden

- Partnerarbeit
- Gruppenarbeit
- Rollenspiel
- Fallstudie
- Planspiel
- Projektunterricht
- Vortrag
- Lehrgespräch
- Impulsunterricht
- Diskussion

(s. *Meyer* 1987 u. *Schütlin* 1975)

Der Methodenteil ist in drei Abschnitte aufgeteilt. Im ersten Teil sind die strukturierenden und gestaltenden Methoden abgehandelt, die zusätzlich bei den speziellen Lehrmethoden wie Vortrag, Gruppenarbeit, Fallstudie eingesetzt werden, um Verstehensprozesse zu strukturieren und Lernprozesse zu unterstützen:

Methodenkompetenz: Problemlösungsprozesse strukturieren. Einige Systemtechniken sind exemplarisch dargestellt, um die Verbindung zwischen Praxis und Theorie durch diese Methoden zu verdeutlichen.

Sozialkompetenz: Konstruktiv zusammenarbeiten. Soziale Fähigkeiten und Fertigkeiten sind die Grundlage, um Kenntnisse zu integrieren und Herausforderungen unserer Zeit gewachsen zu sein. Gemeinsames Lernen, sich gegenseitig unterstützen sind die Basis für die Weiterbildung. Moderieren und Visualisieren (vgl. Teil B Kap. 2.4) einsetzen.

Beide Kapitel zeigen Methoden, um Lernen effektiver zu gestalten. Visuelle Präsenz des Lernstoffes und Bilder intensivieren die geistige Auseinandersetzung.

Lehrmethoden: Lernen gestalten. Die aktiven Lehrmethoden nehmen den breitesten Raum ein, weil sie besonders wichtig für die Aneignung und Anwendung des Lernstoffes sind. Allerdings ist ihre Wirkung von einer sehr sorgfältigen Planung abhängig. Allgemein gilt, daß erst eine Verschränkung verschiedener Lehrmethoden bezogen auf einen Lernstoff die Lerneffektivität steigert. Folgende Lehrmethoden werden besprochen:

- Lehrvortrag, Lehrgespräch
- Einzelarbeit, Partnerarbeit
- Gruppenarbeit
- Rollenspiel, Fallstudie, Planspiel, Projektmethode

Im letzten Teil stehen Veranstaltungsformen im Mittelpunkt, die ein Lernen organisieren, das unmittelbar mit den Handlungen in der Praxis verbunden ist. In diesen Veranstaltungen geht es um Erwei-

terung der *Handlungskompetenz*. Fachwissen, Methoden und soziale Fertigkeiten sind hier integriert anzuwenden. Das Lernen in den verschiedenen Kompetenzbereichen gestaltet sich durch die Anwendung der verschiedenen Methoden. Exemplarisch aufgeführt werden:
- Workshop
- Lernstatt
- Qualitätszirkel.

2 Strukturierende und gestaltende Methoden

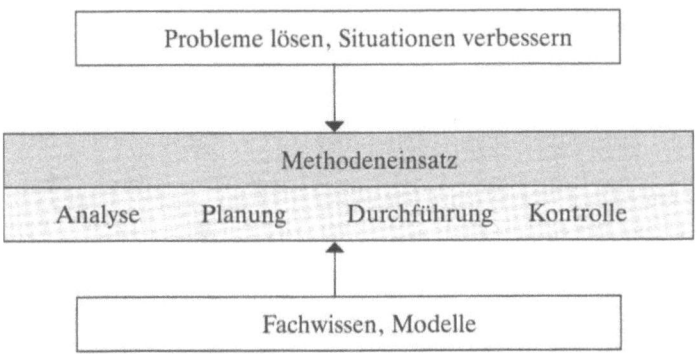

In diesem Abschnitt werden Methoden behandelt, die im Zusammenhang mit verschiedenen Lehrmethoden angewendet werden können. Bei allen Problemlösungsprozessen helfen Systematiken, kognitive Erkenntnisse zu strukturieren.

Teilnehmer können selbst mit Hilfe von Methoden ihr soziales Lernen gestalten. Dazu ist es auch notwendig, sich mit der positiven Seite von Konflikten auseinanderzusetzen.

Die Moderationstechnik und der Medieneinsatz sind wichtige Mittel, um Lernprozesse zu optimieren. Sie müssen „nur" richtig eingesetzt werden. Lernplanung und Systematiken bilden den Kontext, der für eine konkrete Ausgestaltung der Medien wichtig ist.

2.1 Methodenkompetenz: Problemlösungsprozesse systematisch gestalten

Die unterschiedlichen globalen Vorgehensweisen findet man in Teil A Kap. 3.2. In diesem Abschnitt finden sich verschiedene Methoden, die das konkrete Vorgehen bei Problemen strukturieren. Natürlich können nicht alle möglichen Methoden dargestellt werden. Dies geschieht hier nur exemplarisch, um auf ein umfangreiches Trainingsgebiet aufmerksam zu machen.

2.1.1 Vorgehen bei komplexen Problemen

Realitätsausschnitt. Probleme teilen sich meist diffus emotional mit: Man steht ständig unter Spannung, Mitarbeiter kündigen ohne ersichtlichen Grund, das Klima in einer Abteilung ist schlecht, die Organisation funktioniert nicht wirksam genug, unser Handeln bewirkt nicht die erwarteten Erfolge... Der Ist-Zustand weicht von einem Soll-Zustand ab. Haben wir es mit sehr komplexen vernetzten Problemen zu tun, können wir sie nur angehen, indem der Realitätsausschnitt festgelegt und begrenzt wird, in einer Organisation z. B. auf eine Hauptabteilung. Das ist mit Sicherheit willkürlich. Die Probleme einer Abteilung hängen vielleicht mit denen der gesamten Organisation zusammen. Die Elemente eines Systems können erst präzisiert werden, wenn wir die Realitätsausschnitte begrenzen und systematisch Informationen zusammentragen. Dann läßt sich auch das Problem nach verschiedenen Aspekten klassifizieren (*Brauchlin* 1990, S. 100). Den Ist- wie den Soll-Zustand gilt es zu präzisieren, um Maßnahmen gezielt entwickeln zu können.

Der Realitätsbereich wird je nach Problem ausgewählt. Bei einem Menschen, der darunter leidet, nur geringen Kontakt zu anderen Personen zu haben, wird der Bereich auf seine Fähigkeiten, Kontakt mit seiner Umwelt aufzunehmen, begrenzt. Die wesentlich erscheinenden Variablen (Elemente) werden durch diagnostische Verfahren bestimmt. Man erhält Informationen über das individuelle und soziale Bedingungsgefüge und kann gezielte Maßnahmen ergreifen.

Ähnlich verhält es sich bei einer Institution, in der zwei Abteilungen ständig Konflikte austragen. Der Realitätsbereich wird auf die beteiligten Gruppen reduziert. Damit schränkt man das betrachtete System ein, was zu mangelhaften Lösungen führen kann. Die Konflikte der zwei Abteilungen können durch die organisatorischen Gesamtbedingungen verursacht sein.

Nähere Bestimmung des Realitätsbereiches. Die Auswahl eines Systembestandteiles hängt von unserer Betrachtungsrichtung und Perspektive ab, aus der wir das Problem sehen.

Man könnte z. B. beim o.a. Individuum auch seine Vergangenheit und Beziehung zu Gruppen untersuchen. Welche Kriterien in die Bestimmung des Realitätsbereiches mit einbezogen werden, hängt von den vorliegenden Informationen und davon, welche psychologischen oder soziologischen Theorien eingesetzt werden ab. Es ergeben sich auf diese Weise Einschränkungen oder Erweiterungen, ein System verstehend zu erfassen.

Zunächst ist ein System intransparent. Es zerfällt in einen bekannten Ausgangszustand und einen unbekannten Kern, der sich auf ganze Teile des Systems, auf Variablen, Elemente oder Beziehungen erstrecken kann. Theorien, Methoden zur Sammlung weiterer Informationen und bestehendes Wissen helfen die relevanten Teile des Systems zu bestimmen.

Wenn wir den Realitätsbereich präzisieren, sollten die angestrebten Soll-Zustände auch aufgelistet werden.

Darstellung des Realitätsbereiches. Die Variablen und ihr Verhältnis untereinander werden benannt und in einem Strukturschema dargestellt.

Die Beziehung der Variablen untereinander kann
- kausaler, stochastischer Art sein,
- sich auf eine, zwei, drei oder mehrere Variablen erstrecken,
- positiv oder negativ,
- aktiv oder passiv sein.

Zusätzlich können die Beziehungen hierarchisch geordnet sein, (*Dörner* u.a. 1983, *Gomez* u. *Probst* 1987).

In Teil B Kap. 3.8 Kap. Planspiel, Beispiel: Verhaltensplanspiel, Gestaltung des Szenarios als Aufgabe werden die Systemelemente für eine Soll-Beschreibung eines Systems aufgeführt.

Beschreibung und Erklärung von Problemen müssen ebenso gelernt werden wie das Erstellen von Systemen und die Einschätzung dynamischer Verläufe von Vorgängen. Dies sind kognitive Anforderungen. Bei der Steuerung und Kontrolle von Systemen spielen aber auch emotionale Faktoren eine Rolle, die den Umgang mit dem vorhandenen Wissen beeinflussen. Emotionen können nicht ausgeschaltet werden, ebenso kann man einseitige fachorientierte Sichtweisen nicht verhindern. Deshalb gilt es einen für alle Beteiligten transparenten Problemlösungsprozeß zu gestalten. Dazu dienen die nun folgenden Methoden.

2.1.2 Systematik bei Problemlösungen

Viele Probleme in der Praxis kann man sicherlich direkt und ohne viel Zeitaufwand lösen. Erst bei umfangreichen, komplexen Problemen ist es notwendig, systematisch heranzugehen und sogar verschiedenen Sachverstand heranzuziehen.

Es ist verständlich, daß man Störungen so schnell wie möglich beseitigen will, was meistens zu Sofortlösungen führt. Leider merkt man dann, daß die „Lösungen" die Störungen nicht beseitigt haben, sie bestehen weiter. Was ist passiert? Vielleicht waren die Ursachen ganz anderer Natur, als wir dachten. Vielleicht ist nur ein Teil des Problems erfaßt und gelöst worden. Es liegt nahe, gründlicher an die Probleme heranzugehen. So ist die Hauptaufgabe einer Systematik darin begründet, eine Sofortlösung zu verhindern und ein eindringendes Verstehen zu organisieren.

Das systematische Vorgehen selbst wird davon beeinflußt, mit welchem Situationstyp man sich konfrontiert sieht:
- Es zeigen sich Abweichungen von dem, wie es sein sollte (Probleme lösen).
- Es ist eine möglichst optimale Entscheidung zu treffen (Entscheidungen treffen).
- Auf Grund einer Entscheidung können in der Zukunft Probleme auftauchen (potentielle Probleme erfassen, darauf eingehen).

Meistens wird man nicht in klarer Form mit einem Situationstyp konfrontiert, so daß erst einmal eine komplexe, ungenau formulierte Problematik analysiert werden muß. So läßt sich z. B. ein Kommunikationsproblem erst dann richtig erfassen, wenn man die „Unter-Situationen" herausgefunden hat, d. h. eine Situationsanalyse durchgeführt hat.

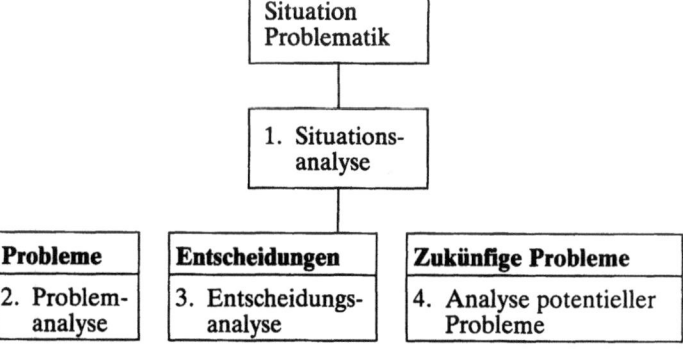

Man kann sich auch vorstellen, daß aus einer Problemanalyse verschiedene Handlungsmöglichkeiten hervorgehen. Sie werden einer Entscheidungsanalyse unterzogen, woraus sich dann eine optimale Lösung ergibt. Die Entscheidung kann weiter untersucht werden, ob und welche Probleme sich durch zugehörige Maßnahmen in Zukunft entwickeln können.

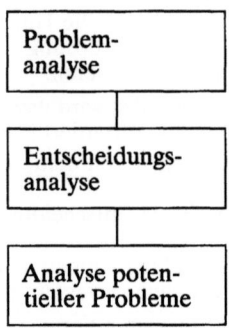

2.1.3 Situationsanalyse

Zergliederung von unübersichtlichen Situationen. Vielfach ist es nötig, komplexe, unübersichtliche Situationen in kleinere Einheiten (Unter-Situationen) zu zergliedern. Diese Unter-Situationen werden dann isoliert und getrennt bearbeitet.

Nehmen wir uns z. B. das Kommunikationsproblem heraus: Mitarbeiter klagen, daß sie wichtige Informationen für ihre Arbeit nicht erhalten. Geht man diesem Problem nach, so lassen sich folgende Unter-Situationen feststellen:

- Mitarbeiter hatten Anweisungen mißverstanden.
- Änderungen der Geschäftsabwicklung wurden nicht allen bekanntgegeben.
- Manche Mitarbeiter halten Informationen zurück, um mehr Macht auf andere auszuüben.
- Ein neues Abwicklungsverfahren wird als Kontrolle empfunden und sabotiert.

Es ist nun klar, daß ganz verschiedene Ursachen dem Kommunikationsproblem zugrunde liegen, die auch verschiedenartige Maßnahmen erfordern.

Prioritäten setzen. Ergeben sich eine Anzahl von Untersituationen, so gilt es nun, die Bedeutung und Dringlichkeit der einzelnen Untersituationen zu bestimmen. Danach kann die Bearbeitungsreihenfolge festgelegt werden. Dabei muß auch entschieden werden, ob die Aufgabe selbst oder durch einen anderen erledigt werden soll.

Situationstyp bestimmen. Hat man sich für die Bearbeitung einer Untersituation entschlossen, ist weiter zu bestimmen, ob es sich um Probleme, Entscheidungsangelegenheiten oder potentielle Probleme handelt. Je nach Untersituation folgt man dann verschiedenen Systematiken, um der Anforderung gerecht zu werden.

2.1.4 Problemanalyse

Unter „Problem" wird hier eine Abweichung eines Ist-Zustandes von einem gewünschten Soll-Zustand verstanden. Die Ursache der Abweichung ist nicht bekannt, sie soll herausgefunden werden. Nur in diesem Sinn wird im weiteren der Begriff Problem benutzt. Z.B.: Bei dem Produkt A ging der Umsatz in den letzten Monaten um 15% zurück; in der Produktionsabteilung II häufen sich die Krankmeldungen seit 4 Wochen etc.

Zur Problemanalyse müssen nun folgende Schritte vorgenommen werden:

- Das Problem wird zuerst in einem Satz umschrieben (wie bei den Beispielen).
- Danach folgt die genaue Beschreibung des definierten Problems, indem man folgende Fragen stellt:

Was?	• Was ist das Problem?
Wo?	• Wo tritt es auf?
Wann?	• Wann ist es zum ersten Mal aufgetreten?
Wieviel?	• Wie groß ist das Ausmaß des Problems?

- Diese Aufstellung wird in zwei Hinsichten durchgeführt:
- Was das Problem ist.
- Was das Problem nicht ist.

Die zusätzliche Befragung des Problems, was es nicht ist, bezieht sich nur auf Sachverhalte, die es auch hätten sein können. Man fragt danach, wo das Problem nicht aufgetreten ist, es aber auch auftreten könnte.

- Weiterhin wird nach den Besonderheiten des „Ist" gegenüber dem „Ist nicht" gefragt.
- Schließlich ist nach Veränderungen zu fragen, die sich parallel zum Problem ergeben haben.

Problemdefinition:

	Ist	Ist nicht	Besonderheit	Veränderung
Was				
Wo				
Wann				
Ausmaß				

(s. *Kepner-Tregoe* 1971)

Erst wenn das Problem auf möglichst genaue Weise nach obigem Schema beschrieben wurde, können Vermutungen über mögliche Ursachen erstellt werden. Hypothesen generieren sich aus zwei

Quellen: aus dem Fachwissen, den Theorien, den Erkenntnissen und aus der Problembeschreibung. Aus beiden Quellen kann man ein multikausales Modell aufbauen, das ein Verstehen der Probleme ermöglicht.

Wissen, Erfahrungen, Theorien, Methoden . . .

Probleme lösen: Problemanalyse und vermutete Ursachen, Maßnahmen und Entscheidungsanalyse, Analyse potentieller Probleme und Kontrolle der Durchführung

---

Handlungen in der Praxis: Probleme, Verbesserungsbereiche

Erst das verstehende Eindringen in die Probleme macht die Entwicklung optimaler Lösungen möglich (konvergentes Denken). Für die Entwicklung von Alternativlösungen ist eine andere Art des Denkens notwendig. Einfälle, Kreativität ist gefragt. Neues kommt durch die Auflösung und Neukombination von Wissen zustande (divergentes Denken). Hierfür sind Individuen mit besonderen Denkstilen geeignet, wie Flexibilität des Denkens, Toleranz für Ambiguität, Vorliebe für Komplexität und Paradoxa etc. Sie zeichnen sich durch einen geringen Grad an Rigidität und Dogmatismus aus. Kreative Prozesse fördert man durch den Einsatz von kreativen Techniken, z. B.:
- Morphologie
- Brainstorming
- Synektik

(s. *Brauchlin* 1990, *Hoffmann* 1987)

2.1.5 Entscheidungsanalyse

Sie wird dann angewendet, wenn mit verschiedenen Handlungsmöglichkeiten Zielsetzungen erreicht werden können. Es ergibt sich dann die Frage, welche die beste Handlungsmöglichkeit ist. Es gibt verschiedene Methoden, um Alternativen zu bewerten:
- Entscheidungsbaummethode
- Investitionsrechnung
- Nutzwertanalyse
- Kosten-Nutzen-Analyse (s. *Brauchlin* 1990, S. 176ff.)

Hier wird ein Verfahren geschildert, das die Bewertungen der entwickelten Alternativen von den Zielen und den Folgen der Maßnahme vornimmt. Das Vorgehen wird durch folgende Schritte bestimmt:

Definition der Entscheidungssache

Es wird bestimmt, um was es eigentlich geht, z.B. Kauf einer Maschine; sie soll nicht gemietet oder gebaut werden.

Festlegung der Zielsetzung

Die Ziele werden von zwei Gesichtspunkten bestimmt:
* dem zu erzielenden Ergebnis
* den zur Verfügung stehenden Mitteln

Es empfiehlt sich, von den Mitteln auszugehen, weil sich dadurch die Einschränkungen ergeben, die zu beachten sind, z.B. beim Kauf einer Maschine die finanziellen Mittel etc.

Klassifikation und Gewichten der Zielsetzungen

Die Ziele lassen sich in Muß- und Wunsch-Ziele einteilen. Mußziele sind solche, die unbedingt erfüllt werden müssen. Erfüllt eine Alternative ein solches Ziel nicht, ist sie von vornherein auszuschließen.

Wunschziele sind auch wichtig, aber nicht ausschließend. Man kann auf ihre Erfüllung verzichten allerdings in verschieden hohem Maß. Deshalb ist es notwendig, die Wunschziele zu gewichten. Zur Gewichtung nimmt man Zahlen von 1 – 10: 1 bedeutet relativ unwichtig, 10 sehr wichtig. Jedes Wunschziel wird nun je nach Bedeutung gewichtet.

Muß-Ziele:
1.
2.
3.
.
.
.

Wunsch-Ziele:	Gewichtung:	Wertzahl:
1.	10	
2.	5	
3.	8	
4.	1	
.	.	
.	.	
.	.	

Entwicklung und Beurteilung von Alternativen

In jeder Lösungsalternative müssen die Muß-Ziele eindeutig erfüllt sein. Erst dann sieht man sich die Erfüllung der Wunsch-Ziele an. Verwirklicht die Alternative das Wunsch-Ziel, wird mit 10 gewertet. Ist das nur in sehr geringem Maß der Fall, wird mit 1 gewertet (Wertzahl). Man vergibt also Wertzahlen, je nachdem, wie gut in der Alternative das Wunschziel erreicht wird.

Beide Zahlen, Gewichtszahlen und Wertzahlen werden miteinander multipliziert und über alle Wunschziele addiert. Je höher die Summe, um so näher kommt die Alternative der Ideallösung (Tab. 6).

Tabelle 6 Entscheidungsanalyse. Beispiel für die Orientierung an *Muß*- und *Wunsch*-Zielen.
G = Gewichtung der Wunschziele. W = Wertzahl der Lösungsalternative. Alternative B erhält die meisten Punkte und ist deshalb die optimale Alternative.

Muß-Ziele	Alternativen					
	A		B		C	
1.	erfüllt		erfüllt		erfüllt	
2.						
3.						

Wunsch-Ziel	G	W	W + G	W	W x G	W	W x G
1.	7	2	14	5	35	2	14
2.	5	10	50	8	40	3	15
3.	3	10	30	2	6	8	24
4.	10	5	50	10	100	2	20
5.	2	10	20	5	10	10	20
6.	1	8	8	5	5	10	10
7.	8	2	16	8	65	2	16
Summe			188		260		119

Die Methode zwingt dazu, alle Gesichtspunkte bei einer Bewertung von Lösungsalternativen offen darzulegen. Der Prozeß wird transparent und eindeutig quantifizierbar.

2.1.6 Analyse potentieller Probleme

Diese Analyse ist bei Situationen angebracht, bei denen ein Plan durchzuführen ist, der Schwierigkeiten mit sich bringen kann. „Plan" bedeutet dann eine Abfolge von Handlungen in einer Zeit, die es zu realisieren gilt.

Dabei sind folgende systematische Schritte auszuführen:

Aufstellung eines Plans
Was muß in welcher Reihenfolge getan, bedacht, veranlaßt werden?

Zergliederung des Plans
Festlegung von eindeutig voneinander abgrenzbaren Tätigkeiten, Teilschritten

Ermittlung kritischer Bereiche und Erstellung einer Reihenfolge
In welchen Teilschritten könnten sich Probleme ergeben?
Wie groß ist dabei die Gefahr?

Ist die Kennzeichnung erfolgt, bringt man die Teilschritte in eine Reihenfolge, und zwar nach ihrer Bedeutung und Dringlichkeit für die Planerfüllung.

Ermittlung der potentiellen Probleme
Es werden mögliche Fehler benannt. Es wird festgelegt, was die Planerfüllung (zeitlich, sachlich) am meisten gefährdet. Dabei ist die Wahrscheinlichkeit und Tragweite anzugeben.

Ermittlung der Ursachen
Welche Gründe lassen sich für das Scheitern angeben? Welches sind die wahrscheinlichsten Gründe? Man bilde eine Rangreihe nach der Wahrscheinlichkeit des Auftretens.

Festlegung vorbeugender Maßnahmen
In den Teilschritten für die Planverwirklichung werden Maßnahmen präventiven Charakters hinzugenommen, um potentielle Probleme möglichst nicht eintreten zu lassen.

Bestimmung von Eventualmaßnahmen
Falls keine Beseitigung der Probleme möglich ist, sollten Maßnahmen geplant werden, die die Schäden möglichst begrenzen.

Einrichtung eines Informations- und Meldesystems
Mit zur Planung gehört auch die Festlegung von Kontrollen, die über Erfolg von Maßnahmen und das Entstehen von Problemen unterrichten.

Plan

Zergliederung des Plans in Aktivitäten:

Aktivität 1	—	Aktivität 2	—	Aktivität 3

Festlegung von kritischen Bereichen:

	Wo	Was	Wahrscheinlichkeit	Tragweite
Aktivität 1 a b c				

Festlegung denkbarer Ursachen, Maßnahmen:

	Ursache	Maßnahmen Vorbeugend, Eventuell	Informations- und Kontrollsystem
Problem 1 a	1. 2. 3. 4.		

Die Bedeutung der Analyse potentieller Probleme liegt darin, die Verwirklichung von Plänen kontrolliert und ohne Verzögerungen auf die Realität hin anzupassen. Dazu braucht man Informationen über den Durchführungsprozeß, die durch die Analyse der potentiellen Probleme gezielt erfaßt werden. Die notwendigen Beobachtungs-, Meß-, Befragungsverfahren müssen dazu entwickelt werden. Die Ergebnisse steuern und korrigieren dann die weiteren Maßnahmen (*Kepner-Tregoe* 1971).

2.1.7 Planungsmethoden

Bei komplexen, arbeitsteiligen Projekten für die Durchführung von Maßnahmen ist die Anwendung von Planungsmethoden besonders wichtig. Planungen können mehr oder weniger detailliert erstellt werden. Außerdem gibt es verschiedene Planungsmethoden. Es kommt darauf an, wie unübersichtlich ein Projekt ist und vor allem wieviele verschiedene Personen oder Gruppen an dem Projekt arbeiten. Es werden verschiedene Methoden aufgeführt. Die Planungsschritte sind bei allen Methoden gleich, nur in der Darstellung der aufeinander folgenden Tätigkeiten gibt es Unterschiede.

Vorbereitende Maßnahmen. Ist das Thema festgelegt, geht es darum, welche Zielsetzungen mit dem Projekt verfolgt werden sollen und welche Aufgabenstellungen sich damit verbinden, d. h. man führt eine Ziel- und Aufgabenanalyse durch.

Projekt-Strukturplan. Der Projekt-Strukturplan ist eine hierarchische, über verschiedene Ebenen aufgebaute Darstellung des Projektes. Eine solche Zerlegung des Gesamtprojektes in Teilprojekte ist bei umfangreichen Projekten sinnvoll. Die Zergliederung in Teilprojekte sollte bis zu einer Stufe vorgenommen werden, die eine konkrete Zuweisung von Aufgaben möglich macht.

Vorgangsliste. Es wird eine Liste von allen Vorgängen erstellt, aus denen sich das Projekt zusammensetzt. Beim Sammeln und Ordnen sollte man sich folgende Fragen stellen:

- Welche Tätigkeiten umfaßt ein komplexer Vorgang?
- Wie folgen die Vorgänge aufeinander?
- Welche Vorgänge können unabhängig parallel erfolgen?
- Wie ordnen sich die Tätigkeiten zeitlich nacheinander? (Tab. 7).

Tabelle 7 Vorgangsliste eines Projekts aus REFA 1985.

Projekt: Kundenauftrag durchführen				
Nr.	Vorgangsbezeichnung	Dauer	Anfang	Ende
		in Tagen		
1	Material bestellen	3	0	3
2	Arbeitspläne aufstellen	5	0	5
3	Materialkosten errechnen	4	3	7
4	Lieferzeit des Materials	7	3	10
5	Arbeitskräfte einweisen	4	5	9
6	Lohnkosten kalkulieren	5	5	10
7	Selbstkosten ermitteln	5	10	15
8	Arbeit ausführen	6	10	16

Balkendiagramm. Sind die Aufgaben eines Projekts nach der zeitlichen oder logischen Aufeinanderfolge geordnet, kann nach der Vorgangsliste ein Balkendiagramm erstellt werden.

Durch ein Balkendiagramm lassen sich die Vorgänge veranschaulichen und die Aufeinanderfolge sowie Überschneidungen von Aufgaben werden deutlich (Tab. 8).

Erstellung von Netzplänen. Netzpläne sind grafische Darstellungen von Ablaufstrukturen, die die logische und zeitliche Aufeinanderfolge von Vorgängen veranschaulichen. Es gibt drei verschiedene Arten von Netzplänen, die hier allerdings nur erwähnt, aber nicht alle besprochen werden sollen:

120 2 Strukturierende und gestaltende Methoden

Tabelle 8 Balkendiagramm zur Veranschaulichung der Vorgänge und ihrer Aufeinanderfolge aus REFA 1985.

Nr.	Vorgangsbe-zeichnung	Vorgangs- bzw. Projektdauer in Tagen															
		1	2	3	4	5	6	7	8	9	10	11	12	13	14	15	16
1	Material bestellen	▨	▨	▨													
2	Arbeitspläne aufstellen	▨	▨	▨	▨	▨											
3	Materialkosten errechnen				▨	▨	▨										
4	Lieferzeit des Materials				▨	▨	▨	▨	▨								
5	Arbeitskräfte einweisen						▨	▨	▨								
6	Lohnkosten kalkulieren						▨	▨	▨								
7	Selbstkosten ermitteln										▨	▨	▨	▨			
8	Arbeit ausführen												▨	▨	▨	▨	▨

- Vorgangspfeil-Netzplan (VPN)
- Vorgangsknoten-Netzplan (VKN)
- Ereignisknoten-Netzplan (EKN)

Hier soll nur die zweite Methode, Vorgangsknoten-Netzplan (VKN), besprochen werden.

Für das Entwerfen und Zeichnen des Netzplanes sind folgende Regeln zu beachten:

Nr. Grundregeln   Darstellung im VKN

1. Folgen zwei Vorgänge aufeinander, so besteht zwischen ihnen eine einfache Beziehung ohne Verzweigung.

2. Hat ein Vorgang mehrere Nachfolgen, so besteht zwischen dem Vorgang und den Nachfolgen eine Beziehung mit Und-Verzweigung.

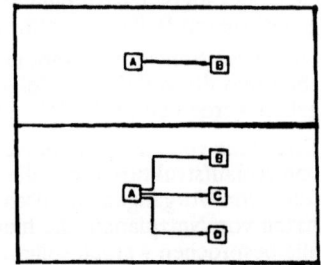

3. Haben mehrere Vorgänge eine Nachfolge, so besteht zwischen den Vorgängen und den Nachfolgen eine Beziehung mit Und-Zusammenführung.

4. Bei Parallelvorgängen folgt einer Und-Verzweigung eine Zusammenführung.

5. Es können Beziehungen auch durch sogenannte Scheinvorgänge hergestellt werden.

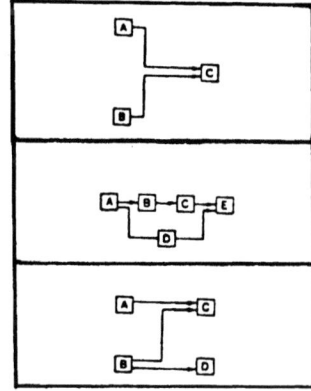

Die Pfeile bedeuten Anordnungsbeziehungen zwischen Vorgängen.

Erläuterung zu 5: Vorgang C kann erst beginnen, wenn die Vorgänge A und B zu Ende sind, während Vorgang D bereits beginnen kann, wenn Vorgang B zu Ende ist. Das ist mit Scheinvorgang gemeint und wird entsprechend durch einen Pfeil dargestellt.

Die Zeitdauer für die einzelnen Tätigkeiten kann meist nur geschätzt werden, oder es liegen Erfahrungswerte vor (Abb. 5, Tab. 9).

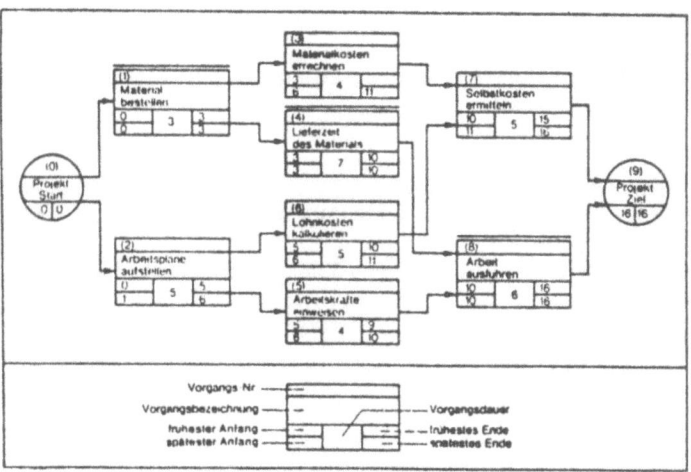

Abb. 5 Vorgangsknoten-Netzplan mit Zeitvorgaben.

Tabelle 9 Terminliste für ein Projekt (aus REFA (Hrsg.): Methodenlehre der Planung und Steuerung. Teil 1: Grundlagen München 1985).

Terminliste für das Projekt „Kundenauftrag durchführen"

Projektbeginn: 20. August 1973 (Montag)

Nr.	Vorgangsbezeichnung	Dauer in Tagen	frühester Anfang	spätester Anfang	frühestes Ende	spätestes Ende	Pufferzeit in Tagen
1	Material bestellen	3	20.8	20.8	23.8	23.8	0
2	Arbeitspläne aufstellen	5	20.8.	21.8.	27.8.	28.8.	1
3	Materialkosten errechnen	4	23.8.	28.8.	29.8.	3.9.	4
4	Lieferzeit des Materials	7	23.8.	23.8.	3.9.	3.9.	0
5	Arbeitskräfte einweisen	4	27.8.	28.8.	31.8.	3.9.	1
6	Lohnkosten kalkulieren	5	27.8.	28.8.	3.9.	4.9.	1
7	Selbstkosten ermitteln	5	3.9.	4.9.	10.9.	11.9.	1
8	Arbeit ausführen	6	3.9.	3.9.	11.9.	11.9.	0

Kostenanalyse. Für die verschiedenen Tätigkeiten werden die Kosten aufgestellt, und es wird überlegt, wie man sie finanzieren kann. Je nach Etatvorschriften muß man in Sach- und Personalkosten unterscheiden.

Projektsteuerung. Wenn die Termine festgelegt sind, müssen sie verfolgt werden. Bei nicht eingehaltenen Terminen kann sich bei voneinander abhängigen Tätigkeiten der gesamte Terminplan verändern, insbesondere wenn keine Pufferzeiten vorhanden sind (kritischer Weg) (REFA 1985).

Weitere Methoden wurden in den Kapiteln Workshop (Teil B Kap. 4.1), Qualitätszirkel (Teil B Kap. 4.3) und Verhaltensplanspiel „Sidahausen" (Teil B Kap. 3.8.4) vorgestellt. Einen breiten Überblick über eine Vielzahl von Methoden gibt *Hartmann* (1990).

2.2 Sozialkompetenz: Konstruktiv zusammenarbeiten

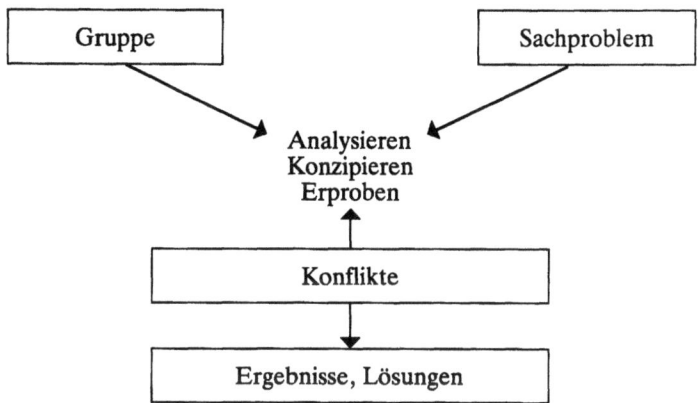

Die Zusammenarbeit ist zu einem wichtigen Faktor geworden. *Breisig* (1990) macht dies in dem Titel seines Buches deutlich: „It's Team Time". Er berichtet über die verschiedenen Formen der Gruppenarbeit in Organisationen und wie man diese Form der Arbeit einführt (s. dazu auch *Alioth* 1980).

Leider haben wir meistens nur das Konkurrieren gelernt. Deshalb ist das Arbeiten in Teams ein wichtiger Bestandteil der Weiterbildung. Sich gegenseitig beim Lernen zu unterstützen und miteinander zu lernen, muß bei jeder Weiterbildung enthalten sein, gleichgültig welche Thematik abgehandelt wird.

Zentral für eine Sozialkompetenz ist, Konflikte positiv gestalten zu können. Der Konflikt ist das Medium für Veränderung. Deshalb soll über Konflikte und Funktionen eines Konflikts kurz informiert werden. Im Anschluß daran wird das erfahrungsorientierte soziale Lernen mit seinen Methoden abgehandelt.

2.2.1 Konflikte zwischen Personen

Zumeist assoziiert man mit dem Begriff „Konflikt" negative Erfahrungen. Konflikte sind meist unangenehm und begleitet von negativen Spannungen zwischen Personen. Deshalb meiden wir häufig den Konflikt, um den negativen emotionalen Auswirkungen auszuweichen. Allerdings bleibt der Konflikt bestehen, kann sich sogar noch weiter negativ entwickeln, bis es zu einer Explosion kommt.

Eine andere Form, die Spannungen abzubauen, ist die indirekte Form der Auseinandersetzung über unbeteiligte Dritte. Man teilt diesen Personen mit, was „einen so alles an dem Konfliktpartner stört; man will ja niemanden verletzen". Die Folgen können allerdings verheerend sein, wenn diese Form in Rufmord endet. Die angedeuteten Wege führen nicht zu Konfliktlösungen, weil sie die Ursachen nicht ausräumen.

Konflikte haben auch ihre positiven Seiten, die es zu entdecken gilt. Gelöste Konflikte verändern Situationen, können Innovationen auslösen. Das gemeinsame Erfolgserlebnis fördert die Beziehung zwischen Personen. In unserer Kultur wird die Streitkultur zunehmend vernachlässigt, so daß wir Interessensangleichungen, das Erarbeiten von Alternativen, das Finden neuer Wege und Regeln im Zusammenleben gar nicht mehr versuchen.

Wir wollen uns mit dem Konflikt näher beschäftigen, weil er im sozialen Lernen eine zentrale Rolle spielt. Konflikte konstruktiv zu gestalten, ist immer dann wichtig, wenn Personen miteinander kommunizieren, interagieren. Bei der Gesprächsführung wie bei Gruppendiskussionen sind Konflikte und Gestaltung von Auseinandersetzungen wichtige Themen. Zuerst sollen die positiven Seiten des Konflikts dargestellt werden (Abb. 6).

Die negativen Einstellungen gegenüber Konflikten kommen durch die Handhabung der Konflikte zustande. Allerdings sind uns oft die Wirkungen unserer Verhaltensweisen nicht bewußt. Im Gegenteil, wir wollten ja nur das beste für den anderen. Deshalb vermeiden wir Konflikte, geben dem Partner gute Ratschläge, sagen ihm, wie er das Problem lösen kann, und teilen lieber nichts über unsere Bedürfnisse mit. Solche Verhaltensweisen bauen oft negative emotionale Spannungen auf, was nicht gewollt ist. Man kann Konflikte aber auch bewußt konstruktiv oder destruktiv gestalten, wenn man die Mechanismen kennt.

Bevor wir jedoch die Handhabung vorstellen, soll auf die Ursachen von Konflikten eingegangen werden. Bei manchen Konflikten gibt es nämlich keine Lösungen.

2.2.1.1 Auslöser von Konflikten

Ein interindividueller Konflikt kann durch verschiedene Ursachen bedingt sein:

Unterschiedliche Interessen. Streitpunkte können auf objektiven Gegebenheiten beruhen, z.B Interessengegensätze zwischen Arbeitgebern und Arbeitnehmern. Sie kommen durch konkurrie-

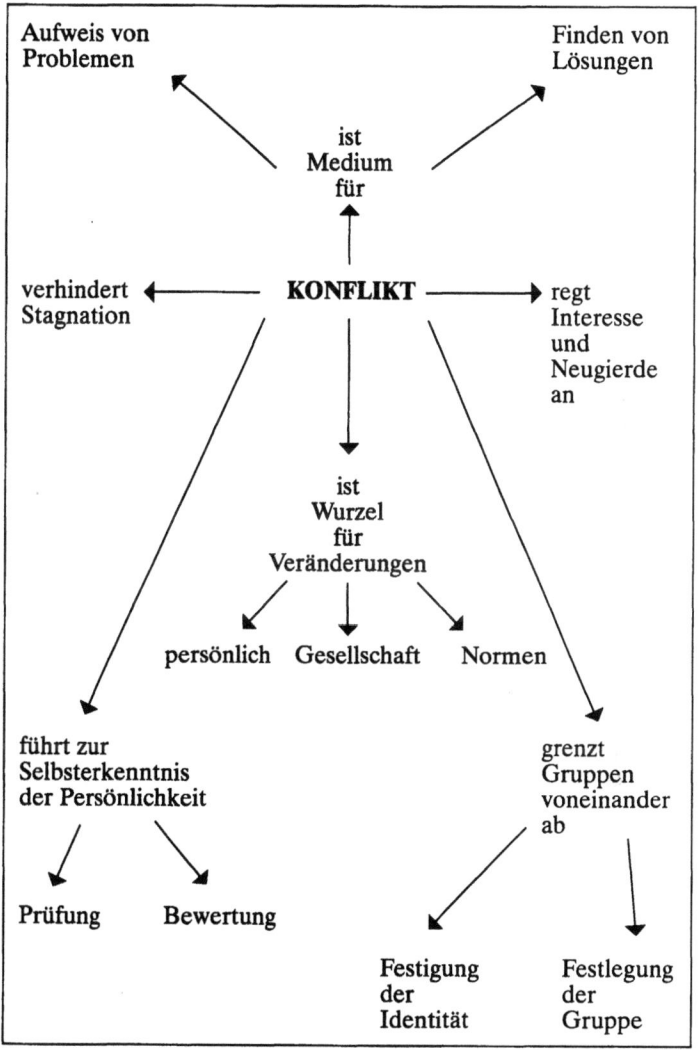

Abb. 6 Die positiven Seiten des Konflikts (aus *Deutsch, M.:* Konfliktregelung. München 1976).

rende und nicht vereinbare Zielsetzungen zustande. Die Gegensätze können unterschiedlich gravierend sein. In manchen Bereichen können die Interessen sogar gleich sein, z.B. sind beide Parteien an der Erhaltung der Arbeitsplätze interessiert. Die Gefahr der Eskalation besteht dann, wenn Unvereinbarkeiten den Streit dominieren. Die Schlichtung durch eine dritte Partei ist dann wichtig, um eine unkontrollierte Emotionalisierung zu vermeiden.

Kontrolle der Mittel. Materielle Mittel, wie Raum, Geld, Eigentum, Macht, Prestigeobjekte, Nahrung etc., können als unteilbar angesehen werden. Bei der Neuverteilung von Mitteln kommt es zu Konflikten, die sehr schwerwiegend sein können. Eine unnachgiebige Haltung der Konflikttragenden entsteht dann, wenn es wenig Hoffnung auf Ersatz der Mittel gibt. Kooperation kann z.B. bei Führungskräften Ängste mobilisieren, wenn sie befürchten, Entscheidungen nicht mehr kontrollieren oder die Handlungen in einer Organisation nicht mehr beeinflussen zu können. Sie werden dann erhebliche Widerstände gegen Veränderungen in der Organisation mobilisieren.

Prioritäten und Ärgernisse. Negativ beurteilte Handlungen oder verschiedene Vorstellungen können zu Auseinandersetzungen führen. Die Vorlieben des einen lösen Empfindlichkeiten beim anderen aus. Eine Lösung kann das Tolerieren oder Vermeiden der überschneidenden Bereiche sein. Eine Lösung kann nur eine Angleichung der Maßstäbe erbringen.

Wertvorstellungen. Nicht die Wertunterschiede selbst führen zu einem Konflikt, sondern die Art der Ansprüche, die sich auf Andersdenkende beziehen. Religionen, Ideologien können nebeneinander existieren. Erst wenn Menschen mit anderen Anschauungen zur Übernahme gleicher Werte gezwungen werden, ergeben sich schwere, manchmal sogar fanatisch geführte destruktive Konflikte.

Überzeugungen. Konflikte ergeben sich aufgrund unterschiedlicher Auslegung von Fakten, Tatsachen, Informationen. Verschiedene Wissensbestände, Realitätsanschauungen führen zu unterschiedlichen Interpretationen und zu Streitereien, wenn jeder „Recht" haben will.

Die Gründe für die verschiedenen Sichtweisen sind dann herauszuarbeiten und zu überprüfen. Dies muß ein gemeinsamer Prozeß sein, der zu einem gemeinsamen Verstehen führen soll. Der Konflikt wird dann fruchtbar und erweitert die Sichtweisen der betroffenen Personen.

Beziehung zwischen Parteien/Personen. Konflikte entzünden sich immer wieder durch die negative Beziehung der Betroffenen untereinander. Alles, was die andere Partei sagt oder tut, wird negativ interpretiert. Inhaltlich gibt es dann nichts zu klären. Die Beziehungen selbst müssen zum Gegenstand der Auseinandersetzung gemacht werden. Sind es Vorurteile, genügt ein Kennenlernen. Sind es aber ungelöste Probleme, so müssen sie gemeinsam aufgearbeitet werden.

Verschiedene Problemarten können also zu einem Konflikt führen und eine Spannung aufbauen (Konfliktpotential). Das Konfliktpotential kann je nach Bedeutung für die Konfliktparteien unterschiedlich hoch sein. Das Potential braucht sich aber nicht direkt in ein offenes Verhalten umzusetzen. Weiterhin können auch die Inhalte des Konfliktes verändert werden. Es kommt zu Konflikttransformationen.

2.2.1.2 Konflikttransformationen

Bevor Konflikte überhaupt transformiert werden, müssen sie einen Randschwellenbereich überschritten haben. Schwache, unbedeutende Konflikte werden erst gar nicht weiter beachtet. Der Konflikt wird dem Individuum nicht bewußt, eine Betroffenheit kommt nicht zustande. Die Intensität des Konfliktpotentials drückt sich in der Betroffenheit aus. Die Konflikttoleranz muß ebenfalls überschritten sein. Einiges an Spannung kann man ertragen, ohne das Bedürfnis nach Reaktion zu haben. Die Bereitschaft des Individuums, Spannungen auszuhalten, ist überstrapaziert und ausgeschöpft.

Obwohl das Konfliktpotential den Randschwellenbereich überschritten hat und eigentlich zu einem offenen Konfliktverhalten führen müßte, kann es durch Transformationen scheinbar „verloren" gehen. Dafür sind folgende Mechanismen verantwortlich:
- Verdrängung
- Vergessen
- Abschalten, Ablenkung, Unterdrückung.

Verdrängung. Die Verdrängung schützt das Individuum gegen das Erinnern an furchtbare Erlebnisse und nicht erwünschte Empfindungen, die für die betroffene Person nicht zu bewältigen sind. Sie bewirkt:
- Abwehr von traumatischen Erlebnissen
- Verhinderung des Ausbruchs offener Aggressionen gegen den Frustrator oder Ersatzobjekte
- Schutz vor erneuten Frustrationen, wenn kein Weg erkannt wird, das Konfliktpotential in offenes Konfliktverhalten zu überführen.

Das Konfliktpotential löst sich vom Inhalt und löst immer wieder Verhalten aus, das aber nicht zu einer Bewältigung der inhaltlichen Ursachen führt (Wiederholungszwang). Die Äußerungsformen können vielfältig sein, z.B. Angstzustände, Zwangshandlungen, psychosomatische Krankheiten.

Vergessen. Die Bedeutung der Konfliktursache ist für das Individuum verhältnismäßig gering. Die Spannung baut sich mit der Zeit, manchmal sogar unbewußt, ab. Träume verarbeiten solche Spannungen (Tagesreste). Manchmal beschäftigt man sich auch in Tagträumen oder Phantasien mit dem Konflikt, bis er abgeklungen ist.

Abschalten, Ablenkung, Unterdrückung. Im Unterschied zur Verdrängung und zum Vergessen ist Abschalten, Ablenkung und Unterdrückung ein bewußter kognitiver Prozeß.

Beim Abschalten wird das Nachdenken über den Konflikt ausgeschaltet, indem man die Informationsverarbeitung auf ein Minimum reduziert. Das geht allerdings nur bei „schwachen" Konflikten.

Bei der Ablenkung wendet sich das Individuum anderen Ereignissen, Beschäftigungen und Dingen zu, um das Bedrängende des Konflikts abzuwenden. Das funktioniert auch bei starken Konflikten, allerdings nur so lange, wie die Ablenkungstätigkeit wahrgenommen wird.

Bei der Unterdrückung läßt das Individuum den Konflikt nicht zu, weil es im Augenblick die Austragung des Konflikts für unangebracht hält. Das bedeutet nur eine zeitliche Verschiebung, bis der Konflikt ausgetragen werden kann. Eine Trennung zwischen Inhalten und emotionalen Erlebnissen erfolgt nicht wie bei der Verdrängung.

Sind die Filter durchlaufen, wird das Konfliktpotential in ein Konfliktverhalten umgesetzt (*Esser* 1975).

2.2.1.3 Konfliktverhalten

Die Form, wie der Konflikt ausgetragen wird, ist davon abhängig, welche Handhabungsformen das Individuum beherrscht. Das wiederum hängt von seinen Lernerfahrungen ab:

- Vermeidung von Konflikten
- Gewinner-Verlierer-Situation
- Lösung von Problemen gestalten.

Konfliktvermeidung

Man kann auf verschiedene Weise Konflikte vermeiden, z. B. in dem man den Konflikt leugnet, ihm ausweicht, sich zurückzieht oder sich in eine Verliererrolle fügt.

Gewinner-Verlierer-Situation

Eine der beiden konkurrierenden Parteien strebt ausschließlich den eigenen Sieg und die Niederlage der anderen Partei an. Diese Form der Austragung des Konfliktes kann von der offenen Darstellung und Ausübung eigener Macht bis hin zu sehr sublimen Formen der Manipulation reichen. Unabhängig von den Formen der Durchsetzung des Gewinner-Verlierer-Verhältnisses soll prinzipiell immer die eigene Meinung und Einstellung vom Konfliktgegner vollständig übernommen werden. Dies kann durch reine Machtanwendung oder Drohungen erzwungen werden, allerdings nur wenn dies situativ möglich ist. Moderatere Verhaltensformen für die Durchsetzung sind:

Erzählen und Verkaufen. Man nimmt an, daß der Partner seine Meinung dann ändert, wenn ausgiebig Überzeugungsarbeit geleistet wird und alle Gegenargumente möglichst schnell ausgeräumt werden. Man selbst ist natürlich vom eigenen Standpunkt überzeugt. Man glaubt z. B. über mehr Sachkenntnisse zu verfügen, die passendere Lösungsmöglichkeit bei einem Problem zu kennen.

Der Konfliktverlauf ist dadurch gekennzeichnet, daß der die Position des Gewinners Anstrebende selbst am meisten redet. Gegenargumente und Stellungnahmen des Gesprächspartners berücksichtigt er nur insofern, daß er weitere Argumente und Scheinargumente nennt, um alle Zweifel zu beseitigen und den Gegner zu überwältigen.

Erzählen und Zuhören. Die eigenen Argumente werden mitgeteilt. Der Gesprächspartner erhält Gelegenheit, Stellung zu beziehen. Man nimmt an, daß er dann seine Abwehrhaltung schneller abbaut. Man tut das nur aus taktischen Gründen. Der Gesprächspartner fühlt sich respektiert, wenn er seine Argumente vorstellen darf. Er läßt sich dann leichter beeinflussen. Das Eingehen auf den anderen kann zu einer „ja, aber..." Form verkürzt sein. Dann nähert sich das Gespräch der Gewinner-Verlierer Form.

Rein quantitativ betrachtet sprechen beide Gesprächsparteien ungefähr gleich viel, während sie ihre Meinung, ihre Abwehrhaltungen und Gefühle schildern. Die Argumente des Gesprächsgegners werden widerlegt oder abgewertet, bis er die eigene Meinung übernimmt. Man kann sich auf diese Form nur einlassen, wenn man dem Gegner argumentativ überlegen ist oder ein Machtgefälle besteht. Irgendwann wird er sich geschlagen geben. Ob er aber tatsächlich überzeugt ist, ist nicht sicher. Wenn es um gemeinsam durchzuführende Maßnahmen geht, kann das negative Auswirkungen haben.

Es können sich auch nachträglich negative Effekte ergeben, wenn das Gesprächsergebnis als Niederlage empfunden wird. Eine Konfliktbeziehung kann entstehen, sich sogar steigern.

Pflegt ein Vorgesetzter seine Entscheidungen auf diese Weise durchzusetzen, muß er die Folgen in Kauf nehmen. Ein eigenverantwortliches Planen und Handeln kann mit dieser Gesprächsform nicht erreicht werden. Die Kooperation wird nicht gefördert. Die Abhängigkeit und Unselbständigkeit vergrößern sich im Gegenteil, wobei durch die Taktik der Gesprächsführung ein Verhältnis von Gehorsam und Unterordnung bewirkt wird.

Die Anwendung von Macht bewirkt Emotionen. *Gordon* (1977) forderte in einem Kursus seine Teilnehmer auf, darzustellen, wie sich die Ausübung von Macht in der Schule auf sie auswirkte und welche Mechanismen der Verarbeitung sie nutzten (Tab. 10).

Tabelle 10 Reaktionen auf Machtausübung in der Schule (aus *Gordon, Th.:* Lehrer-Schüler-Konferenz. Hamburg 1977).

Gefühle	Verarbeitungsmechanismen
Unmut, Ärger, Feindseligkeit	Rebellieren, Widerstand leisten, trotzen
Frustration	Sich rächen, zurückschlagen
Haß	Sich wehren, kämpfen
Verlegenheit	Lügen, Gefühle verbergen, verheimlichen
Unwürdigkeit	Andere beschuldigen, petzen
Furcht, Angst, Unsicherheit	Schummeln, abschreiben
Unglücklichsein, Traurigkeit, Depression	Tyrannisieren, Schikanieren der Mitschüler, herumkommandieren
Bitterkeit, Rachsucht	Unbedingt gewinnen wollen; es hassen, zu verlieren
Machtlosigkeit, Unbeweglichkeit	Sich organisieren, Bündnisse schließen
Eigensinn, Trotz	Sich unterordnen, nachgeben, des Lehrers „Liebling" werden
Konkurrenzdenken	Für „gutes Wetter" sorgen, schmeicheln
Erniedrigung, Apathie	Nicht aus der Reihe tanzen, kein Risiko eingehen, nichts Neues ausprobieren, sich zurückziehen, phantasieren, regredieren, weglaufen

Machtverhältnisse stehen immer in einem situativen Kontext. In manchen Situationen akzeptiert man solche Verhältnisse. Es sind in der Regel Handlungssituationen, in denen eine Person durch Anweisungen das Geschehen strukturiert. Auch Kontrollfunktionen können bei einem arbeitsteiligen System durchaus nützlich und auch von allen Beteiligten akzeptiert sein. Die negativen Reaktionen erfolgen, wenn eine Akzeptanz nicht vorhanden ist.

Bei bestimmten Situationen hat diese Kommunikationsform immer negative Auswirkungen. Dies ist dann der Fall, wenn man zusammen Konzeptionen erarbeiten oder Probleme lösen will. Durch das gemeinsam erarbeitete und verabschiedete Ergebnis kommt die Akzeptanz erst zustande. Dies soll an der Gesprächsform „Probleme lösen" deutlich gemacht werden.

Probleme lösen

Die Probleme werden gemeinsam herausgearbeitet. Wege zur Lösung der Probleme werden gemeinsam gesucht und festgelegt.

Annahmen: Die gemeinsame Erörterung der Probleme und das gemeinsame Suchen nach Lösungen motivieren, den Gesprächspartner mitzuarbeiten und eigene Initiativen zu ergreifen.

Kennzeichen des Ablaufs: Der Gesprächspartner redet unter Umständen mehr. Man selbst fragt viel, fördert die Aussprache über Probleme und deren Ursachen. Man denkt gemeinsam nach, um Lösungsansätze und Wege zu finden.

Mögliche Folgen: Durch Diskussionen werden neue Ideen und gemeinsame Ansichten und Interessen entwickelt. Der Gesprächspartner wird selbst motiviert mitzuarbeiten. Selbständigkeit und Verantwortlichkeit werden gefördert.

Gefahren: Der Gesprächspartner hat keine Ideen. Die eigenen Vorstellungen entsprechen nicht der eigenen Meinung.

Für die Gesprächsführung findet man in Teil B Kap. 3.6.6.3 Checkbögen, mit denen Gespräche für verschiedene Situationen konzipiert und analysiert werden können.

Im folgenden Abschnitt gehen wir intensiver auf die Konfliktbearbeitung in Gruppen ein.

2.2.2 Schema für ein Konfliktgespräch in der Gruppe

Konflikte in einer Gruppe sind normal. Bearbeitet die Gruppe ihre Streitpunkte konstruktiv, entwickelt sie ihre Zusammenarbeit weiter. Das wirkt sich natürlich positiv auf die Leistungsfähigkeit und die Qualität der Arbeitsergebnisse aus. Geschieht dies nicht, besteht die Gefahr, daß aufgestaute Konflikte immer mehr das Gruppenklima vergiften. Eine sachliche, konstruktive Kooperation ist immer weniger möglich.

Bearbeitet die Gruppe ihre Konflikte und bewältigt sie, so führt das nicht nur zu einer Versachlichung des Konflikts, sondern auch das Klima verbessert sich durch den gemeinsamen Erfolg. Die Auseinandersetzung mit einem Konflikt hat folgenden Ablauf:

Anmeldung der Störungen: Das betroffene Mitglied der Gruppe teilt den anderen Mitgliedern seine Probleme oder Verbesserungswünsche bezüglich der Zusammenarbeit mit. Es beschreibt sein Problem und seine Gefühle direkt, ohne Schuldzuweisungen oder Interpretationen gegenüber den anderen Gruppenmitgliedern zu äußern. Für die Identifizierung von Störungen können auch Checklisten benutzt werden, die mögliche Konfliktstoffe auflisten. Manchmal fällt es schwer, den Unmut inhaltlich zu benennen (Checkliste in Teil B Kap. 2.2.3). Es können aber auch offene Fragen gestellt werden: Was stört mich bei der Zusammenarbeit? Was sollte für eine effektive Zusammenarbeit verbessert werden?

Summierung der verschiedenen Meinungen zu dem Konfliktpunkt: Anschließend stellen die anderen Gruppenmitglieder ihre Meinung dar. Die Meinungen werden unbewertet gesammelt. Wie stellt sich die Situation aus der Sicht der verschiedenen Gruppenmitgliedern dar?

Herausarbeiten der Hintergrundbedürfnisse: Das Gruppenmitglied, das zuerst die Störung benannt hat, erhält die Gelegenheit, seine Bedürfnisse, Interessen und Wünsche weiter auszuformulieren. Anschließend sollten auch die anderen Gruppenmitglieder Gelegenheit erhalten, ihre Hintergrundbedürfnisse zu klären. Zunächst geht es nicht darum, Lösungen zu finden, sondern die verschiedenen Interessen und Bedürfnisse zu erfassen. Welche Vorstellungen habe ich hinsichtlich der Zusammenarbeit?

Formulierung von Wünschen: Alle Gruppenmitglieder formulieren ihr Ärgernis und ihre Interessen so aus, daß anhand konkreter Wünsche die Teilnehmer untereinander Stellung beziehen können. Wie sollte die Situation sein?

Brainstorming über mögliche Lösungen: Es werden Lösungsvorschläge produziert, ohne daß die Teilnehmer auf ihre Praktizierbarkeit achten. Kein Vorschlag sollte kritisiert werden. Die Vorschläge können durchaus assoziativ entwickelt sein, lustig oder unsinnig erscheinen, denn dadurch wird die Phantasie und Kreativität für weitere Vorschläge angeregt. Was würde unsere Zusammenarbeit verbessern?

Bemühung, eine Lösung zu finden, die alle zufriedenstellt: Die Gruppe bemüht sich, eine Lösung zu finden, die möglichst alle zufriedenstellt. Während der einzelnen Phasen des Konfliktgespräches wird die Diskussion wieder versachlicht und ein Kompromiß erreichbar. Welche Maßnahme wird von allen Gruppenmitgliedern akzeptiert? (*Schwäbisch u.* Siems 1974).

Die Gruppe kann auch moderierend ihre Zusammenarbeit aufarbeiten:
Was stört unsere Zusammenarbeit? Was sollten wir verbessern?
Wie sollten wir miteinander umgehen?
Welche Maßnahmen sollten wir ergreifen, um die Zusammenarbeit zu verbessern?
Was haben die Maßnahmen bewirkt?

2.2.3 Methoden für eine Gruppenentwicklung

Ungeübte Gruppen haben oft die Schwierigkeit, ihre Konflikte näher zu bestimmen. Für sie sind Checkbögen hilfreich, die den Zustand der Gruppe auf verschiedene Aspekte hin analysieren. Die Gruppe sollte die Bögen als Anregung benutzen, über die Art der Zusammenarbeit nachzudenken.

Fragebogen zur Problemidentifikation

1 = schwacher Hinweis, 3 = einige Hinweise, 5 = starke Hinweise

1. Verlust an Produktivität/Leistungsbereitschaft der Gruppe   1 2 3 4 5
2. Klagen oder Beschwerden in der Gruppe   1 2 3 4 5
3. Konflikte oder Feindschaft zwischen Gruppenmitgliedern   1 2 3 4 5
4. Unklare Kompetenzen oder Beziehungen zwischen den Gruppenmitgliedern   1 2 3 4 5
5. Mangel an klaren Zielen oder geringe Identifikation mit diesen   1 2 3 4 5
6. Apathie, allgemeine Interesselosigkeit oder Mangel an Engagement   1 2 3 4 5
7. Mangel an Innovation/Risikobereitschaft/Kreativität/Initiative   1 2 3 4 5
8. Ineffektive Meetings   1 2 3 4 5
9. Probleme im systematischen Vorgehen   1 2 3 4 5
10. Unzureichende Kommunikation: Man wagt nicht zu widersprechen, man hört einander nicht zu, man spricht nicht miteinander   1 2 3 4 5
11. Mangel an Vertrauen zwischen den Mitgliedern der Gruppe
12. Es werden Entscheidungen getroffen, die nicht vollkommen geklärt wurden, bei denen noch kein Konsens besteht   1 2 3 4 5
13. Gute Arbeit wird nicht anerkannt, belohnt   1 2 3 4 5
14. Es wird nicht zur Zusammenarbeit, zu gemeinsamen Anstrengungen ermutigt   1 2 3 4 5

Weitere Checkbögen s. *Dave* u. *Young* (1982):
Fragebogen zur Teamaufbau-Diagnose (S. 49ff.), Fragebogen zum Gruppenklima (S. 207ff.), Problemlösungsinventar (bezieht sich auf die Systematik des Vorgehens in der Gruppe, S. 242ff.), Wie gut sind unsere Sitzungen? (bezieht sich auf die Wirksamkeit der Gruppenarbeit, S. 238ff.), Talent-Bilanz (bezieht sich auf die Fähigkeiten der Gruppe, S. 187ff), Verteilte Rollen (Aufgabenverteilung in der Gruppe, S. 182ff.).

Weitere Verfahren wie Probleminventur, Überprüfung der Gruppeneffektivität, Blitzlicht, Stimmungsbarometer, Befindlichkeitsfragebogen, Fragebogen zur Teamentwicklung (*Becker* u. *Langosch* (1990). Auch bei *Sjolund* (1982) findet man Fragebögen, mit denen man die Gruppenarbeit reflektieren kann.

Schwieriger ist die Situation, wenn individuelles Verhalten destruktiv ist und nicht kontrolliert wird. Zur Illustration sollen die fördernden und hindernden Verhaltensweisen aufgeführt werden.

Fördernde Verhaltensweisen beim Problemlösen

Darunter fallen alle Verhaltensweisen, die dem Gesprächspartner vermitteln, daß

- seine Gefühle und Gedanken verstanden, nicht wertend gehört und aufgenommen werden,
- man aktiv, engagiert und beteiligt am Gespräch ist,
- man sich selbst offen mit seinen eigenen Gedanken und Gefühlen in das Gespräch einbringt.

1. Aktives, aufmerksames Zuhören.
2. Paraphrasieren: Wiederholen der Inhalte und Aussagen anderer in eigenen Worten, um das eigene Verständnis zu überprüfen.
3. Verbalisieren gefühlshafter Erlebnisinhalte: Mitteilen, welche Gefühle Sie aus seiner Äußerung herausgehört haben.
4. Wahrnehmungsüberprüfung: Mitteilen, wie man die Äußerung des Gruppenmitglieds verstanden hat und ihn fragen, ob die Vermutungen zutreffen.
5. Informationssuche: Nachfragen, um die Äußerungen eines Gruppenmitgliedes besser zu verstehen.
6. Mitteilen eigener Gefühle: Sie beschreiben, was Sie gegenüber dem Gesprächsinhalt empfinden. Das bedeutet nicht, daß der andere die Gefühle übernehmen soll.

Hindernde Verhaltensweisen

Darunter fallen alle Verhaltensweisen, die
- sich nicht um ein Verstehen der Meinungen, Argumentationen anderer kümmern. Man bringt nur eigene Gedanken ein.
- anderen ihre Gefühle nehmen. Man vermittelt, daß man die Gefühle gar nicht haben, äußern dürfte.

- anderen Gefühle der Unterlegenheit und Bedeutungslosigkeit vermitteln.
- anderen vermitteln, daß man ihnen nicht zutraut, allein die Lösung für das Problem zu finden.
1. Wechsel des Themas ohne Erklärung: Sie zeigen damit ihr Desinteresse.
2. Beenden des Blickkontaktes: Optische Beschäftigung mit anderen Personen, Gegenständen. (Man kann auch wegsehen, damit sich der Gesprächspartner besser konzentrieren kann, das ist nicht gemeint).
3. Interpretationen: Belehrungen, welche Motive hinter seinem Handeln stehen.
4. Ratschläge und Überredung: Das Problem ist erst angedeutet, schon werden Lösungen und Ratschläge produziert. Zu schnelles Vorgehen schadet nur.
5. Verneinung der Gefühle: Hemmend wirken Äußerungen, die Gefühle absprechen oder abschwächen.
6. Benutzung von Äußerungen als Kampfmittel: Informationen des Partners werden später gegen ihn verwendet. Dadurch wird das Vertrauen erschüttert.

2.2.4 Feedback geben

Geht es um das Kommunikationsverhalten einzelner Mitglieder der Gruppe, ist die Methode des Feedback-Gebens anzuwenden. Das Mitglied der Gruppe wird mit seinem störenden Verhalten konfrontiert. Die Auseinandersetzung kann sich destruktiv entwickeln, wenn man sich nicht an bestimmte Regeln hält.

Geben Sie Feedback, wenn Sie das Bedürfnis haben. Löst das Verhalten eines Gruppenmitgliedes unangenehme Gefühle aus, teilen Sie es dem Betreffenden sofort mit und nicht später einem Dritten.

Beim Feedback-Geben
- nicht über das Verhalten des anderen sprechen
- nicht in bewertender und normativer Weise sprechen
- Interpretationen und Spekulationen vermeiden.

Sprechen Sie von Ihren Gefühlen, die durch das Verhalten des anderen ausgelöst wurden. Danach sollten Sie das Verhalten so genau und konkret wie möglich beschreiben, um die Störung auf ein bestimmtes Verhalten einer Person zu begrenzen.

In Kurzform 3-K-Regel:
- *Konkret*: Beschreibung des konkreten Verhaltens, das stört.
- *Kurz*: Möglichst knappe Ausführung.
- *Konstruktiv*: Zusammen über Lösungen nachdenken.

Beispiel:
Ich habe das eben so erlebt, daß Sie mir häufig das Wort abgeschnitten und dann selbst weitergeredet haben (Ausdruck der Subjektivität und der Gegenwart).

Das hat mich geärgert. (Beschreibung der emotionalen Wirkung).

Mir macht so ein Gespräch keinen Spaß, deshalb wünsche ich mir irgendeine Lösung. Aber ich weiß nicht, wie Sie darüber denken (Bitte um Veränderung).

Wenn Sie Feedback erhalten, hören Sie ruhig zu. Versuchen Sie nicht gleich, sich zu verteidigen oder Ihre Äußerung richtig zu stellen. Denken Sie daran, daß hier keine objektiven Tatsachen mitgeteilt werden können, sondern subjektive Gefühle und Wahrnehmungen. Freuen Sie sich zunächst, daß Ihr Gesprächspartner Ihnen sein Problem erzählt, die Unstimmigkeit mitteilt, die Sie verursacht haben. Diese Haltung soll helfen, ruhig zuzuhören und zu prüfen, ob Sie ihn auch richtig verstanden haben. Zunächst gilt es zu schweigen und zuhören, dann zu überprüfen, weshalb eventuelle Verständnisschwierigkeiten vorliegen. Erst dann sollten Sie über die Gefühle sprechen, die Ihr Gegenüber im Feedback geäußert hat und abschließend auf die sachlichen Inhalte eingehen. (*Shaffer* u. *Galinsky* 1977)

Ein Verfahren für ein Feedback-Geben beschreiben *Dave* und *Young* (1982, S.211 ff. Signale).

Bei *Sjolund* (1982) findet man Fragebögen, um das individuelle Verhalten zu analysieren: Beobachtung der Rollenfunktionen, Selbstbeurteilungsschema.

In *Lumma* (1988) findet man vier Seminarbeispiele, die sich speziell mit Konfliktbearbeitungen auseinandersetzen.

2.3 Moderieren und Visualisieren

2.3.1 Moderieren

Für eine intensive Auseinandersetzung im Plenum oder in der Gruppe benötigt man einen Leitfaden, um das Gespräch zu strukturieren. Die Aufgabenstellungen (Fragen) für die Gruppe sind so zu stellen, daß die Teilnehmer Schritt für Schritt und systematisch in ein Stoffgebiet eindringen. Dies soll an einem Beispiel deutlich gemacht werden. Es ist ein Problem zu lösen.

Die Beschäftigung mit dem Problem

- Welche Probleme sehe ich in unserer Abteilung? oder
- Was sind die Probleme in unserer Abteilung? oder
- Was sollte in unserer Abteilung verbessert werden?

Gewichtung der Probleme

Hat man die Probleme auf diese Weise gesammelt, so müssen Prioritäten gesetzt werden. Das kann auf verschiedene Weise geschehen. Jedes Gruppenmitglied hat die Möglichkeit, zwei Probleme herauszusuchen, die es für besonders wichtig hält. Das Gruppenmitglied klebt z. B. einen Punkt hinter seine Probleme.

Oder man beschäftigt sich noch weiter mit den einzelnen Problemen und analysiert, welche Kosten durch das einzelne Problem entstehen (Pareto-Analyse). Subjektiv bedeutungsvolle Probleme müssen nicht die meisten Kosten verursachen.

Es kommt darauf an, mit welcher Art von Problemen man es zu tun hat. Sind es Konflikte in der Abteilung, so nimmt man besser die erste Methode oder bestimmt die Reihenfolge nach der Schwere der Lösbarkeit. Man sollte mit den leichten Problemen anfangen.

Problembeschreibung

Meistens wissen wir nicht genug über das Problem. Informationen müssen erst gesammelt, erhoben werden. Dazu könnte man folgende Fragen stellen:
- Was ist das Problem genau?
- Wo tritt es auf?
- Wann tritt es auf?
- Welches Ausmaß hat es?

Wollen wir verstehen, warum das Problem entstanden ist, müssen wir uns mit den Ursachen auseinandersetzen. Auch das sollte gründlich geschehen, damit nicht gleich die erstbeste Erklärung als genügend angesehen wird. Es sind nämlich in der Regel mehrere Ursachen, die ein Problem verursachen. Dazu könnten folgende Fragen gestellt werden:
- Welche Ursachen könnten für solche Art von Problemen prinzipiell in Frage kommen? Wir erstellen ein Faktorenmodell, das die möglichen vermuteten Ursachen enthält.
- Welche vermuteten Ursachen sind für unser Problem wahrscheinlich? Die Informationen werden ausgewertet, die Ursachenfaktoren differenziert und genauer bestimmt.

In einem weiteren Schritt entwickelt die Gruppe Lösungen. Vielleicht soll nun eine kreative Phase strukturiert werden (Brainstorming):

Was könnte unser Problem lösen? Alle Einfälle werden ohne Wertung notiert und erst anschließend bewertet.

Die Fragen strukturieren die Diskussion, die Aktivitäten der Gruppe. Die Diskussionsbeiträge der Teilnehmer füllen die Strukturen inhaltlich aus. Dadurch kommen gemeinsame Verstehensprozesse zustande, die dann zu konsensfähigen Lösungen führen.

Das Beispiel sollte auch zeigen, daß man kurze und offene Fragen stellt. Dabei ist es auch wichtig zu überlegen, ob man mit den Worten Ich oder Wir eine persönliche Beziehung herstellt. Auf jeden Fall sollten die Fragen zu einer intensiven, gemeinsamen Auseinandersetzung mit dem Problem führen. Je besser ein gemeinsames Verstehen erzeugt wurde, desto größer ist die Wahrscheinlichkeit, daß gute Lösungen erarbeitet werden.

Die Reihenfolge der Fragen ist so aufgebaut, daß ein systematisches Eindringen in die Sache möglich wird. Wie der Leitfaden aussieht, richtet sich also nach dem vorliegenden Sachverhalt (inhaltliche Ausgestaltung der Fragen) und der benutzten Systematik (Reihenfolge und Art der Fragen) (*Siemens* 1979) und Teil B Kap. 2.1).

Auch bei einem erfahrungsorientierten Lernen kann man die Auseinandersetzung mit dem vorgegebenen Stoff ebenfalls mit Fragen lenken. Dabei ist zu berücksichtigen, wie abstrakt und eindringend, wie umfangreich und einengend ein Diskurs gestaltet werden soll. So kann man positive und/oder negative Arbeitserlebnisse bis zu verschiedenen Motivationstheorien führen, etwa den Inhaltstheorien z. B. von *Maslow* (1970), *Herzberg* (1966) und den Prozeßtheorien z. B. von *Porter* und *Lawler* (1963) (*Weinert* 1981). Natürlich müssen die Theorien den Teilnehmern eines Kurses vorgegeben werden, wenn sie nicht bekannt sind. Dies kann durch einen Vortrag geschehen oder gründlicher durch Einzelarbeit. Von diesen Theorien lassen sich dann wieder die prinzipiellen Felder in der Arbeitswelt bestimmen, in denen man motivieren kann. Dies können z. B. die Arbeitsgestaltung, die Arbeitsaufgabe, die sozialen Beziehungen zwischen den Mitarbeitern und der Führungskraft oder ein Anreizsystem sein. Der Lernablauf selbst wird dann durch Fragen gestaltet. Die Antworten werden auf der Pinnwand festgehalten. Auf diese Weise kann jeder Teilnehmer den Diskursverlauf mitverfolgen und so die Beziehung zwischen Praxis und Theorie wiederfinden.

- Aufarbeitung der Erfahrungen:
Welche positiven Arbeitserlebnisse habe ich gemacht?
Welche Arbeitserlebnisse frustrierten mich?
Die geschilderten Erlebnisse werden nach positiv/negativ und Inhalten geordnet.

- Verallgemeinerungen aus den gemachten Erfahrungen:
Was löst positive/negative Arbeitserfahrungen aus?
Wie kann man positive Arbeitserlebnisse schaffen?
Bezogen auf die Bereiche: Aufgabenstellungen, Beziehungen zum Vorgesetzten, zu Kollegen.

- Informationen über verschiedene Theorien

- Anwenden der Erfahrungen und der Theorien zur Lösung der Motivationsprobleme:
Welche Maßnahmen erhöhen die Motivation?

2.3.2 Moderatorenverhalten

Der Ablauf eines Problemlösungsprozesses oder eines erfahrungsorientierten Lernprozesses verlangt vom Trainer ein flexibles und in manchen Phasen zurückhaltendes Verhalten. Wenn er eine Theorie darstellt und erläutert, bestimmt er den Ablauf und die inhaltliche Gliederung. Wertet er aber die Erfahrungen der Teilnehmer aus, so gestalten sie die Inhalte und auch die Ordnung der Inhalte. Bei einem Problemlösungsverlauf ist es ähnlich: der Trainer stellt die Fragen, die Teilnehmer geben die Antworten. Die Teilnehmer sind dabei die Inhaltsexperten, der Moderator der Methodenexperte. Deshalb sollte der Moderator sich an bestimmte Regeln halten:

- keine bewertenden Stellungnahmen zu Teilnehmeräußerungen abgeben
- Fragen der Teilnehmer an alle weitergeben und nicht selbst gleich beantworten
- nicht zu Kontroversen zwischen Teilnehmern Stellung nehmen, sondern die Kontroversen mit den Teilnehmern präzisieren und ihre Ursachen erforschen
- Dialoge zwischen zwei Teilnehmern wieder in ein Rundgespräch zurückführen
- Meinungsunterschiede festhalten und kennzeichnen
- bei Unklarheiten nachfragen
- bei Sachfragen solange die Diskussion führen, bis ein Konsens hergestellt ist
- bei Wertfragen die Vorstellungen feststellen, festhalten und nebeneinander stehen lassen (Aufforderung zur Toleranz).

2.3.3 Bedeutung der Visualisierung

Bei einem Vergleich der Arbeitsproduktivität von Teams wurde festgestellt, daß die in Visualisierung trainierten Teams in der gleichen Zeit zum gleichen Problem fast doppelt so hohe Leistungen erbrachten wie nicht trainierte Teams. Dies gilt auch für das Arbeiten im Plenum.

Das ist verständlich, denn fast alle wichtigen Informationen werden durch das Auge wahrgenommen.

Daraus resultiert die Forderung: Gedanken müssen veranschaulicht werden!

Denn: Die Aufmerksamkeitskapazität reicht nicht aus, alle in kurzer Zeit angebotenen Informationen aufzunehmen und zu verarbeiten.

Die Visualisierung von Gedanken für alle hat folgende *Vorteile*:

- Jeder Gedanke ist sichtbar gespeichert und ständig abrufbereit, um mit neuen Ideen verknüpft zu werden.
- Der Verstand wird von unnötigen Gedächtnisleistungen während der Sitzung entlastet.
- Jede Person erfährt die Akzeptanz ihrer Ideen, da alles ohne Kritik mitgeschrieben wird.
- Jeder kann somit sichergehen, daß sein eigener, immer als wichtig empfundener Beitrag nicht verloren geht. Erst dann wird das Teammitglied frei, um neue Gedanken zu suchen.
- Durch Visualisierung wird gleichzeitig alles Ideenmaterial für die Bewertungs- und Entscheidungsphase festgehalten.
- Jedes Teammitglied ist gezwungen, sich kurz zu fassen, da jeder Gedanke – wenn auch meist nur in komprimierter Form – mitgeschrieben wird.
- Die Visualisierung bietet die Chance, Mißverständnisse zu reduzieren und besser zu kommunizieren.

2.3.4 Gegenstand und Regeln der Visualisierung

Visualisierung heißt nicht nur, Wörter und Sätze auf Lochkarten, Packpapier und Flipchart-Papier zu schreiben, sondern auch:
- Skizzen aller Art
- Zeichnungen und Karikaturen
- Beziehungsdiagramme
- Organisationsschaubilder
- Funktionsabläufe
- mathematische Formeln

zu verwenden.

Wer häufig in Gruppen arbeitet, sollte also trainieren, sich in Bildern und Symbolen auszudrücken. Denken Sie an den Spruch:

> *„Ein Bild sagt mehr als tausend Worte"*.

Die wichtigsten Regeln für eine wirkungsvolle Visualisierung:

- So wenig wie möglich, mit sparsamsten Mitteln darstellen.
- Groß- und Kleinbuchstaben benutzen (Großbuchstaben nur für sehr kurze Wörter anwenden. Kleinbuchstaben können besser gelesen werden).
- Jede längere Information (3–5 Min) muß visualisiert werden.
- Darstellen auf Packpapier ca. 130 x 150 cm und auf farbigen Karten ca 10 x 21 cm. Nicht mehr als 3 Farben simultan benutzen.

- Die Farben von Karten und Stiften können benutzt werden, um unterschiedliche Gedankengänge optisch hervorzuheben. Die Bedeutung der Farben vor Beginn der Besprechung festlegen und aushängen.
- Auf Lesbarkeit in 6–8 m Entfernung achten.
- Auch Konflikte, Widersprüche visualisieren.
- Bewerten mit Selbstklebepunkten. Verschiedenfarbige Punkte können verschiedene Gewichte bedeuten (z. B. rot gilt dreifach, grün zweifach und schwarz einfach).
- Ja-Nein-Antworten vermeiden. Stattdessen fünfstufige Wertung z. B.: ++, +, 0, –, ––
- Damit Einwände nicht untergehen: auf Karten schreiben und hochhalten bzw. an die Tafel heften.
- Textblöcke bilden, um die Gliederung auch visuell deutlich zu machen.
- Weniger als 30 Stichworte pro Tafel, so bleibt alles übersichtlich.
- Nur Stichworte notieren – keine ganzen Sätze. Das Stichwort charakterisiert den Gedanken.
- Platzsparend schreiben, um während der Gruppenarbeit ergänzen zu können.

2.3.5 Instrumente der Visualisierung

Zur Visualisierung benötigt man bestimmte Hilfsmittel wie zum Beispiel:
- verschiedene Schriftgrößen
- unterschiedliche Formen wie Rechtecke, Kreise
- Striche, Pfeile, Blitze, gestrichelte oder gepunktete Verbindungslinien
- Freiflächen, um unterschiedliche Informationsblocks voneinander abzusetzen
- verschiedene Farben, um einzelne Informationen hervorzuheben und um Zusammengehöriges zu kennzeichnen.

Ordnen Sie die Farben nach steigender Auffälligkeit (Tab. 11).

Tabelle 11 Reihenfolge der Auffälligkeit von Farben, die zur Visualisierung von Problemen eingesetzt werden.

Farben von Karten	Farben von Filzstiften
sehr auffällig	
orange	rot
grün	gelb
blau	schwarz
wenig auffällig	

Eine Reihe von Instrumenten kann man bei einer Moderation und für eine Visualisierung anwenden.

Beispiele:

Skalen: 0% ——————————————— 100%

Standardisierte Skalen: | ++ | + | 0 | – | – – |

Koordinaten: Im Koordinatenfeld werden die einzelnen Schätzungen als Punktwolke erkennbar. Außenseitermeinungen werden sichtbar und können begründet werden.

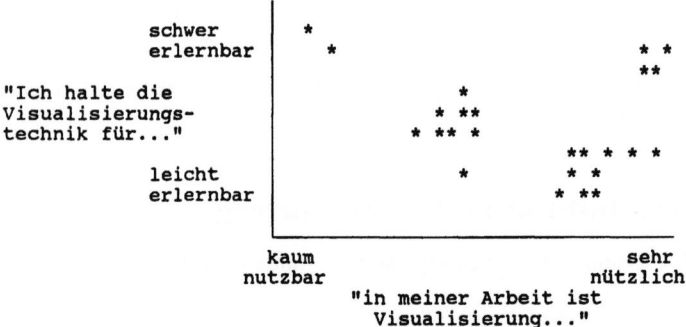

Abb. 7 Instrumente der Visualisierung: Koordinatenfeld.

Listen: helfen, den Umfang einer Arbeit zu erkennen.
Säulen und Scheiben: erleichtern den Vergleich (Abb. 8).

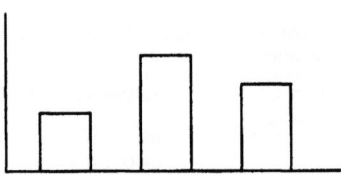

Abb. 8 Instrumente der Visualisierung: Säulen.

Tabellen: stellen Beziehungen her; lassen erkennen, welche Verknüpfungen sinnvoll sind und welche unmöglich oder unwichtig sind.

Spalten- und Zeilenüberschriften auf Karten notieren, um sie auswechseln und sie in eine andere Reihenfolge setzen zu können.

Bäume: werden benutzt, um Über- und Unterordnungen zu kennzeichnen.

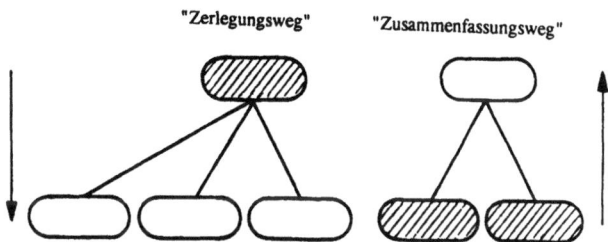

Abb. 9 Instrumente der Visualisierung: Bäume.

Netze: machen die Vielfalt der Zusammenhänge deutlich. Schwerpunkte werden betont. Vorsicht: Nicht alles miteinander verbinden. Fehlende Beziehungen werden sichtbar. Verbindungslinien können gewichtet (starker oder schwacher Strich) oder gerichtet (Pfeil) werden.

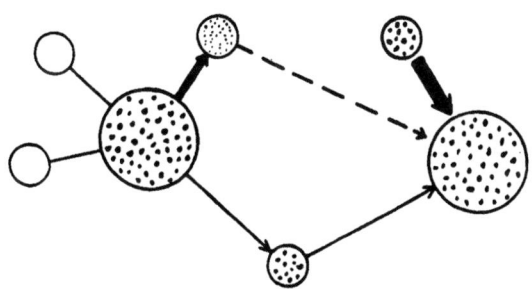

Abb. 10 Instrumente der Visualisierung: Netze.

Mit Netzen läßt sich Dynamik darstellen !

Rhythmus: macht lange Reihungen lesbarer und übersichtlicher.

In Tabellen kann man z. B. die Zeilen abwechselnd in 2 Farben herstellen.

Außerdem kann Rhythmus durch Formwechsel und durch Versetzung erzeugt werden.

Bilden Sie außerdem eine Grob-, Mittel-, Feinstruktur.

Präsentieren Sie eine eindeutige und einprägsame Grobstruktur. Sie ist das Gerüst, um das sich alles gruppiert.

Arbeiten Sie mit Reihungen: Die Elemente werden in gleichen Abständen angeordnet und schlagen eine klar erkennbare Richtung ein. Mindestens 3 Elemente, Optimum 5, nicht mehr als 10 – 12 (Abb. 11) (s. *Böning* 1990, *Donnert* 1990, *Schnelle* 1978).

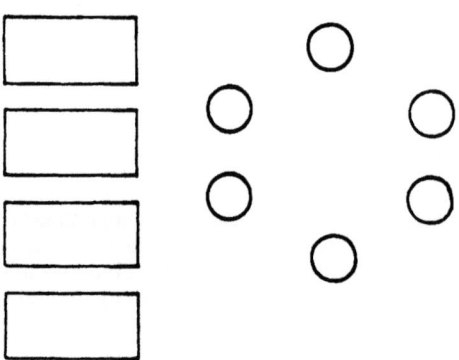

Abb. 11 Instrumente der Visaulsierung: Reihungen und Rhythmus.

2.3.6 Beispiel für Moderieren und Visualisieren: Realisierung von Entscheidungen, an denen die Betroffenen nicht selbst mitgewirkt haben

Dieses Beispiel ist gekürzt dem Buch KurzModeration von *Klebert, Schrader, Straub* (1985) entnommen, in dem man noch weitere Beispiele für andere Themen findet.

Thema: Umsetzung einer EDV-Entscheidung in einer Fachabteilung

Vorgeschichte:

Eine Grundsatzentscheidung für eine Lösung ist gefallen, die Projektgruppe hat Zusatzwünsche in einem bescheidenen Umfang bereits berücksichtigt. Aber einige Wünsche der Fachabteilung sind offen geblieben. Die Gefahr besteht, daß sich daraus handfeste Widerstände entwickeln können.

Ziele, Interessen und Konflikte

Bei dieser Moderation geht es um folgende Ziele:
- die Mitarbeiter der Fachabteilung für verschiedene Aufgaben zu gewinnen
- Probleme bei der Realisierung kennenzulernen
- die Verantwortung für die einzuleitenden Maßnahmen soweit möglich auf die Mitarbeiter der Fachabteilung zu übertragen.

Situation

Die Abteilungsleiter wissen, daß eine endgültige Entscheidung gefallen ist. Sie sind eingeladen, um informiert zu werden. Ihnen ist auch zugesagt worden, daß sie an der Umsetzung aktiv mitarbeiten können.

Phase	**Moderationsschritt**	**Plakat**	**Zeit**
Information:	Der Moderator aus der Fachabteilung stellt die Projektergebnisse vor. Dabei gibt er einen Überblick über das Gesamtprojekt und behandelt besonders die Auswirkungen auf diese Abteilung	Visualisierung auf Plakaten oder Folien	9.15–9.35
Informationsverarbeitung:	Kartenfragen	2–3 Plakate (Abb. 12)	9.35–10.15

Abb. 12 Phase der Informationsverarbeitung: Beispielplakat (aus *Klebert, K.* u.a.: Kurz Moderation. Hamburg 1985).

2 Strukturierende und gestaltende Methoden

Phase	Moderationsschritt	Plakat	Zeit
	Karten mit der Gruppe gemeinsam sortieren. Probleme und Wünsche in Problemspeicher eintragen, Informationsfragen nach dem Sortieren sofort beantworten	Problemspeicher	10.15–10.30
Bewerten:	Bewertungsfrage: „Welche Punkte müssen wir gemeinsam klären?"		
Kleingruppenarbeit:	Zuwahl zur Kleingruppe nach Interesse am Thema		10.30–11.15
Kleingruppenszenario:		ein Beispielplakat (Abb. 13)	

Abb. 13 Phase des Kleingruppenszenarios. Beispielplakat (aus *Klebert, K.* u.a.: Kurz Moderation. Hamburg 1985).

Handlungsorientierung:	Eintragen der Vorschläge in den Tätigkeitskatalog Überprüfung des Tätigkeitskatalogs, ob die Aktivitäten die Zustimmung der Gruppe finden	Tätigkeitskatalog (Abb. 14)	12.00–12.20

Abb. 14 Phase der Handlungsorientierung: Tätigkeitskatalog (aus *Klebert, K.* u.a.: Kurz Moderation. Hamburg 1985).

Bemerkung: Sollten die Probleme durch einen Kleingruppendurchlauf nicht ausreichend bearbeitet werden, muß entweder die Moderation verlängert oder ein weiterer Termin angesetzt werden.

2.4 Medien einsetzen

Wir haben im Zusammenhang der Lerntheorien auf die Bedeutung von Bildern für das Lernen hingewiesen. (s. Teil A Kap. 2.6). Nun sollen die Medien in ihrer Funktion für die Gestaltung von Lernabläufen besprochen werden.

Medien können beim Lernen unterschiedliche Funktionen einnehmen:

- Motivation; ein Film wird als attraktives Medium genutzt, um in eine Thema einzuführen und eine positive Erwartungshaltung – Neugierde – zu wecken.
- Lernunterstützung; ergänzend zu einem erarbeiteten Stoff helfen Darstellungen in Form von Modellen und schematisierten Darstellungen beim Aneignen (rezeptive Phase) von Wissen.
- Gestaltung eines Lernablaufs; Medien gestalten den gesamten Prozeß des Lernens, wie z. B. beim computergestützten Lernen.

Zu welchem Zweck wir ein Medium einsetzen wollen, entscheidet sich durch die Lernplanung. Sicherlich hängt die Auswahl des Mediums neben den pädagogischen Kriterien auch damit zusammen, welche Medien für die Zielgruppe zur Verfügung stehen. Fertige Filme, Videos und Dias müssen in das Lernkonzept integriert werden. Arbeitsblätter lassen sich hingegen wesentlich leichter selbst produzieren und für die eigenen Zwecke gestalten.

Doch betrachten wir die Medien zunächst im Überblick.

Gruppe der Bücher:
- Fach-, Sach-, Lehrbücher
- Programmierte Unterweisungen
- Skripten

Gruppe der Lehr- und Lernmaterialien:
- Plakate
- Tafelbild
- Thesenblätter
- Arbeitsblätter, Arbeitsanweisungen, Arbeitshilfen
- Auswertungsbögen, Fragebögen

Gruppe der Gegenstände:
- Modelle
- Präparate
- Experimentelle Vorführungen

Gruppe der audiovisuellen Medien:
- Tonband
- Schallplatte, CD
- Dias, Tonbildschau
- Videoaufnahmen
- Computer-gestützter Unterricht
- PC- Nutzung
- Tageslichtschreiber (Overhead) etc.

(*Döring* u. *Ziep* 1989)

In dem folgenden Kapitel soll exemplarisch das Medium Video betrachtet und in seinen Anwendungsmöglichkeiten besprochen werden. Moderieren und Visualisieren haben wir wegen ihrer zentralen Bedeutung schon abgehandelt, (s. Teil B Kap. 2.3).

2.4.1 Video

Mit den Teilnehmern soll ein Video vorbereitet, vorgeführt und nachbesprochen werden. Besonderer Wert ist auf die Vorbereitungs- und Nachbesprechungsphase zu legen, wenn der Trainer das Medium zum Lernen nutzen will. Der Lernende setzt sich aktiv mit den Inhalten auseinander, und eine „Konsumhaltung" wird verhindert. Erst eine aktive Auseinandersetzung erhöht die Wahrscheinlichkeit, daß etwas gelernt wird.

Die Videoaufnahme beansprucht zwei Sinneskanäle: die Teilnehmer hören den Kommentar oder den Dialog und verfolgen die Handlung im Bild. Damit erhöht sich einerseits die Chance, daß sie die dargebotenen Informationen besser aufnehmen und behalten. Andererseits kann die Fülle der Informationen so groß sein, daß nur ein emotionaler, inhaltlich diffuser Eindruck zurückbleibt. Deshalb ist auch die Vorbereitungsphase wesentlich, weil man die Aufmerksamkeit auf bestimmte Informationen selektiv lenken kann: Beobachten Sie bitte genau folgenden Vorgang ...

Jedes Video für Lernzwecke verfolgt seine eigene didaktische Zielsetzung. Diese didaktische Absicht kann recht unterschiedlich sein:
- Interessieren für ein bestimmtes Thema
- Erklären eines Sachverhaltes
- Veranschaulichen von Abläufen
- Demonstrieren praktischer Beispiele zu einem Themenkomplex.

Damit sind nur einige Zielsetzungen genannt. Je mehr Ziele verfolgt werden, um so komplexer ist der Informationsgehalt. Für die eigenen Zielsetzungen ist das sicherlich positiv, allerdings nur dann, wenn man die Vor- und Nachbereitung sorgfältig plant.

Videos können im Unterricht eine den Lehrenden unterstützende Funktion haben, können ihn auch weitgehend ersetzen, z.B. beim

Telekolleg. Aber auch beim Telekolleg sind die Verarbeitung und die Besprechung wesentliche Elemente für den Lernerfolg.

Daß man mit Hilfe technischer Medien Trainingserfolge erzielen kann, ist unumstritten. Auch wird nicht daran gezweifelt, daß ein Unterricht, der sich auf Medien stützt, dem traditionellen Unterricht überlegen sein kann.

Dies dürfte vor allem daran liegen, daß

- die Erläuterungen meist pädagogisch und fachlich gut aufbereitet sind
- praktische Demonstrationen und Anwendungsbeispiele möglich sind, die das Verstehen der Lernenden fördern
- der Lerninhalt durch die speziellen Techniken, die dem Film zur Verfügung stehen, wie z. B. Trickaufnahmen, Zeitraffer, Zeitlupenaufnahmen oft besser veranschaulicht werden kann.

Diese Überlegungen lassen sich auch auf den Einsatz auditiver Medien – Rundfunksendungen, Tonband- oder Schallplattenaufnahme – und visueller Medien – Modelle, Stehbilder, Laufbilder – übertragen.

2.4.2 Voraussetzungen für den Einsatz von Videos

Bevor man Videos im Unterricht einsetzt, sollte man überprüfen, ob die Voraussetzungen für einen Einsatz gegeben sind. Die räumlichen und technischen Voraussetzungen müssen geklärt und überprüft sein. Wenn Sie eine Videoaufnahme auswählen, müssen Sie sich fragen, welche Funktion das Medium im Lernprozeß übernehmen soll.

Über den Zeitpunkt des Einsatzes im Rahmen der geplanten Lehreinheit lassen sich keine verbindlichen Aussagen machen. Diese Entscheidung muß der Lehrende selbst treffen. Maßgebend sind einerseits die Vorkenntnisse der Zielgruppe und andererseits das vorliegende Bildmaterial. Was kann man mit den Informationen und Bildern lerngestaltend machen?

So kann man ein interessantes Video kommentarlos zu Beginn einer Lehreinheit einsetzen. Die Aufnahmen sollen dann nur motivierend wirken, damit die Teilnehmer sich anschließend intensiver mit dem Stoff auseinandersetzen.

Das Bild- und Informationsmaterial kann aber auch im Mittelpunkt des Lernens stehen, wenn es einen schwierigen Sachverhalt veranschaulicht und erklärt.

Das Video kann aber auch ein schon erarbeitetes Thema vertiefen und die Teilnehmer auf weiterführende Fragen und Probleme aufmerksam machen.

Ein und dasselbe Material kann bei Eignung durchaus für diese verschiedenen Zwecke benutzt werden.

Bei den beiden letztgenannten Einsatzmöglichkeiten ist die Planung des Medieneinsatzes besonders wichtig. Es müssen vor dem Videoeinsatz Beobachtungsaufträge und nach dem Vorführen Auswertungsfragen formuliert werden, ohne die eine vertiefende Auseinandersetzung nicht erfolgt (*Becker* u.a. 1980).

2.4.3 Beispiele für den unterschiedlichen Einsatz eines Videos

Zwei Videos über teilautonome Gruppenarbeit sollen als Beispiel dienen:
- Arbeit – Beispiele für ihre Humanisierung. Erfahrungen, Berichte, Analysen. Gottlieb Duttweiler Institut (Hrsg.), CH-Rüschlikon. Mit Begleitbuch. Olten, Freiburg i.Br. 1983.
- Gruppenarbeit. Arbeitsform der Zukunft. Film- und Fernsehproduktion Bernd und Heidi Umbreit, Sonnenhalde 12, 7141 Großbottwar 3.

In den beiden Videos werden Beispiele aus verschiedenen Organisationen gezeigt, die Gruppenarbeit eingeführt haben. Bei dem ersten Video sind ausführliche Interviews mit den Mitarbeitern geführt worden, die auch die Wirkungen der Arbeitsform erfassen.

Beispiel 1: Video für die Einführung in ein Thema

Eine intensive Vorbereitung auf die Thematik des Videos erfolgt in diesem Fall nicht. Das Vorgeführte soll Neues enthalten und auch überraschen, um die Teilnehmer für die Thematik aufzuschließen. Für diesen Zweck suchen wir uns ein Beispiel heraus, das möglichst dem Tätigkeitsbereich der Zielgruppe entspricht.

Die einführende Information ist entsprechend vage, z.B.:

Ein Beispiel aus der Praxis soll veranschaulichen, wie teilautonome Gruppenarbeit aussehen kann. Schauen Sie sich bitte das Video an. Wir wollen anschließend über Ihre Eindrücke sprechen.

Eine kognitive Aufarbeitung soll nicht erfolgen. Wir nutzen das Medium, das anschaulich, erlebensnah emotionale Wirkungen hervorrufen kann.

Die Auswertung bezieht sich folglich auf die emotionalen Eindrücke, versucht sie in ihrer Breite zu erfassen. Dies kann durch folgende Abfragen moderiert werden:
- Was empfanden Sie positiv/negativ bei der Gruppenarbeit?
- Welche Wirkungen hat diese Arbeitsform auf Sie?
- Was unterscheidet diese Arbeitsform von Ihrer?

Bei der letzten Frage könnte man eine vertiefende Diskussion unter den Teilnehmern stattfinden lassen und dann anschließend eine gemeinsame Auswertung vornehmen. Dies empfiehlt sich immer dann, wenn eine kognitive Verarbeitung ermöglicht werden soll.

Beispiel 2: Video für die Unterstützung eines Lernvorganges

Das Video hat nun eine andere Funktion. Die gezeigten Informationen sollen die Kenntnisse über teilautonome Gruppenarbeit erweitern. Dies kann nur geschehen, wenn die Auseinandersetzung mit dem Bild- und Informationsmaterial gezielt und vertiefend erfolgt.

Die Teilnehmer müssen sich nun selektiv mit den Aufnahmen beschäftigen. Der Trainer gibt den Teilnehmern bestimmte Beobachtungsaufgaben. Aber auch die Auswertung der gesammelten Informationen müssen die Lernenden intensiver vornehmen.

Vorinformationen des Trainers

Die Aufnahmen zeigen ein Werk, das Präzisionswaagen herstellt. Vor einiger Zeit wurde hier die teilautonome Gruppenarbeit eingeführt.

Für uns sind folgende Fragen wichtig:
- Wie ist die Arbeit technisch organisiert?
- Welche Aufgaben haben die Vorgesetzten?
- Welche Aufgaben haben die Mitarbeiter in den Gruppen?

Anweisung

Wir verteilen die drei Fragen als Beobachtungsaufgaben auf drei Gruppen. Die Gruppen beobachten nur die Gruppenarbeit von ihrer Frage aus.

Der Trainer teilt die Gruppen ein und gibt den Gruppen einen entsprechenden Beobachtungsbogen.

Auswertung

- Individuelle Auswertung:
Jeder ergänzt seine Notizen. Zeit: 5 Minuten.
- Gruppenauswertung:
1. Tauschen Sie die Beobachtungen aus. Ordnen Sie die Beobachtungen thematisch.
2. Arbeiten Sie die Unterschiede zu Ihrer Arbeitsform heraus.
3. Stellen Sie Ihre vermuteten Auswirkungen zusammen.
4. Bereiten Sie alles für eine Präsentation vor.
- Plenum:
Die Gruppen präsentieren Ihre Ergebnisse. Die Grundbestandteile der teilautonomen Gruppenarbeit, die Unterschiede zur üblichen Arbeitsform und die Auswirkungen werden zusammengestellt. Dies ergibt ein Ausgangsmaterial für die Bearbeitung weiterer Themen:
- Fähigkeiten und Fertigkeiten für diese Arbeitsform

- Widerstände gegen Veränderungen
- Gestaltung der Implementierung von Gruppenarbeit.

Beispiel 3: Video für die Vertiefung eines erarbeiteten Themas

Die Lehrintention unterscheidet sich von der vorangegangenen. Die Kenntnisse über teilautonome Arbeit sind vermittelt worden. Die Teilnehmer sollen Gelerntes verfestigen und auf verschiedene Situationen übertragen können. Da die Beispiele aus verschiedenen Unternehmens- und Tätigkeitsbereichen stammen, lassen sich die verschiedenen Formen der Gruppenarbeit herausarbeiten. Danach kann das Wissen weiter für den eigenen Tätigkeitsbereich angewendet werden.

Information

Wir wollen uns die Gruppenarbeit in verschiedenen Unternehmen und in verschiedenen Funktionsbereichen (Produktion, Lager, Verwaltung) ansehen. Anschließend sollen Unterschiede wie Gleichartiges zusammengestellt werden.

Aufgabenstellung

Es werden nun verschiedene Beispiele gezeigt. Achten Sie besonders auf Unterschiede.

Auswertung

- Individuelle Vorarbeit: Ergänzen Sie Ihre Aufzeichnungen. Stellen Sie die wichtigsten Merkmale der Gruppenarbeit zusammen.
- Plenum: Die Ausarbeitungen werden gesammelt und visualisiert.

Die Anwendung des Wissens erfolgt in weiteren Schritten. Es soll eine intensive Auseinandersetzung erfolgen. Die Fragestellungen werden deshalb dreimal methodisch variiert bearbeitet (Einzelarbeit, Gruppenarbeit, Plenum):
- Wie könnte bei Ihnen die teilautonome Gruppenarbeit organisiert sein?
- Welche Fähigkeiten, Fertigkeiten müßten Ihre Mitarbeiter erwerben?
- Welche Maßnahmen müßten für die Veränderung durchgeführt werden?

Die Informationen, Aufgabenstellungen, die Fragen müssen natürlich auf die Ziele der Weiterbildung und auf die Zielgruppe hin modifiziert werden.

2.4.4 Checkliste zur Planung und Auswertung eines Medieneinsatzes (aus *Becker, G.E.*, u.a.: Unterrichtssituationen. München, Wien, Baltimore 1980)

Lernziel: _____

_____

Verhaltensindikatoren:
geplant   realisiert

Den Einsatz vorbereiten

o   spricht über den Unterrichtsablauf   o
o   stellt eine Beziehung zum vorangegangenen Unterricht her   o
o   verweist auf eine spätere Aussprache   o
o   schickt zum Verständnis notwendige Erklärungen voraus   o
o   stellt Beobachtungsaufgaben   o
o   gibt Hinweise zur Aufnahmetechnik   o
o   fordert dazu auf, sich Notizen zu machen   o

Weitere Indikatoren?

o   _____   o

o   _____   o

Den gezeigten Film besprechen

o   fordert zur freien Aussprache auf   o
o   fordert zur Aussprache mit dem Nachbarn oder   o
    in Kleingruppen auf
o   fordert Teilnehmer auf, Fragen zu stellen   o
o   läßt die Beobachtungen zusammentragen   o
o   spricht die Teilnehmer auf einzelne Punkte hin an   o
o   stellt Verständnisfragen   o
o   fordert die Teilnehmer zur Stellungnahme auf   o
o   zeigt den Film oder Teile des Films noch einmal   o
o   faßt das Ergebnis der Aussprache zusammen   o
    oder läßt es zusammenfassen

Weitere Indikatoren?

o   _____   o

o   _____   o

3 Lehrmethoden

3.1 Lehrvortrag

Für das Aneignen eines Stoffes nur bedingt geeignet. Die Zuhörer behalten nur 10% bis 20% des Stoffes. Für eine Orientierung in einem Themenbereich ist der Lehrvortrag aber sehr gut verwendbar (Abb. 15).

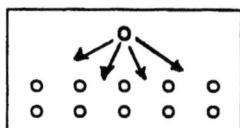

Abb. 15 Lehrvortrag.

Vorteile:

- schneller, systematischer Überblick über eine Thematik
- beliebig großer Teilnehmerkreis
- viel Information in kurzer Zeit
- der „rote Faden" kann strikt verfolgt werden
- keine gegenseitige Ablenkung seitens der Teilnehmer

Nachteile:

- wenig Aktivität der Teilnehmer
- es bleibt wenig Stoff im Gedächtnis
- Trainer kann sich nicht an Zielgruppe anpassen
- keine Rückmeldung über Lernfortschritt
- Aufmerksamkeit nur von kurzer Dauer

Sinnvoll ist die Methode des „Lehrvortrages", wenn der Trainer gezwungen ist, in kurzer Zeit ein umfangreiches stoffliches Pensum zu bewältigen. Leider verführt diese Methode häufig dazu, zuviele Inhalte in einem Vortrag zu behandeln. Diese werden ohne weitere Übung und Vertiefung kaum von den Lernenden behalten. Deshalb muß man den Vortrag mit anderen Lernmethoden verbinden, mit denen derselbe Stoff verarbeitet und vertieft werden kann: Kenntnisse werden z. B. im Vortrag vermittelt. Sollen die Teilnehmer den erarbeiteten Stoff auch anwenden können, müssen weitere Lernsituationen folgen (Fallstudie, Planspiel, Projektmethode).

Natürlich kann ein Vortrag zur ausschließlichen Informationsergänzung oder Erschließung eines allgemeinen Stoffüberblickes als ausschließliche Methode genutzt werden. Sofern der Vortrag eine geschlossene methodische Einheit bildet, muß der komplexe Lernablauf durch folgende Prinzipien gestaltet werden:

Prinzip des Motivierens. Die Teilnehmer sollen positiv eingestimmt werden. Es soll eine Erwartungsspannung erzeugt werden: Anknüpfen an Teilnehmererwartungen, Konfrontation mit einer zentralen Fragestellung oder Vorstellen einer anregenden, kontroversen Problemstellung (*Löwe* 1974).

Prinzip des Belehrens. Der Zuhörer wird über Sachverhalte informiert, Kenntnisse werden vermittelt.

Prinzip des Bewegens. Die vermittelten Kenntnisse und Erkenntnisse sollen beim Zuhörer verankert werden. Seine Handlungsweise soll durch den Vortrag beeinflußt und verändert werden. Unter Verhaltensänderung werden auch Wahrnehmungsveränderungen verstanden, in denen z.B. Gegebenheiten anders bewertet, eingeordnet werden. Emotionale, rationale und handlungsbezogene Aspekte können folglich im Vortrag miteinander verknüpft werden.

3.1.1 Vorbereitung des Vortrags

Planung

Für die Planung des Vortrages sind folgende Gesichtspunkte maßgeblich:
- Vorbereitung des Vortrags
- Wahl der Arbeitsform.

Der Teilnehmerkreis. Die Beschäftigung mit den Interessen der Teilnehmer soll dazu führen, daß nicht die Thematik im Vortrag dominiert, ohne daß die Vorkenntnisse der Zuhörer berücksichtigt werden. Zweifellos ist es nicht möglich, alle Hörer gleichermaßen anzusprechen. Dennoch können die Aspekte des Vortrages auf die Kenntnis- und Interessenlage hin orientiert werden. Die Vorerfahrungen, Kenntnisse der Zielgruppe sind Bezugspunkte für die inhaltliche Darstellung des Themas. Anhand dieser Bezugspunkte können dann weitere Differenzierungen innerhalb des Vortrages vorgenommen werden. Je mehr der Lehrende die Interessen seiner Teilnehmer berücksichtigt, um so eher werden die neuen Informationen aufgenommen und die Gewißheit geweckt, daß jeder aus dem dargestellten Stoff seinen persönlichen Nutzen ziehen wird.

Klärung des Lerngegenstandes. Der Trainer stellt das Arbeitsmaterial zusammen. Es kann aus Literaturauszügen, bereits zuvor ausgearbeitetem Material oder sonstigen Hilfsmitteln bestehen. Selten wird der Lehrende bei einem „Nullpunkt" anfangen müssen. Dennoch sollte er das bereits vorhandene Material kritisch sichten, denn einige Inhalte können überholt oder didaktisch auf andere Zielgruppen zugeschnitten sein.

Neben der reinen Informationssammlung und Literatursuche sollte der Lehrende das Stoffgebiet beherrschen. Sein eigenes Verstehen hat erheblichen Einfluß auf die plastische und anschauliche Darstellung des Themas.

Folgende Fragestellungen leiten die Aufbereitung und Verarbeitung des gewählten Stoffgebietes:

- Was sind die grundlegenden Gesichtspunkte der Thematik?
- Welche Elemente sollen besondere Beachtung finden?
- Wie sind die Teilthematiken untereinander verknüpft?
- Welche eigenen Erfahrungen stehen in Verbindung zu der Thematik?
- Welche Beispiele verdeutlichen diese?
- Wie habe ich mir selbst die Thematik angeeignet, welche Schwierigkeiten mußte ich bewältigen?

Bestimmung der Lernziele. Die Festlegung der Lernziele wird von verschiedenen Faktoren beeinflußt. Der Stoff selbst bestimmt die thematischen Aspekte, die aufgenommen werden können. Das Hauptproblem ist meistens, die vielfältigen und vielschichtigen Aspekte zu reduzieren und den Vortrag allein auf die wesentlichen Kriterien zu beschränken (s. Teil A Kap. 4.3 und 4.4).

Ein Vortrag sollte sich auf drei bis vier Hauptpunkte beschränken, die dann durch weitere Unterpunkte gegliedert werden können. So kann die an sich geringe Behaltensquote, die bei ausschließlich verbal vermittelter Information im Vortrag vorliegt, gesteigert werden. Zusätzlich zu dem Primat der didaktischen Reduktion wird die vorgesehene Stoffgliederung durch weitere Faktoren beeinflußt, die von der jeweiligen Zielsetzung der Weiterbildung und der Gruppenkonstellation der Teilnehmer abhängig ist. Die Lernziele legen beim Vortrag im wesentlichen die Inhalte fest, die vermittelt werden sollen (s. Teil A Kap. 4.4, *Grell* u. *Grell* 1979).

3.1.2 Entwurf

Sammeln und Ordnen. Eine intensive Vorbereitung ist selbst dann erforderlich, wenn der Vortrag nur über alltägliche Arbeitsvorgänge berichten soll. Je fremder das Thema des Vortrages dem Kreis der Teilnehmer ist, um so ausführlicher muß die Darbietung geplant sein. Einige Methoden der Vorbereitung haben sich besonders bewährt:

Entwickeln von Thesen. Man hält erst einmal fest, was man aussagen will. Die zentralen Aussagen, Thesen formuliert man anschließend in kurzen Sätzen. Bei umfangreichen Themen lohnt es sich, für jede These eine Kartei anzulegen. Der Vorteil eines Karteisystems besteht darin, daß man die einzelnen Thesen und Gedanken nach Belieben zuordnen und in einzelne Kapitel gliedern kann. Die Erfahrung zeigt, daß man im Prozeß der Thesengliederung zahlreiche Impulse erhält, aus denen neue Thesen hervorgehen bzw. sich ältere Thesen ausdifferenzieren lassen.

Wichtig für den Aufbau der Thesengliederung ist die richtige Reihenfolge der einzelnen Punkte. Sie ergibt sich nicht nur aus dem sachlogischen Zusammenhang, sondern auch aus der spezifischen Interessenlage der Teilnehmer.

Gliederung. Zuerst wird man die Hauptaspekte und die Unteraspekte in Beziehung zueinander bringen. Die Thematik wird so transparenter und übersichtlicher und kann nun weiter bearbeitet werden. Je nach Inhalt bieten sich dann verschiedene formale Gliederungsschritte an, nach denen sich der Vortrag konzipieren und die Reihenfolge des Abhandelns bestimmen läßt:

- Einleitung – Hauptteil – Schluß
- Einleitung – Darstellen der Thesen – Beweisführung – Schluß
- Gewinnen – Belehren – „Mitreißen" der Zuhörer
- Ausgangslage – Ziel – Weg zum Ziel
- Ausgangslage und ihre Analyse – ihre Beurteilung nach Vor- und Nachteilen – abgeleitete Folgerungen
- Gemeinsamkeit herausstellen – Probleme beschreiben – schlechte Lösungen mit Begründung – gute Lösungen mit Begründung benennen
- Schilderung des zeitlichen Ablaufs

Die vorgestellten Gliederungsarten lassen sich weiter ergänzen und untereinander kombinieren. Bei der Planung des Ablaufs sollte auch der emotionale Spannungsverlauf beachtet werden. Für Sachthematiken wird man zuerst eine Spannung aufbauen: Probleme benennen, Bedeutung für die Arbeit und den Zuhörer erläutern etc. Im Prozeß der Themenabhandlung werden dann Erkenntnisse dargeboten und gleichzeitig die zuvor aufgebaute Spannung kontinuierlich vermindert. Einleitung und Schluß haben hier spezifische Funktionen:

Einleitung: In der Einleitung nimmt der Vortragende Kontakt mit seinen Zuhörern auf und stimmt sie emotional auf die Thematik ein. Er führt sie zur eigentlichen Sache hin. Diese Einführung sollte kurz, leicht verständlich und in der Folge der Gedanken zwingend sein. Hilfreich sind geeignete Aufhänger, die das Thema illustrieren: Erlebnisse, Anekdoten, Tagesereignisse etc.

Schluß: Bei einem Vortrag, der hauptsächlich zur Vermittlung von Informationen dient, bildet eine sachliche Zusammenfassung der wichtigsten Thesen immer einen guten Schluß. Die letzten Sätze sollten gut überlegt sein, um möglichst präzise die Hauptaussagen noch einmal herausstellen zu können (*Köhl* 1987).

3.1.3 Wahl der Arbeitsform

In den vorangegangenen Abschnitten sind vorwiegend die inhaltlichen Komponenten des Vortrages behandelt worden, wie z. B. Zusammenstellen, Reduzieren, Akzentuieren, Gliedern des Stoffes, Gestaltung des Spannungsverlaufes. Im folgenden wollen wir nun die gestalterischen Aspekte und die Möglichkeiten erörtern, den Zuhörer zu aktivieren.

Vortragsgestaltung. Die Haltung des Vortragenden sollte ruhig und sparsam in den Gesten sein, damit die Sache vorherrscht und nicht der Redner im Mittelpunkt des Interesses steht. Man sollte ständiges Umherwandern oder heftiges Gestikulieren ebenso wie das andere Extrem – starre Vortragensweise oder allzu große Lässigkeit – vermeiden. Die Körperhaltung des Vortragenden wirkt als Medium, das emotionale Wirkung auf die Zuhörer hat. Schlimm wäre es, wenn die Zuhörer den Eindruck gewinnen, das Thema sei nicht wichtig, weil der Redner dies durch seine Ausdrucksweise selbst vermittelt.

Die Sprache sollte akzentuiert und abwechslungsreich modelliert sein, denn nichts wirkt ermüdender als ein monotones, kaum verständliches Sprechen. Deshalb sind Modulation, sinngebende Sprechpausen, Sprechgeschwindigkeit, Artikulation etc. zu beachten (s. Teil B Kap. 3.1.5).

Die Verständlichkeit der vorgetragenen Inhalte ist aber noch von anderen Faktoren abhängig:
- *Einfachheit*: Einfache Darstellung, kurze und einfache Sätze.
- *Wortwahl*: geläufige Wörter, möglichst konkrete und anschauliche Ausdrücke; Fachwörter sind zu erläutern.
- *Kürze – Prägnanz*: Wichtiges ist herauszustreichen; man sollte sich nicht in Einzelheiten verlieren. Breites Ausholen, Abschweifen ist zu vermeiden. Füllwörter, Phrasen, Wiederholungen sollten möglichst nicht enthalten sein.
- *Gliederung – Ordnung*: Äußere Gliederung: Aufbau soll nachvollziehbar sein, übersichtliche Gruppierungen, gliedernde Vor- und Zwischenbemerkungen unterstützen dies.
- *Innere Ordnung*: Sätze sind folgerichtig formuliert; die Informationen stehen in sinnvoller Reihenfolge.
- *Zusätzliche Stimulanz*: Ausrufe, wörtliche Rede (Zitate), Visualisierung durch Einsatz von Medien, rhetorische Fragen, lebensnahe

Beispiele, Reizwörter, witzige Formulierungen, Vergleiche, Gegensätze können Anregungen zum Zuhören und Mitdenken bieten (*Schulz von Thun* 1984).

Lernen. Aufforderungen, über Thesen nachzudenken, eingestreute Fragen und Beispiele aus den Tätigkeitsbereichen der Zuhörer können zum Mitdenken anregen.
Ferner kann ein Gliederungsblatt mit ausreichend Platz für Notizen hilfreich sein, um die Zuhörer zum Mitschreiben zu motivieren und ihnen das Nachvollziehen gedanklicher Schritte und Thesen zu erleichtern. Denkbar ist es auch, die Zuhörer zu fragen, welche Erfahrungen sie aus ihrem Tätigkeitsbereich den Ausführungen zuordnen können. Eine ausgeteilte Literaturliste ermöglicht dem interessierten Zuhörer, sein Wissen weiter zu vertiefen.
Der Mensch nimmt ca. 75% aller Informationen über das Auge wahr. Er ist in seiner Wahrnehmung gegenüber visuellen Reizen weit empfänglicher und spricht folglich auch auf Informationen, die visuell aufbereitet sind, eher an. Für den Vortragenden bedeutet das, daß er die Behaltensleistung seiner Zuhörer steigern kann, wenn er seinen Zuhörern während des Sprechens auch optisch aufbereitete Informationen bietet. Einzelne oder kombinierte Medien ermöglichen es, den Stoff zu veranschaulichen: Dias, Filme, Video, Tafel, Overhead-Projektor, Tafel, Flipchart.

3.1.4 Checkliste: Vortrag
(nach *Becker* u.a. 1980)

Die Checkliste soll zusammenfassend hilfreich bei der Planung und der Beurteilung von Vorträgen sein.

Ziel: Einen Sachverhalt darstellen, erklären und in eine Thematik einführen.

geplant realisiert

1. Vorbereitung
- o erstellt Ziele für den Vortrag — o
- o stellt Thesen auf und gliedert sie — o
- o gliedert den Vortrag in Teile — o
- o visualisiert wichtige Informationen — o
- o plant Anregungen zur Auseinandersetzung der Zuhörer mit dem Stoff — o

2. Durchführung
- o definiert unbekannte Begriffe — o
- o stellt Beziehungen zwischen Teilinhalten her — o
- o knüpft an Bekanntes an — o
- o bringt Beispiele — o
- o betont, wiederholt wichtige Punkte — o
- o setzt Medium zur Veranschaulichung ein — o
- o faßt durch ein Modell zusammen — o
- o gibt eine Zusammenfassung — o

3. Nachbesprechung
- o gibt die Möglichkeit, sich zum Sachverhalt zu äußern — o
- o regt zur Aussprache, zu Fragen an — o
- o stellt Kontrollfragen — o

3.1.5 Rhetorikcheck

Der Checkbogen soll für die Gestaltung des Vortrags Anregungen geben. Er soll aber auch für eine Analyse Beurteilungsgesichtspunkte ergeben, um das Vortragen systematisch zu verbessern.

Beurteilung des Vortrags:

PUNKTE

		1	2	3	4	5	
Sprechtempo	zu schnell/langsam						richtig
Tonmodulation	monoton						Betonung gut
Artikulation	undeutlich						deutlich
„ähm"-Laute	oft (nach Anzahl)						keine
Pausentechnik	keine						gut
Augenkontakt	wenig						viel
Gestik, Haltung	keine, schlechte fehlerhafte						angemessen gut
Verständlichkeit	Kompliziertheit						Einfachheit
	Unübersichtlichkeit						Gliederung Ordnung
	Weitschweifigkeit						Kürze Prägnanz
	keine zusätzliche Stimulanz						zusätzliche Stimulation
Emotionale Reaktion	interessant						langweilig
	aufschlußreich						banal
	wichtig						unwichtig
	nützlich						nutzlos

3.2 Lehrgespräch

Das Wenige, das ich weiß,
verdanke ich der Tatsache,
daß ich mich nie geschämt habe zu fragen,
und meinem Grundsatz, mit den verschiedensten Menschen
über ihre Auffassungen und Zielvorstellungen zu sprechen.
J. Locke

Beim Lehrgespräch steuern Impulse, Fragen die Auseinandersetzung mit dem Stoff. Allerdings sind nur wenige Teilnehmer zeitweise aktiv (Abb. 16).

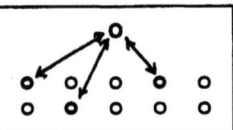

Abb. 16 Lehrgespräch.

Vorteile:

- hoher Aufmerksamkeitsgrad bei aktiv Beteiligten
- straffe Führung
- ausgeprägte Disziplin
- ständige Lernfortschrittskontrolle
- aktive Teilnahme der Lernenden
- gemeinsames Erarbeiten
- schrittweises Hinführen zum Ergebnis

Nachteile:

- hoher Zeitaufwand
- wenig Information in viel Zeit
- „roter Faden" kann verloren gehen
- Lernende können bewußt vom Thema ablenken (z.B. durch Fragen)
- nicht alle Teilnehmer sind beteiligt

Im Gegensatz zum Vortrag, bei dem den Lernenden ein bestimmter Wissensbereich lediglich vorgetragen wird, werden bei einem Lehrgespräch die Teilnehmer aktiv an der Erarbeitung des Stoffes beteiligt. An die Stelle des Monologs tritt die gemeinsame Erörterung des zu erarbeitenden Themas, wobei das Lernziel Schritt für Schritt, in Rede und Gegenrede zwischen Trainer und Lernendem erreicht wird. Sinn des Lehrgesprächs ist es, die Lernenden mit Hilfe von Fragen oder Vorgaben und Behauptungen (Impulsen) auf ein bestimmtes Lernziel hinzuführen und ihnen Gelegenheit zu eigenen Äußerungen und Gegenfragen zu geben. Grundwissen muß also seitens der Lernenden vorhanden sein.

Der Leiter des Lehrgesprächs hat die wichtige Funktion, den „roten Faden" in der Hand zu behalten, an dem sich die einzelnen Gedanken und Fragestellungen, die vom Ausgangspunkt bis zur Zielsetzung des Lehrgesprächs führen, aufreihen und schrittweise zum Lernziel führen.

3.2.1 Voraussetzung für die Durchführung eines Lehrgesprächs

Die erfolgreiche Durchführung des Lehrgesprächs ist abhängig von

- der Qualifikation des Gesprächsleiters
- der Eignung des Teilnehmerkreises
- der zu Verfügung stehenden Zeit und
- der Art des Lehrstoffes.

Diese vier Faktoren müssen berücksichtigt werden bei der Frage, ob der Einsatz des Lehrgesprächs im konkreten Fall angebracht ist oder nicht.

Qualifikation des Gesprächsleiters. Folgende Punkte sind erforderlich:

- Er muß die Materie selbst so beherrschen, daß er im Gespräch das Wissen der Teilnehmer abfragt, Wissen anwenden läßt und in der Diskussion zu bestimmten Erkenntnissen hinführt. Insbesondere muß er zur Weiterverarbeitung des Stoffes anregen.
- Er muß Fragen so stellen und auf die Fragen der Teilnehmer derart eingehen, daß in der Diskussion der „rote Faden" erhalten bleibt.
- Er muß zwischen Wesentlichem und Unwesentlichem unterscheiden können. Dazu gehört eine breite Wissensgrundlage und vor allem Übung in der Gesprächsführung.
- Das Lehrgespräch stellt hohe Anforderungen an die Konzentrationsfähigkeit und setzt ein kommunikatives Anpassungsvermögen voraus, um sich im Lehrgespräch immer Teilnehmer einzustellen.

Die Eignung des Teilnehmerkreises. Auch die Teilnehmer, mit denen man ein Lehrgespräch führen will, müssen Voraussetzungen und Verhaltensbereitschaften aufweisen. Dazu gehören im einzelnen:

- Die Teilnehmer müssen aufgeschlossen und guten Willens sein, aktiv mitzuarbeiten, da der Gesprächsleiter allein kein Lehrgespräch führen kann.
- Die Teilnehmer müssen ein gewisses Ausgangsniveau an Kenntnissen und Erfahrungen besitzen, denn ohne Vorwissen kann man kein Lehrgespräch entwickeln.

Das Abfragen von Stoffinhalten in kleinen Schritten ist nur bei einer Lernkontrolle sinnvoll, sollte sonst aber vermieden werden. Antworten der Teilnehmer dürfen sich nicht auf Einwort- oder Einsatz-Beiträge reduzieren.

Die Zeit. Abgesehen von der Qualifikation des Gesprächsleiters und der Eignung der Teilnehmer gilt es, den Zeitfaktor zu berücksichtigen. Das Lehrgespräch kostet Zeit. Es läßt sich nicht in einen festen zeitlichen Rahmen pressen. Der Stoff kann nicht in der gleichen konzentrierten Form und mit einem festen Ablaufplan behandelt werden, wie dies im Lehrvortrag der Fall ist. Man benötigt für das Lehrgespräch mehr Zeit – meist mehr als doppelt soviel wie für die Behandlung des gleichen Themas im Lehrvortrag. Dafür ist die Behaltensquote bei dieser aktiven Aneignungsform größer und fördert den verstehenden Zugang zum Stoff.

3.2.2 Vorbereitung eines Lehrgesprächs

Die Vorbereitung für die Leitung eines Lehrgesprächs umfaßt im einzelnen für den Gesprächsleiter folgende Punkte:

Zielsetzung. Der Gesprächsleiter durchdenkt und formuliert die Zielsetzung, die innerhalb des vorgegebenen Zeitrahmens verwirklicht und erarbeitet werden kann.

Ausgangsfragen. In Abhängigkeit zur Zielsetzung fixiert der Gesprächsleiter Fragestellungen, die auf das Ziel hindeuten.

Dabei muß er bedenken, wie er

- den Kontakt zu den Teilnehmern herstellt,
- ihre Freude am Lernen und das Interesse an dem zur Diskussion stehenden Thema weckt,
- ihre Hemmungen gegenüber einer Beteiligung am Gespräch beseitigt,
- es ihnen durch die konkrete Hinführung zum Thema erleichtert, eigene Meinungen und Standpunkte zu äußern.

Oft hängt es von der Formulierung der ersten Frage ab, ob das weitere Gespräch fruchtbar verläuft oder nicht. Sie muß für alle Beteiligten eindeutig formuliert und leicht zu beantworten sein. Man kann ohne Übertreibung sagen: Die erste Fragestellung schließt das zu erzielende Endergebnis ein.

Der Aufbau des Lehrgesprächs. Nach der Festlegung von Zielsetzung und Ausgangsfrage muß sich der Gesprächsleiter über die einzelnen Abschnitte klar werden, in die das Lehrgespräch gegliedert werden soll. Dabei ist es notwendig, daß er sich exakt die Fragestellungen überlegt, die als Stützpunkte des Gesprächs zu betrachten sind und von Abschnitt zu Abschnitt führen. Mit Hilfe dieser vorbereiteten Fragestellungen wird die Richtung des Lehrgesprächs bestimmt und gleichzeitig der Rahmen für den Verlauf der Diskussion abgesteckt. Der Erfolg des Lehrgesprächs hängt weitgehend von der richtigen Fragestellung ab, so daß der Gesprächsleiter bei der Festlegung seiner Fragen mit größter Sorgfalt vorgehen sollte (s. Teil B Kap. 2.3). Die verschiedenen Formen des Fragens werden anschließend behandelt.

Der Gesprächsleiter muß bei der Vorbereitung des Lehrgesprächs den Stoff, den er mit den Teilnehmern erarbeiten will, z.B. in offene Fragen gliedern, die vom Ausgangspunkt zum festgelegten Ziel führen und dabei eine logisch aufgebaute Folge darstellen. Er muß sich bewußt sein, daß die Reaktionen der Teilnehmer von den leitenden Fragestellungen abweichen können. Ihre Antworten oder Gegenfragen werden häufig am Rande des eigentlichen Themas liegen, über das vorgesehene Niveau hinausgehen oder sich unter dem Niveau befinden.

Aufgabe des Gesprächsleiters ist es dann, die Äußerungen sinngebend zu koordinieren und diese auf den „roten Faden der Diskussion" zurückführen. Aus der Verbindung zwischen den vorgegebenen Fragen und den Äußerungen der Teilnehmer müssen sich die Schlußfolgerungen ableiten lassen.

Während der Vorbereitungsphase sollte sich der Trainer deshalb genau überlegen, mit welchen Einwänden, Widerständen und Fragen aus dem Teilnehmerkreis zu rechnen ist und wie sich diese in Hinblick auf die Zielsetzung in den Verlauf des Lehrgespräches integrieren lassen (s. Teil B Kap. 3.5.7).

Für den Verlauf des Lehrgesprächs ist entscheidend, wie sehr der Gesprächsleiter die Technik der Gesprächsführung beherrscht. Nur dann ist er in der Lage, die durch seine Fragen angeregte Diskussion in der richtigen Weise zu steuern. Hierzu sind in den nachfolgenden Übersichten einige Gesichtspunkte zusammengetragen.

3.2.3 Checkliste: Lehrgespräch
(nach *Becker* u.a. 1980)

Ziel: Übertragen von vorhandenem Wissen auf andere Inhalte (Transfer); Anregen der Teilnehmer zu einer Auseinandersetzung mit dem Stoff, um Verstehenprozesse anzuregen.

geplant   realisiert

1. Vorbereitung

o   klärt die Zielsetzung für das Unterrichtsgespräch   o
o   stellt Kernfragen zusammen, ordnet sie   o
o   entwickelt eine Systematik für den Ablauf der Fragen   o

2. Durchführung

o   fragt vorausgesetztes Wissen ab   o
o   stellt Sondierungsfragen   o
o   stellt offene und anspruchsvolle Fragen   o
o   formuliert die Fragen verständlich   o
o   läßt den Teilnehmern Zeit zur Beantwortung   o
o   gibt minimale Lernhilfen zur Beantwortung von Fragen   o
o   wiederholt die Fragen nicht voreilig   o
o   beantwortet die Fragen nicht selbst   o

3. Auf Beiträge eingehen

o   läßt einen Beitrag ergänzen   o
o   läßt einen Beitrag weiterführen   o
o   läßt einen Beitrag begründen   o
o   läßt einen Beitrag überdenken   o
o   stellt einen Beitrag zur Diskussion   o
o   berichtigt einen Beitrag   o
o   verstärkt einen Beitrag   o

4. Auswertung

o   hält die Beiträge fest, visualisiert sie   o
o   ordnet die Beiträge in eine Systematik ein   o

3.2.4 Fragetechnik

Fragen werden gestellt, um
- Teilnehmer zur Mitarbeit zu motivieren
- vorhandenes Wissen abzufragen
- Zusammenhänge und Erkenntnisse durch Teilnehmer erarbeiten zu lassen.

Grundregeln beim Fragen

1. Fragen möglichst *an alle* Teilnehmer richten.
2. Jede Frage *kurz* und *leicht verständlich* formulieren.
3. Immer nur *eine* Frage stellen (Nicht: „Wer hat wann wo was gesagt?").
4. Nach Möglichkeit mit *Fragewort* beginnen (W-Fragen) und *offene* Fragen bevorzugen.

5. Nach der Frage Antwort *abwarten* (nicht aus Ungeduld Antwort selbst geben, sondern Frage evtl. wiederholen oder umformulieren)
6. Bei teilweise richtiger Antwort, das *Richtige* herausstellen und darauf aufbauen.
7. Bei richtigen Antworten ist Lob entbehrlich, der Einbau in das Lehrgespräch genügt als *Anerkennung*.

Tabelle 12 Fragearten und ihre Besonderheiten.

Art	Besonderheiten	Beispiel	Bedeutung
Rhetorische Frage	sachlich nicht erforderlich, da mögliche Antwort von vornherein klar	„Was soll man zu der Meinung von Herrn X sagen?"	wirkt belebend, weckt Aufmerksamkeit (Taktik für Redner)
Suggestivfrage	Antwort liegt in der Frage	„Sie würden doch sicherlich auch so verfahren?"	Meinungsbildung wird beeinflußt (Taktik für Redner)
Alternativfrage	Vielfalt der Antwort eingeschränkt, oft in der Frage enthalten	„Hat der Umsatz 10 Mrd. DM oder nur 100 Millionen DM betragen?"	Antwort entweder naheliegend oder zufällig; Mitdenken eingeschränkt (Zeitgewinn)
Offene Frage	Vielfalt der Antworten ist gewährleistet	„Wie würden Sie in diesem Fall verfahren?"	spricht alle an; läßt Vielfalt von Antworten zu; regt Diskussion an; stellt unterschiedliche Aspekte heraus
Lenkene Frage	knüpft an, bezieht sich auf vorausgegangene Aussagen, schließt logisch und eindeutig an	„Wenn wir davon ausgehen, daß ..., was folgt daraus?/dann?"	schränkt Vielfalt der Antworten ein, strafft Fortgang; bereitet die richtige Antwort vor (Zeitgewinn)
Imperative Frage	zwingender Charakter; oft könnte das Fragezeichen fehlen	„Wollen Sie bitte zusammenfassen?" „Würden Sie bitte das Schlußwort sprechen?"	Unausweichlichkeit; zwingt zur Konzentration, zur präzisen Aussage (direktes Verhalten)

3.3 Einzelarbeit

Für den Anfang einer Stoffaneignung eine wichtige Lernmethode mit hoher individueller Beteiligung. Aber auch bei allen anderen aktiven Lernmethoden finden wir die Einzelarbeit als Voraussetzung (Abb. 17).

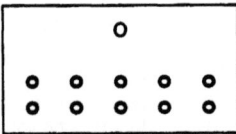

Abb. 17 Einzelarbeit.

Vorteile:

- hohe Aktivität der Lernenden
- selbständiges Erarbeiten von Lösungen
- Aneignung von Wissen

Nachteile:

- schwer kontrollierbare Aktivität der Lernenden
- keine sozialen Kontakte
- kein Überprüfen oder Vertiefen des eigenen Verstehens

Als Einzelarbeit, gelegentlich auch Stillarbeit genannt, wird die Sozialform im Unterricht bezeichnet, in der die Lernenden für sich und ohne Kontakt zu den Mitlernenden Aufgaben bearbeiten.

Für die Einzelarbeit müssen die Aufgabenstellungen so gut vorbereitet sein, daß eine Bearbeitung des Stoffes über längere Zeit selbständig erfolgen kann. Die Bearbeitungsschritte sind sorgfältig durchzuplanen und schriftlich vorzugeben. Voraussetzung für eine störungsfreie Einzelarbeit ist, daß die Aufgabenstellung präzise und unmißverständlich genannt wird und der Kursleiter sicherstellt, daß die Aufgabe von allen Teilnehmern verstanden worden ist.

Mit der gezielt eingesetzten Einzelarbeit kann der Lernstand in einer Gruppe harmonisiert werden. Lernprogramme mit verzweigten Unterprogrammen und computergestützte Unterweisungen können die Einzelarbeit strukturieren. Das hat den Vorteil, daß differenziert auf den individuellen Lernstand und den Lernfortschritt eingegangen wird. Am Ende ist der Wissensstand bei allen Teilnehmern gleich.

Für den Lernbereich der Wissensaneignung ist diese Methode besonders geeignet. Zur weiteren Verarbeitung des erworbenen Wissens sollten dann allerdings andere Methoden angewandt werden, denn Einzelarbeit kann die Entwicklung von Ideen nicht so fördern wie Lernmethoden, die eine interindividuelle Auseinandersetzung mit enthalten. Aus diesem Grunde wird die Einzelarbeit vielfach mit anderen Unterrichtsformen kombiniert. Sie dient dann als Voraussetzung für den Einsatz nachfolgender Methoden oder als Übergangsphase z.B. bei einer Fallstudie oder einem Rollenspiel, in der jeder Teilnehmer zwischen den Lernabschnitten selbständig erforderliche Lernschritte vollzieht.

Auch ein verstehendes Eindringen in einen Stoff erhält erst durch die Auseinandersetzung mit anderen Teilnehmern neue Anstöße und erlaubt, das eigenständig Erarbeitete zu überprüfen. Ferner schließt die Einzelarbeit die Möglichkeit aus, sich gegenseitig bei der Lösung von Problemen anzuregen. Dennoch ist eine anregende und fruchtbare Diskussion für die Entwicklung von Problemlösungsvorschlägen nur realisierbar, wenn die Teilnehmer sich zuvor in Einzelarbeit sorgfältig vorbereiten können.

Beispiel für Arbeitsanweisungen (Fallstudie)

Zur Vorbereitung einer Diskussion in einer Gruppe soll sich jeder Teilnehmer in Einzelarbeit individuell vorbereiten. Als Arbeitsgegenstand werden den Teilnehmern eine problemorientierte Fallstudie (vgl. Beispiel Teil B Kap. 3.7.5) und entsprechende Arbeitsaufgaben vorgegeben. Diese Aufgaben leiten die gedanklichen Schritte, um Probleme systematisch zu lösen. Über die Bearbeitungsschritte wird die Eindringtiefe in die Problematik gesteuert, wobei diese natürlich über die hier vorgestellten sechs Arbeitsschritte hinausreichen kann (s. Teil B Kap. 2.1).

Die vorgegebenen Arbeitsanweisungen sollen die Teilnehmer befähigen, Probleme systematisch und vollkommen selbständig zu bearbeiten, denn zukünftig soll lediglich ein Problem (Fallstudie) ohne methodische Anleitung der Arbeitsschritte vorgestellt werden.

Aufgabe 1: Stellen Sie alle Probleme und Verbesserungsbereiche zusammen (Beschreiben der Probleme).

Aufgabe 2: Definieren Sie kurz die Probleme und ordnen Sie die Informationen zu diesem Problembereich zu.

Aufgabe 3: Erstellen Sie ein Ursache-Wirkungs-Modell.
Aufgabe 3.1: Stellen Sie alle allgemeinen Faktoren zusammen, die solche Probleme prinzipiell verursachen können.
Aufgabe 3.2: Stellen Sie die Faktoren zusammen, die vermutlich die geschilderten Probleme verursacht haben, und differenzieren Sie das Modell mit den vorliegenden Informationen.

Aufgabe 4: Listen Sie alle Maßnahmen auf, die Ihnen einfallen, um die Probleme zu lösen.

Aufgabe 5: Bewerten Sie Ihre aufgestellten Maßnahmen nach der Möglichkeit, sie zu verwirklichen, und stellen Sie alle Maßnahmen bei der Gruppendiskussion vor.

Aufgabe 6: Bereiten Sie eine Präsentation für die Gruppenarbeit vor.

3.4 Partnerarbeit

Die Teilnehmer unterstützen sich gegenseitig beim Lernen. Alle setzen sich gleichzeitig mit dem Lernstoff auseinander (Abb. 18).

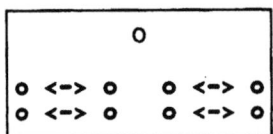

Abb. 18 Partnerarbeit.

Vorteile:

- verstärkte Aktivität der Teilnehmer
- sich gegenseitig zu helfen, wird gefördert
- Aufgabenbewältigung in unterstützender Zusammenarbeit
- Einüben kooperativer Verhaltensweisen
- vertiefendes Verstehen durch die Diskussion

Nachteile:

- funktioniert nur bei guter Anleitung
- teilweise unkontrollierte Aktivität der Lernenden
- Störungen durch konkurrierendes Verhalten

Die Partnerarbeit stellt die einfachste und übersichtlichste Form teilnehmerzentrierten Lernens dar und ist besonders geeignet, in die Zusammenarbeit einzuführen. Jeweils zwei Teilnehmer arbeiten bei dieser Methode zusammen an einer Aufgabe. Soziale Kompetenzen, Fähigkeiten zum Zuhören und gemeinsamen Arbeiten, Anbieten gegenseitiger Hilfestellungen... können während der Bearbeitung des Lernstoffes ebenfalls erlernt werden. Dies wird allerdings nur dann geschehen, wenn die Zusammenarbeit selbst zum Gegenstand des Lernens gemacht wird. Ferner bietet die Methode der Partnerarbeit – wie alle aktiven Lernmethoden – den Vorteil, daß die Teilnehmer aktiv ihren Lernprozeß gestalten.

3.4.1 Arten der Partnerarbeit
Die Methode läßt sich für verschiedene Zwecke verwenden:

Übungen. Der Trainer stellt den Teilnehmern Aufgaben, z. B. einen bestimmten Wissensstoff, eine Verfahrensweise einzuüben. Die Lernenden können sich bei dieser Prozedur gegenseitig helfen, indem sie den Partner abfragen und, sofern notwendig, korrigieren und ergänzen.

Es ergeben sich diverse Möglichkeiten, die Aneignung des Wissens zu optimieren:
- Die Lernenden tauschen ihr Wissen aus,
- stellen sich gegenseitig Aufgaben, überprüfen die Lösungen,
- werten Texte aus und diskutieren sie etc.

Wiederholungen. Im Gegensatz zum Unterrichtsgespräch beschäftigen sich bei der Methode der Partnerarbeit alle Teilnehmer mit einer Aufgabe und finden Gelegenheit, ihr Wissen einzubringen und mitzuteilen. Jeder Teilnehmer hat die Möglichkeit zu überprüfen, ob er den Lernstoff bewältigt hat.

Läßt der Trainer im Anschluß an die Partnerarbeit das Behaltene zusammentragen, kann der gesamte Stoff noch vor der ganzen Gruppe dargestellt werden, um einen Gleichstand zu erreichen.

Erarbeitung neuer Gebiete. Der Trainer stellt eine Aufgabe oder konfrontiert die Teilnehmer mit einem Problem, dessen Lösungsvorschläge sie zunächst in Einzelarbeit entwickeln. Die Teilnehmer sollen durch Aufgabenstellung und die vorgesehenen Bearbeitungsschritte nicht überfordert werden, damit sie allein Lösungen erarbeiten können. Nur dann können sich auch Erfolgserlebnisse einstellen.

Als nächster Schritt ist das Besprechen und Vertiefen der zuvor allein entwickelten Lösungsansätze in der Partnerarbeit vorgesehen. Die Lernenden geben sich untereinander Denkanstöße, um ein vertieftes Verstehen und weitere Lösungen gemeinsam zu erarbeiten. Abschließend formulieren sie Lösungsvorschläge zur Bewältigung der vom Trainer genannten Aufgabenstellung und tragen sie im Plenum vor. Dort ist es dann denkbar, die in Partnerarbeit entwickelten Ansätze weiter zu verarbeiten und auszudiskutieren.

Sofern der Trainer beabsichtigt, Probleme in der Partnerarbeit ohne lenkende Vorinformationen erarbeiten zu lassen, müssen Formen selbständigen Arbeitens und Kooperierens seitens der Teilnehmer bekannt und trainiert worden sein.

3.4.2 Phasen der Partnerarbeit

1. Phase: | O   O |

Die Teilnehmer sehen sich die Aufgabe jeder für sich an; eventuell auftretende Fragen werden im Plenum geklärt.

2. Phase: | O ↔ O |

Beginn der eigentlichen Partnerarbeit; die Partner sprechen über die Aufgabe (Klärung der Aufgabe im Partnergespräch).

3. Phase: | O ↔ O |

Die Partner suchen gemeinsam eine Lösung (gegenseitige Denkanstöße).

4. Phase: | O ↔ O |

Die Partner entscheiden sich für eine Lösung und einen Alternativvorschlag.

5. Phase: | O ↔ O |

Gemeinsames schriftliches Festhalten der Ergebnisse.

6. Phase: | O   O |

Vortragen der Lösung als gemeinsames Ergebnis („Wir haben ... ").

Die Aufgabenstellungen sind für jede Phase genau auszuarbeiten, damit eine selbständige Bearbeitung ohne Rückfragen ermöglicht wird.

3.4.3 Lernbereiche

Verschiedene Funktionen der Partnerarbeit haben wir bereits erläutert, ebenso die Möglichkeiten, Lernen im zwischenmenschlichen Bereich zu gestalten. Es können kommunikative Fähigkeiten verbessert werden, wenn diese bei der Zielgruppe besondere Schwierigkeiten bereiten. Beispielsweise kann die Angst, sich im Kreise mehrer Teilnehmer zu äußern, abgebaut werden, indem die Partnerarbeit zuerst kommunikative Fähigkeiten mit dem Partner schult.

Die Methode der Partnerarbeit ermöglicht folgende Lernzielbereiche zu bearbeiten:
* gegenseitige Unterstützung beim Aneignen von Wissensstoff
* gemeinsames Verstehen, Vertiefen und Überprüfen
* Einhaltung von Gesprächsregeln (z. B. aufmerksam zuhören, direkt jemanden ansprechen, auf den Partner eingehen, bei der Sache bleiben)
* verständliches Mitteilen
* gegenstandsbezogenes Denken, Argumentieren und Diskutieren
* schriftliches Festhalten von Meinungen, Argumenten und Stellungnahmen
* Formulierung von Zwischenergebnissen und Endergebnissen
* selbständige Auswertung schriftlicher Unterlagen etc.

Bei komplexen Aufgabenstellungen kommen die Vorzüge der Partnerarbeit besonders zur Geltung. Sie ermöglicht ebenso wie die Gruppenarbeit, Probleme gemeinsam zu lösen und unterschiedliches Fachwissen einzubringen (*Schell* 1972, *Simon* 1965).

3.4.4 Checkliste: Partnerarbeit

Ziel: Miteinander Wissen aneignen, überprüfen und Neues diskutieren.

1. Vorbereitung

o	gibt die Zielsetzung an	o
o	erläutert den Ablauf:	o
o	– Erarbeiten der Aufgabe (Einzelarbeit)	o
o	– miteinander lernen	o
o	– Ergebnisse festhalten	o
o	– Ergebnisse vortragen	o
o	erklärt die Aufgabenstellungen in den verschiedenen Arbeitsphasen	o
o	klärt Fragen der Teilnehmer	o

2. Durchführung

o	achtet auf die Einhaltung der Arbeitsschritte	o
o	gibt Hilfen	o
o	kontrolliert die Zusammenarbeit	o

geplant	realisiert

3. Auswertung
- ○ läßt die Ergebnisse vortragen ○
- ○ klärt Fragen der Teilnehmer ○
- ○ korrigiert Fehler ○
- ○ läßt zusammenfassen ○
- ○ bespricht gegenseitiges Helfen ○

3.4.5 Lernpartnerschaft

Lernpartnerschaften sollten eingerichtet werden, wenn sich Mitarbeiter bei der Anwendung von Wissen gegenseitig unterstützen sollen. Sie werden für einen befristeten Zeitraum gegründet und gelten als beendet, wenn das Ziel, das in Abhängigkeit zum Lernbereich formuliert wurde, erreicht ist.

Beispielsweise können Partnerschaften gebildet werden, um

- Erfahrungen weiterzuvermitteln, auszutauschen und zu vertiefen
- das in einem Seminar erworbene Wissen in der Praxis anzuwenden
- Fertigkeiten eines Lernbereiches einzuüben
- theoretische Kenntnisse in die Praxis umzusetzen
- sich gegenseitig bei der Anwendung vorhandener Kenntnisse zu unterstützen.

Für das Lernen selbst innerhalb der Lernpartnerschaft müssen feste Zeiten verabredet werden, sonst scheitert das gemeinsame Lernen an formalen Schwierigkeiten, wie den üblichen Terminabstimmungen.

Bevor man sich ans Lernen begibt, sollte man den Ablauf des Lernens planen: **Was**? soll **Wie**? und **Wann**? bearbeitet werden.

Während des Lernens werden die Erfahrungen, die man mit dieser Methode der Lerngestaltung macht, laufend besprochen, damit verhindert werden kann, daß sich der Lernprozeß destruktiv entwickelt. Der Lernprozeß läßt sich mit einer Prozeßanalyse kontrollieren.

Prozessanalyse (aus *Stiefel, R.Th.*: Lernen im Zweier-Team. München 1980)

	wenig				viel
1. Wieviel Erfahrung konnte ich für mich persönlich sammeln?	1	2	3	4	5
2. Wieviel Erfahrung konnte ich für meine Tätigkeit gewinnen?	1	2	3	4	5

3. Wie haben wir die Aufgabe bearbeitet?

diffus	1	2	3	4	5 zielstrebig
oberflächlich	1	2	3	4	5 tiefgehend
erfolgreich	1	2	3	4	5 erfolglos
geduldig	1	2	3	4	5 ungeduldig
rational	1	2	3	4	5 emotional

4. Wie habe ich mich während der Lernphase gefühlt?

abgelenkt	1	2	3	4	5 konzentriert
verstanden	1	2	3	4	5 unverstanden
gelangweilt	1	2	3	4	5 interessiert
ärgerlich	1	2	3	4	5 gut
unbehaglich	1	2	3	4	5 wohl

In den Leitsätzen der Lernpartnerschaft findet man außer der Prozeßanalyse als einen wichtigen Baustein noch andere Hinweise, damit sich die Lernpartnerschaft positiv entwickeln kann.

Leitsätze für die Lernpartnerschaft (aus *Stiefel, R.Th.:* Lernen im Zweier-Team. München 1980)

1. Wir schließen freiwillig Lernpartnerschaften, um unser Kommunikationsverhalten zu trainieren. Wir werden durch niemanden kontrolliert, sondern sind für den Erfolg selbst verantwortlich.
2. Wir gehen davon aus, daß die Lernpartnerschaft eine für uns neue und schwierige Form des Lernens ist, die nicht sofort und von selbst funktioniert.
3. Wir kennen die Ziele des Partners und identifizieren uns mit ihnen.
4. Wir sprechen über die Partnerschaft und versuchen, Konflikte zu erkennen und zu lösen (Prozeßanalyse).
5. Was wir als besonders störend empfinden oder was uns als besonders förderlich erscheint, fassen wir zu Spielregeln zusammen.
6. Wir haben die Pflicht, auf die Einhaltung der Spielregeln zu achten.
7. Wir vermeiden gegenseitige Belehrung und Ratschläge.
8. Haben wir fachliche Probleme, die wir mit dem Partner nicht lösen können, so wenden wir uns an einen kompetenten Dritten.
9. Wir gehen davon aus, daß eine Lernpartnerschaft um so effizienter wird, je länger sie besteht und funktioniert, deshalb Geduld.
10. Wir sind uns bewußt, daß eine Partnerschaft auf gegenseitigem Geben und Nehmen beruht. Das persönliche Ziel tritt hinter das gemeinsame Ziel zurück.

3.5 Gruppenarbeit

In einer Gruppenarbeit können die Teilnehmer ihr Wissen vertiefen, Kreativität für Problemlösungen entfalten und konstruktive Formen der Zusammenarbeit erlernen (Abb. 19).

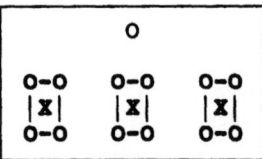

Abb. 19 Gruppenarbeit.

Vorteile:

- hohe Aktivität der Teilnehmer
- jeder Teilnehmer kann Wissen einbringen
- gut für Problemlösungen
- intensiver Meinungsaustausch
- Förderung des eindringenden Verstehens
- Synergieeffekt durch Zusammentragen verschiedener Wissensbestände

Nachteile:

- persönliche Konfrontationen sind möglich
- autoritäre Teilnehmer unterdrücken „Schwache"
- Manipulationsmöglichkeit durch „starke" Teilnehmer
- Gruppenlösung kann ein fauler Kompromiß sein
- für Wissensvermittlung weniger geeignet
- Lehrender steht außerhalb der Lernaktivität, Kontrollverlust

3.5.1 Arten der Gruppenarbeit

Arbeitsgleiche Gruppenarbeit

In den Gruppen wird das gleiche Thema bearbeitet.

Vorteile: Alle Teilnehmer sind über das Thema informiert und können sich am anschließenden Gespräch im Plenum voll beteiligen. Sie können die Ergebnisse ihrer Gruppenarbeit mit den Ergebnissen der anderen Gruppen vergleichen, sich oder die anderen ergänzen, korrigieren und kritisieren.

Nachteile: Es kann zu Gruppenwettkämpfen kommen, die zu Konkurrenzdenken zwischen den Gruppen führen. Der Stoff tritt in den

Hintergrund. Beurteilung der anderen bis hin zur Besserwisserei bestimmen das Denken.

Reflektieren dieser Prozesse und anschließendes Vereinbaren von Regeln ergeben allerdings auch Möglichkeiten, um soziale Lernprozesse einzuleiten. Dies hängt jedoch in hohem Maße vom Wissen und den Fähigkeiten des Trainers ab. Er muß die Teilnehmer befähigen, ihre Verhaltensweisen zu analysieren und aus der Analyse Folgerungen für ihre Zusammenarbeit abzuleiten.

Arbeitsteiliger Gruppenunterricht

Umfassende Themen werden in Teilthemen gegliedert und von verschiedenen Gruppen bearbeitet.
Vorteile: Durch die Aufteilung kann in relativ kurzer Zeit ein umfassendes Thema bearbeitet werden. Die Teilnehmer lernen auf diese Weise das Prinzip der Arbeitsteilung sowie die Möglichkeit kennen, einen Themenbereich unter verschiedenen Gesichtspunkten zu erschließen.
Nachteile: Es wird eine hohe Anforderung an die Gruppe gestellt, ihre Berichte so ergiebig und interessant zu gestalten, daß die Ergebnisse auch von den anderen Gruppen übernommen werden können (s. Teil B Kap. 2.3). Nur wenn alle Teilnehmer die Kenntnisse einer Gruppe aufgenommen haben, ist es möglich, die verschiedenen Aspekte in ein Gesamtbild zusammenzufügen. Die Integration der Arbeitsergebnisse ist ein wichtiger Lernbestandteil und damit auch ein möglicher Schwachpunkt, wenn die Gruppen Schwächen in der Darstellung der Ergebnisse zeigen.

3.5.2 Ablaufphasen

Die Gruppenarbeit bedarf – wie auch die anderen aktiven Lernmethoden – einer intensiven Vorplanung und Organisation der Abläufe. Jeden Arbeitsauftrag und jede Fragestellung muß der Trainer in der Feinplanung sorgfältig formulieren.

Geschlossene Phase. Der Gesamtplan mit Aufgabenstellung und zeitlichem Ablauf wird im Plenum besprochen und geklärt. Das zu bearbeitende Material muß zur Verfügung stehen oder von den Gruppen besorgt werden, wenn die Informationsbeschaffung Teil des Lernziels ist. Klare Frage- und Aufgabenstellungen strukturieren das Vorgehen der Gruppen. Auch die Gruppen werden eingeteilt.

Offene Phase. Grundlage der Gruppenarbeit ist, daß jeder Teilnehmer über das notwendige Grundwissen verfügt und sich mit den Aufgaben vertraut gemacht hat. Eine Einzelarbeit geht der eigentlichen Gruppenarbeit meist voraus. In der Gruppenarbeitsphase tragen die Gruppenmitglieder ihre erarbeiteten Ergebnisse zusammen und diskutieren sie gemeinsam weiter. Die Gruppenergebnisse bereiten die Teilnehmer für eine Präsentation auf.

Geschlossene Phase. Die Gruppen tragen ihre Ergebnisse im Plenum vor, die im gemeinsamen Gespräch vertieft und zusammengefaßt werden. Dies kann nur gelingen, wenn die Ergebnisse auch visualisiert werden, z. B. durch gut ausgearbeitete Charts, Plakate oder durch ein Tafelbild (*Meyer* 1963 u. 1972, *Sharan* 1976).

3.5.3 Kriterien für Gruppenbildung

Es gibt verschiedene Möglichkeiten, Gruppen zu bilden. Mit bestimmten Gruppenkonstellationen kann man Wirkungen erzielen, die für das Lernen förderlich sind. Deshalb sollte der Trainer sich vorher überlegen, wie er die Gruppen einteilen will.

Willkürliche Zusammensetzung: Es werden Gruppen zufällig, d. h. ohne Berücksichtigung pädagogischer und psychologischer Gesichtspunkte, gebildet. Die Zusammensetzung hat für den Lernverlauf keine Bedeutung.

Gruppierung mit internem Leistungsausgleich (heterogene Gruppen): In manchen Seminaren kann es gerade die Zielsetzung sein, verschiedene Fähigkeiten zusammenzubringen, um ein gegenseitiges Lernen zu initiieren. Beispielsweise ermöglicht eine Gruppenzusammensetzung mit Technikern und Kaufleuten, daß unterschiedliches Wissen zu Produkten ausgetauscht werden kann. Gleichzeitig lernen sich die Personen aus verschiedenen Tätigkeitsbereichen kennen, was ein zusätzlicher gewollter Effekt sein kann. Informelle Beziehungen können in Seminaren zum Nutzen der Zusammenarbeit in einer Organisation auf diese Weise mitentwickelt werden.

Bei Spannungen zwischen verschiedenen Funktionsbereichen ist eine Mischung der Gruppen die Voraussetzung, um gegenseitiges Kennenlernen und Bearbeiten von gemeinsamen Problemen zu ermöglichen.

Gruppierung nach speziellen Neigungen und Fähigkeiten (homogene Gruppen): Sofern die Mitarbeiter verschiedener Funktionsbereiche in einem Seminar vertreten sind, kann man entsprechend der Funktionsbereiche die Gruppen organisieren. Dies ist dann zweckmäßig, wenn die Teilnehmer vermittelte Kenntnisse in der Praxis umsetzen sollen. Sie können dann die Maßnahmen bezogen auf ihre Tätigkeiten planen.

Gruppierung nach Sympathie: Der Trainer überläßt den Teilnehmern, wie sie ihre Gruppen bilden wollen. Diese wählen dann zumeist ihre Partner nach Sympathie aus. In der Zusammenarbeit treten dann keine Probleme auf. Sofern man keine bestimmten sozialen Lernziele verfolgt, kann dies sogar erwünscht sein, um nicht aus der Zusammenarbeit hervorgehende, zusätzliche gruppendynamische Probleme bewältigen zu müssen. Derartige Schwierigkeiten lassen sich mit dieser Methode eher vermeiden.

Die Entscheidung, welche Zusammensetzung sich als die sinnvollste erweist, ist abhängig von den sachlichen wie sozialen Zielsetzungen. Ferner muß bedacht werden, ob die Gruppen kontinuierlich oder in wechselnder Konstellation zusammenarbeiten sollen.

Gefühle der Zusammengehörigkeit, die die Entwicklung innerhalb der Gruppe begleiten, können sich allerdings nur während eines längeren Zeitraums der Zusammenarbeit bilden. In diesem Prozeß muß dann aber auch die Gruppenentwicklung mit ihren positiven und negativen Emotionen thematisiert werden (s. Teil B Kap. 2.2).

3.5.4 Rolle des Trainers

Die Gruppenarbeit kann mehr trainer- oder verstärkt teilnehmerzentriert organisiert sein. Dies hängt nicht nur von den Phasen bei der Gruppenarbeit ab, sondern auch von den Fähigkeiten der Teilnehmer. Die Aufgabenstellungen für die Gruppe müssen angepaßt an die Fähigkeiten mehr oder weniger detailliert vorgegeben werden:

- **Fähigkeiten arbeitstechnischer Art:** Können sich die Teilnehmer Wissen selbständig aneignen, z. B. in Lexika nachschlagen, Literatur auswerten, eigenständig arbeiten, planen, etc.?
- Fähigkeiten sozialer Art: Können sie Rücksicht auf andere nehmen, Hilfe geben, Konflikte in der Gruppe selbständig lösen?

Sind diese Fähigkeiten nicht voll entwickelt, sollte der Trainer die Teilnehmer genau anleiten. Seine Planung sollte so ausgelegt sein, daß sich die Gruppen von einem fremdstrukturierten Vorgeben der Aufgaben zu einem eigenstrukturierten Vorgehen entwickeln können. Die Arbeitsschritte sind entsprechend zu gestalten, d. h. der Trainer vergrößert allmählich den Freiraum für ein selbständiges Bestimmen, was und wie etwas bearbeitet werden soll (*Vopel* 1976).

3.5.5 Lernbereiche

Kognitive Lernziele

- Einüben von Fertigkeiten und Techniken, z. B. Methoden und Systemtechniken anwenden
- eine Sache, eine Handlung beobachten, untersuchen und beschreiben
- selbständig Probleme bearbeiten und Lösungen erarbeiten

- Wissen zusammenfügen und Verstehensprozesse organisieren können.

Affektive Lernziele

- Kommunikationsfähigkeit: zuhören, konstruktiv diskutieren.
- Kooperation: Gruppenprobleme, Konflikte lösen
- Rücksichtnahme: einander helfen und sich ebenso helfen lassen
- Toleranz: z. B. Meinungen anderer gelten lassen, sich mit ihnen auseinandersetzen
- Verantwortungsbewußtsein: sich für eine Sache engagieren
- Lösen aus der Abhängigkeit: selbständig Lernen organisieren und Handlungen durchführen.

3.5.6 Checkliste: Gruppenarbeit
(nach *Becker* u.a. 1980)

Ziel: Selbständiges Arbeiten an einem Stoff, sich gegenseitig unterstützen.

geplant   realisiert

1. Gruppenarbeit vorbereiten
- o   erläutert die allgemeine Aufgabenstellung   o
- o   nennt die Ziele   o
- o   bespricht die Organisationsform:
- o   – Einzelarbeit als Vorarbeit   o
- o   – homogene/heterogene Gruppenarbeit   o
- o   – Präsentationen der Gruppenarbeit   o
- o   – Diskussion der Ergebnisse   o
- o   – Zusammenfassung der Ergebnisse   o
- o   gibt den Ablaufplan der Gruppenarbeit vor:
- o   – Arbeitsphasen mit Zeitangaben   o
- o   – Gibt die Aufgabenstellungen in den Phasen vor   o
- o   – erläutert die Aufgaben   o
- o   – gibt Hilfestellung und Hinweise für die Bearbeitung   o

2. Teilnehmer betreuen
- o   steht für Fragen zur Verfügung   o
- o   achtet auf die Durchführung der Aufgaben   o
- o   gibt Hinweise bei auftauchenden Problemen   o

3. Gruppenarbeit auswerten
- o   läßt die Gruppe präsentieren   o
- o   leitet die Diskussion der Teilnehmer untereinander   o
- o   klärt Sachverhalte, Fehler   o
- o   stellt Ergebnisse zusammen   o
- o   geht auf Gruppenprozesse ein   o
- o   stellt hindernde/fördernde Verhaltensweisen zusammen   o

3.5.7 Leitung einer Diskussion

Eine Diskussion kann unterschiedliche inhaltliche Zielsetzungen verfolgen. Auf jeden Fall möchte man über individuelle Ansichten und Kenntnisse hinausgehende Sichtweisen entwickeln. Man will den Synergieeffekt der Gruppe nutzen, z. B. um:

- Probleme mit unterschiedlichem Sachverstand zu analysieren
- in einer Diskussion Lösungsmöglichkeiten für ein Problem zu entwickeln
- Lösungsmöglichkeiten zu bewerten
- verschiedene Meinungen, Interessen zu einem Sachverhalt auszutauschen
- Konzeptionen zu entwickeln.

Aufgabe des Diskussionsleiters ist es, den Prozeß der Diskussion produktiv zu gestalten. Dazu sollte er vor allem seine persönliche Meinung zurückhalten können. Nur so kann er erreichen, daß die Teilnehmer in der Diskussion ihre Einstellungen, Vorstellungen und Kenntnisse voll einbringen und entfalten können.

Folgende Punkte müssen besonders beachtet werden:

- Beeinflussung der Diskussion durch den Leiter
- Abweichen der Teilnehmer vom Thema

Zum Problem „Beeinflussung"

Fragen können die Diskutierenden anregen und auch systematisch durch eine Thematik führen. Sie können aber auch einengen und beeinflussen, deshalb sind folgende Fragearten zu vermeiden:

Suggestivfragen: Die Antwort wird den Teilnehmern schon in den Mund gelegt bzw. die Teilnehmer werden dadurch beeinflußt: „Sicherlich sind Sie auch der Meinung, daß ...?" „Sie möchten gewiß, daß man ...?"

Alternativfragen: Die Antworten werden eingeschränkt. Die Befragten können nur zwischen bestimmten Aspekten wählen: „Möchten Sie lieber dies oder das?" (s. Teil B Kap. 3.2.3).

Gestaltung einer Diskussion

Die Aufgaben des Diskussionsleiters werden weiter durch den Ablauf der Diskussion bestimmt:

Klärung des Ziels. Zuerst muß gewährleistet sein, daß das Thema oder das Problem allen klar ist. Das Thema oder Problem sollte für alle sichtbar an einer Pinnwand oder Tafel angeschrieben sein. Was soll genau bearbeitet werden?

Klärung des Diskussionsablaufes. Es muß Klarheit darüber bestehen, wie sich der Ablauf der Diskussion vollziehen soll. Sollen z. B. Lösungsmöglichkeiten für ein Problem gesucht werden, die anschließend zu bewerten sind, so darf in der Phase der Lösungsfindung keine Bewertung erfolgen. Jede Bewertung eines Lösungsansatzes verhindert die Formulierung weiterer Lösungsansätze. Erst in der nächsten Phase sind Vor- und Nachteile der Lösungen zu diskutieren. Innerhalb der Bearbeitungsschritte müssen die Diskussionsteilnehmer die Methoden beherrschen, mit denen gearbeitet werden soll (kreative Methoden, Methoden der Entscheidungsanalyse, s. auch Teil B Kap. 2.1).

Der Moderator einer Diskussion muß auch Regeln vereinbaren, die sich auf die Kommunikation und Interaktion beziehen. Der Moderator stellt vor der Diskussion sicher, daß die Regeln und Diskussionsverfahren von allen anerkannt werden. Wie soll die Diskussion ablaufen?

Abweichen von den vorgegebenen Regeln, vom Ziel. Das Gespräch darf nach der Einigung über die Methode nicht durch zusätzliche Ideen einzelner Teilnehmer ins „Schwimmen" geraten. In solchen Fällen ist auf das Thema, die Regeln hinzuweisen, um die Diskussion wieder auf die verabredeten „Gleise" zu führen (s. Teil B Kap. 3.5.8).

Klarstellen von Teilergebnissen. Ist ein Punkt ausdiskutiert, so sollte er durch eine kurze Zusammenfassung fixiert werden. Hilfreich ist auch hier, wenn für alle sichtbar die Ergebnisse festgehalten werden.

Gestaltung des Diskussionsklimas. Alle Beteiligten sollten um eine positive und anregende Atmosphäre bemüht sein: Ein Abgleiten des Gesprächs ins Negative, z. B. durch persönliche Angriffe, ist zu verhindern. Auch hier muß der Leiter sofort eingreifen.

Ermunterung der zurückhaltenden Teilnehmer. Selbstverständlich haben auch die Teilnehmer gute Einfälle, die sich scheuen, in der Öffentlichkeit ihre Meinung zu äußern. Der Trainer kann sie durch direktes Ansprechen oder Befragen motivieren, eigene Ideen in die Diskussion einzubringen (s. hierzu auch Teil B Kap. 2.3).

Checkliste: Leitung einer Diskussion (nach *Becker* 1980)

Ziel: Vorstellungen, Einstellungen, Meinungen sollen diskutiert werden.

geplant   realisiert

1. Vorbereitung
o   erläutert die Zielsetzung   o
o   führt in das Thema ein, stellt den   o
       Diskussionsgegenstand dar
o   stellt die Gesprächsregeln dar, macht sie verständlich   o
o   klärt die Funktion des Diskussionsleiters   o

geplant   realisiert

2. Durchführung
- ○ fordert zu Beiträgen auf   ○
- ○ achtet darauf, daß die Teilnehmer ausreden können   ○
- ○ läßt zu Beiträgen Stellung nehmen   ○
- ○ läßt Beiträge klären   ○
- ○ weist bei Abweichungen auf Regeln und das Thema hin   ○
- ○ faßt Beiträge zusammen   ○

3. Auswertung
- ○ hält Teilergebnisse fest, visualisiert sie   ○
- ○ ordnet die Beiträge in eine Übersicht   ○

3.5.8 Regeln für eine Gruppendiskussion
(nach *Cohn* 1975)

Cohn hat Regeln für eine themenzentrierte Interaktion formuliert.

Es kann immer nur einer sprechen.

Seien Sie Ihr eigener Chairman. Sprechen oder schweigen Sie, wann Sie es für richtig und angemessen halten. Sie tragen allein die Verantwortung für Ihre Verhaltensweisen und Äußerungen in der Sitzung. Zunächst einmal brauchen Sie sich keine allzu weitreichenden Gedanken zu machen, ob Ihre Aussagen und Wünsche denen der Gesprächsteilnehmer entsprechen, denn diese werden Ihnen sicherlich mitteilen, aus welchem Grund sie Ihren Vorstellungen zustimmen oder widersprechen.

„Ich" statt „Man"/„Wir". Zeigen Sie sich als Person und formulieren Sie entsprechend in der „Ich"-Form. Sofern in Ihren Sätzen ausschließlich „Wir" das handelnde Subjekt ist, reden Sie für andere mit, von denen Sie nicht wissen, ob sie die gleichen Wünsche haben. „Man"-Formulierungen benutzt man vorwiegend, um seine eigene Meinung zu relativieren. Ein Rückzug ist dann besser möglich.

Eigene Meinung statt Fragen. Wenn Sie eine Frage stellen, sagen Sie, warum Sie die Frage stellen, denn Fragen werden oft gestellt, um die eigene Meinung zu verschleiern. Äußern Sie hingegen Ihre Meinung, haben die anderen es leichter, zu widersprechen oder sich Ihnen anzuschließen.

Sprechen Sie direkt. Wenn Sie jemandem in der Gruppe etwas mitteilen wollen, sprechen Sie ihn direkt an.

Beachten Sie Ihre Körpersignale. Um Ihr eigenes Empfinden besser einschätzen zu können, sollten Sie in Ihren Körper hineinhorchen und ihre Körpersprache berücksichtigen. Der Körper kann oft mehr über Gefühle und Bedürfnisse sagen als der Kopf.

Störungen haben Vorrang. Unterbrechen Sie die Diskussion, wenn Sie nicht wirklich teilnehmen können, weil Sie z.B. gelangweilt, verärgert oder aus einem anderen Grund unkonzentriert sind. Die Störungen arbeiten die Teammitglieder systematisch auf (s. Teil B Kap. 2.2).

3.6 Rollenspiel

Kommunikations- und Interaktionsprozesse können gezielt simuliert werden, indem bestimmte Bedingungen vorgeben werden (Rollen). Konzipieren und Analysieren können die Teilnehmer üben, ohne mögliche Folgen zu beachten, wie sie das in der Praxis tun müßten (Abb. 20).

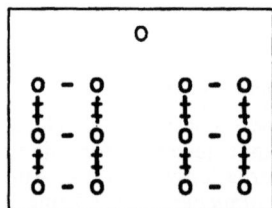

Abb. 20 Rollenspiel.

Vorteile:

- interessant, motivierend für die Teilnehmer

- neue Erfahrungen können durch Rollenübernahme gemacht werden

- geplante Gesprächskonzepte können auf Wirkungen getestet werden

- Gesprächserfahrungen können systematisch analysiert werden

Nachteile:

- benötigt viel Zeit

- dezentrale Rollenspiele nur mit eingeübten Teilnehmern

- Konzipieren und Analysieren von Gesprächen stellt hohe Anforderungen an die Gruppe

- emotionale Erlebnisse können Lernen behindern

3.6.1 Interaktionen und Rollen

Im Rollenspiel werden Interaktionsabläufe zwischen Personen simuliert. Die Situation und die Rollen der mitwirkenden Personen

3.6 Rollenspiel

sind beim angeleiteten Rollenspiel vorgegeben. Das Geschehen zwischen den Personen, der dynamische Verlauf eines Gespräches oder einer Verhandlung ist das Material für einen Lernprozeß. Zunächst wollen wir die allgemeinen Grundlagen des Rollenspiels und insbesondere den Begriff „Rolle" erläutern. Die eigentlichen Lerngegenstände des Rollenspiels werden später vorgestellt.

Menschen agieren untereinander in relativ beständigen Interaktionsformen, die in Rollen zusammengefaßt sind. Bestandteil sozialer Rollen sind die mehr oder weniger festgelegten Kommunikationsformen, wie beispielsweise gängige Begrüßungsformen, bestimmte Höflichkeitsformen, formale und informelle Verhaltensvorschriften.

Das Individuum agiert in den Grenzen, die durch die Verhaltensvorschriften festgelegt sind. Beispielsweise erfordern die Aufgaben und der Berufsstatus des Beamten bestimmte Verhaltensweisen. Verhält sich ein Beamter nicht gemäß der Rolle, kann der Bürger sich beschweren (Dienstaufsichtsbeschwerde). Die Beschwerdewege sind festgelegt und führen bei begründeten Beschwerden zu Konsequenzen. Bei gravierenden Fehlverhaltensweisen können auch strafrechtliche Folgen eintreten. Das abweichende Verhalten wird sanktioniert.

Die Erwartungen, die an eine Rolle herangetragen werden, können sehr unterschiedlich sein. Dies hängt von den Spielräumen innerhalb der Rolle ab und wie die Grenzen definiert sind. Die Grenzen werden durch die Folgen bei Abweichungen bestimmt. Bei einer Muß-Erwartung hat eine Abweichung strafrechtliche Folgen, z.B. wenn ein Buchhalter Geld unterschlägt. Soll-Erwartungen und Kann-Erwartungen ziehen schwächere Folgen nach sich. Grenzüberschreitungen haben keine schwerwiegenden Sanktionen zur Folge. Die Verbindlichkeit und Bedeutung sozialer Rollen für den einzelnen wie für die Gesellschaft läßt sich also an der Schärfe der Sanktionen ablesen (*Dahrendorf* 1974).

Die Erwartungen innerhalb einer Rolle können sich sogar widersprechen. Man spricht dann von Intrarollenkonflikten. Wenn mehrere verschiedene Rollen, bezogen auf eine Person, sich widersprechen, spricht man vom Interrollenkonflikt.

Das Individuum lernt in konkreten Interaktionssituationen, welche Erwartungen mit den verschiedenen Rollen verbunden sind: als Kind in der Beziehung zu den Eltern, als Freund im Verhältnis zu den Freunden, als Mitarbeiter in Bezug zu dem Vorgesetzten. Jedes Mal können andere Verhaltensweisen gefordert werden. Man muß lernen, die sozialen Situationen voneinander zu unterscheiden und sein Verhalten an diese Situationen anzupassen.

Die Erwartungen im zwischenmenschlichen Bereich können vage oder offen sein, dann muß man die Regeln selbst präzisieren. Sie ändern sich auch im Laufe einer Lebensgeschichte, dann muß man neue Formen des Miteinanderumgehens entwickeln.

Interaktionsformen in einer Gruppe sind nicht festgelegt. Sie müssen sich erst entwickeln, wobei der Spielraum weit ist. Man darf destruktiv wie konstruktiv miteinander umgehen. Dies gilt für unsere Kultur. In Japan beispielsweise würden destruktive Verhaltensweisen Sanktionen nach sich ziehen.

Jede Arbeitsgruppe hat ihre eigenen Regulierungen und Rollen, die sich darin zeigen, wie man miteinander umgeht. Diese werden von der Organisation mehr oder weniger offen festgelegt. Das Mitglied der Gruppe kann von der Art der Sanktionen auf die eigentlichen Erwartungen der Gruppe bzw. Organisation schließen. Das Individuum lernt in jeder Organisation die spezifischen Regeln der Zusammenarbeit, ihre Normen. Man spricht hier von einem Sozialisationsvorgang.

Manche Interaktionsformen, die in einer Gruppe gebildet werden, entsprechen nicht den Zielen der Organisation und somit den als wünschenswert und angemessen erscheinenden Rollen. Eine Gruppenleistung entspricht z.B. nicht den Standards, weil die Gruppe niedrigere Leistungen informell gesetzt hat. Es kommt zum Konflikt, der in seinem Ablauf und in seinen Sanktionsmöglichkeiten formal geregelt ist (*Shaftel* u. *Shaftel* 1974, S.21 ff.).

Die gesellschaftlichen Veränderungen können ebenfalls Grund für eine Veränderung der Interaktionsformen (z.B. neue Führungsstile) sein und Konflikte auslösen. Auch in der zwischenmenschlichen Interaktion, wie in Gesprächen, können sich Positionen und Rollen ergeben, die für den Erfolg eines Gesprächs nachteilig sind. Dies ist der Fall, wenn sich das Gespräch zu einer Gewinner-Verlierer-Situation entwickelt. Die ausgeformten Rollen des Gewinners und Verlierers beeinträchtigen das zwischenmenschliche Verhältnis und beeinflussen nachhaltig die Verhandlungen und die Zusammenarbeit (*Gordon* 1990, S. 155ff.).

Eine wichtige Funktion des Lernens im Rollenspiel ist es, die Wirkungen von Rollen zu erfahren und Folgerungen daraus zu ziehen. Gerade bei großen Spielräumen müssen die Formen gefunden werden, die auch den Absichten der Beteiligten entsprechen. Es eröffnet sich ein bewußt zu gestaltender Kommunikations- und Interaktionsbereich.

3.6.2 Lernbereiche des Rollenspiels

Aus den allgemeinen Erörterungen lassen sich verschiedene Lernzielbereiche des Rollenspiels ableiten. So können z.B. Verhaltensvorschriften im zwischenmenschlichen Bereich durch das Rollenspiel eingeübt werden. Dies wäre z. B. der Fall, wenn Beamte den höflichen Umgang mit Bürgern im Rollenspiel einüben.

Das Rollenspiel ist auch dazu geeignet, den Zugang zu anderen Rollen zu öffnen, mit denen das Individuum als Partner zu tun hat. Ein Verkäufer versetzt sich z. B. in die Rolle eines Kunden und erfährt auf diese Weise die Wirkung von Verhaltensweisen des Verkäufers. Wenn ein Verkäufer viel redet, um seine Produkte überzeugend darzustellen, kann er beim Kunden gerade das Gegenteil bewirken. Die Aufdringlichkeit des Verkäufers erzeugt beim Kunden Widerstände. Der Kunde lehnt das Produkt ab. Der Kunde will seine Meinung einbringen, bestimmte Informationen haben, sich in seinem Entscheidungsbereich nicht einschränken lassen. Sobald er sich manipuliert fühlt, wird Widerstand aktiviert. In einem Rollenspiel mit vertauschten Rollen lassen sich die Wirkungen der Verhaltensweisen darstellen und erleben.

Analog könnte man auch für ein Beurteilungsgespräch verfahren. Der Vorgesetzte übernimmt die Rolle des Mitarbeiters und kann die Wirkungen eines Beurteilungssystems, eines Beurteilungsgesprächs selbst erleben.

Die Teilnehmer können für die verschiedenen Gesprächssituationen Konzepte entwickeln und im Rollenspiel erproben, z. B. Beurteilungs-, Beratungs-, Disziplinargespräche (*Vrojlik* u.a. 1974). Dies ist besonders dann wichtig, wenn in einem Gespräch wichtige, folgenreiche Ergebnisse erzielt werden sollen.

Im Gespräch gestalten sich die Beziehungen. Wie kann man sie positiv gestalten? Konflikte können entstehen. Wie kann man einen Konflikt konstruktiv zu einer Gewinner/Gewinner Situation gestalten?

Andererseits lassen sich bereits vorhandene Konflikte im Gespräch lösen. Die emotionale Gestaltung von Gesprächen, das Erfassen gefühlsmäßiger Prozesse ist dann der Trainingsbereich.

Die Ausführungen verdeutlichen: Das Rollenspiel bietet einen weiten Spielraum für die Lerngestaltung im Kommunikations- und Interaktionsbereich. Die Methode selbst löst komplexe Prozesse aus, die in ihren Einzelheiten nicht kognitiv erfaßt werden können. Deshalb ist es für ein Training mit Rollenspielen notwendig, die Ziele sorgfältig auszuformulieren und ein klar umrissenes Trainingskonzept zu planen (*Wendtland* 1977).

3.6.3 Arten von Rollenspielen

Angeleitetes Rollenspiel. Eine Situation und Rollen werden für ein Rollenspiel vorgegeben. Die Spieler sollen im Rahmen der Vorgaben ihre Rolle ausgestalten und interpretieren. Die Teilnehmer erarbeiten sich eine Gesprächskonzeption und inhaltliche Argumentationen in der Vorphase des Rollenspiels. Der Trainer organisiert nur den Ablauf und gibt die schriftlichen Unterlagen (Rollen und Analysechecks) für das Rollenspiel aus.

Ein Rollenspiel kann für zwei oder mehrere Personen ausgelegt sein. Es kann auch eine Konferenz simuliert werden (s. Beispiele: Rollenspiel 1).

Spontanes Rollenspiel. Bei dieser Form des Rollenspiels gibt es keine festen Vorgaben. Sie müssen erst im Kursus mit den Teilnehmern entwickelt werden. Es können sich z.b. in einer Diskussion verschiedene Anschauungen herauskristallisieren, wie man eine Argumentation führen sollte. Der Trainer möchte nun mit seinen Teilnehmern die Wirkungen erkunden, indem er ein Rollenspiel durchführt. Gesprächssituation und Rollen werden durch die Seminarteilnehmer erst im weiteren Verlauf Schritt für Schritt konkretisiert und festgelegt. Dann kann die Simulation in einem Rollenspiel erfolgen.

Die Auswertung des spontanen Rollenspiels erfordert ein flexibles Vorgehen vom Trainer, weil die Analyse mit den Lerninhalten in einem Zusammenhang stehen muß. Es wäre sinnlos, solche spontanen Gespräche nur deshalb zu praktizieren, weil sie besonderen Spaß bereiten.

Sonderformen: Psychodrama, Soziodrama. Diese Formen sollen hier nur kurz erwähnt werden, weil sie in erster Linie von Fachleuten in einem therapeutischen Anwendungsfeld genutzt werden: Die Interaktionsprobleme eines einzelnen Individuums in seiner sozialen Umwelt können durch ein Psychodrama dargestellt und durchgespielt werden. In der Simulation und dem anschließenden therapeutischen Gespräch findet das Individuum Möglichkeiten, problematische Interaktionsformen in ihrer Struktur zu erkennen und ihre Ursachen herauszufinden. Ein Schritt für Schritt analysierter Interaktionsprozeß ermöglicht, die problematische Interaktionsform in ihrem Bezug zum sozialen Umfeld und in ihren emotionalen Dimensionen auszuloten und auf die Wirkung hin zu analysieren. Rollenspiele können dann auch für die Erprobung neuer Verhaltensweisen benutzt werden.

Das Soziodrama beschäftigt sich mit Problemen zwischen verschiedenen sozialen Gruppen und thematisiert Spannungen zwischen Gruppen wie z.B. Vorurteile. Das Durchspielen von Konflikten ermöglicht eine Distanzierung und Versachlichung. Ziel ist es, die Struktur der Interaktionen aufzuarbeiten, um konfliktfreier miteinander umzugehen.

3.6.4 Ablauf eines angeleiteten Rollenspiels

Einführungsphase. Beim Rollenspiel ist es besonders wichtig, den Teilnehmern genau zu erläutern, wie der Lernablauf gestaltet ist. Für jeden Teilnehmer muß das Training transparent sein, und es muß deutlich werden, daß er selbst das Rollenspiel unter Kontrolle hat. Sonst können Ängste aktiviert werden, die den Lerngewinn schmälern oder sogar verhindern.

Untereinander muß ferner eine Vertrauensbasis geschaffen werden, damit die Teilnehmer offen sind für Lernexperimente und Diskussionen über die Wirkungen der durchgeführten Gespräche. Die Teilnehmer sollten zuvor Gelegenheit bekommen, sich ausgiebig gegenseitig kennenzulernen.

Konfrontation mit der Spielvorlage. Zuerst werden Gruppen gebildet, die sich auf die vorhandenen Rollen beziehen. Sie sollen gemeinsam nach der individuellen Arbeitsphase die Rolle konzeptionell und argumentativ entwickeln.

Anschließend liest jeder Teilnehmer die Rollenvorgabe und arbeitet sie nach vorgegebenen Aufgabenstellungen durch. Die individuelle Vorarbeit hat zum Ziel, daß sich jeder intensiv mit der Rolle beschäftigt und sich in das Verhalten der Rolle gedanklich hineinversetzt. Die Teilnehmer bereiten den Ablauf und die inhaltliche Ausgestaltung des Rollenspiels vor, damit sich eine fundierte Gruppendiskussion anschließen kann.

In der anschließenden Phase der Gruppenarbeit werden die Vorstellungen und Interpretationen der Rolle miteinander besprochen und weiter durchgearbeitet. Konzeptionen werden auf diese Weise weiterentwickelt und der Einstieg in die Rolle intensiviert.

Durchführung. Es gibt nun verschiedene organisatorische Varianten, wie man die Rollenspiele durchführen kann. Z.B. läßt sich ein Rollenspiel exemplarisch durchführen und anschließend gemeinsam auswerten. Jede Gruppe wählt eine Person, die im Rollenspiel agieren soll.

Eine andere Möglichkeit ist, nacheinander alle Teilnehmer das Rollenspiel durchführen zu lassen. Bei dieser Variante empfiehlt es sich, jeweils zwischen den Rollenspielen eine Auswertung vorzunehmen, damit von Rollenspiel zu Rollenspiel die analysierten und verbesserungsbedürftigen Verhaltens- und Argumentationsweisen umgesetzt werden können.

Es ist auch denkbar, gleichzeitig verschiedene Rollenspiele durchzuführen, wobei die Rollenspieler anschließend selber die Auswertung vornehmen und/oder ein zusätzlicher Beobachter seine Analyse den Rollenspielern mitteilt.

Auswertung. Auf die Lernziele hin sind die Kriterien für die Auswertung festzulegen. Nur eine gezielte und systematische Analyse fördert das Verständnis der Teilnehmer, Gesprächsverlauf und Gesprächsgestaltung zu reflektieren. Die Spieler müssen einen kognitiven Zugang zu ihren Erfahrungen bekommen, um die Erkenntnisse für die reale Gesprächspraxis umzusetzen. Tonbandaufnahmen – noch besser geeignet sind Videoaufnahmen – können als Lernhilfe bei der Reflexion und Interpretation dienen. Diese Medien bieten den Vorteil, die Komplexität der Gespräche besser analytisch zu erfassen, indem man Analysen unter verschiedenen Aspekten wiederholt. Außerdem können die Auswertungen anhand des konkreten Gesprächsablaufs noch einmal überprüft werden. Für die Rollenspieler ist das besonders wichtig, um distanziert ihre Verhaltensweisen betrachten zu können.

Wichtig für die Durchführung und Auswertung sind:
- Theoretische Kenntnisse über Gesprächsführung
- Erstellen eines Leitfadens für die Auswertung des Rollenspiels (s. Checklisten für Gesprächsführung in Teil B Kap. 3.6.6.3)
- Einübung der selbständigen Auswertung
- Vergleich der eigenen Auswertung mit der Auswertung des Rollenpartners, bzw. des Beobachters
- Ableitung allgemeiner Erkenntnisse für die Gestaltung von Gesprächen anhand der Auswertung
- Umsetzung der Erkenntnisse während des Lernprozesses, damit das kontinuierliche Lernen für die spätere Praxis verinnerlicht wird.

3.6.5 Checkliste: Rollenspiel

(aus *Becker, G.E.* u.a. 1980): Unterrichtssituationen.
München, Wien, Baltimore 1988)

Die Checkliste soll dem Trainer Anregungen für die Planung von Rollenspielen und die Beurteilung des Trainings geben.

Ziel: Analysieren, Konzipieren und Einüben von Gesprächsabläufen

geplant		realisiert
1. Vorbereitung		
○	nennt die Problemsituation oder greift sie auf	○
○	bespricht die Ziele, den Zweck des Rollenspiels	○
○	entwickelt die Rollen mit den Teilnehmern oder gibt Rollen vor	○
○	entwickelt oder gibt Gesichtspunkte für die Beobachtung vor	○
○	teilt die Rollenspieler, die Beobachter ein	○
○	legt den Ablauf fest	○

geplant   realisiert

○   bereitet die Aufnahme des Rollenspiels vor   ○
    (Kontrolle und Lernhilfe: Tonband, Video)

2. Durchführung
○   läßt die Rollen von den Spielern konkretisieren   ○
○   fordert die Beobachter auf, Notizen zu machen   ○
○   läßt die Teilnehmer das Spiel frei gestalten   ○
○   bricht das Spiel ab   ○
○   läßt die Spieler selbständig auswerten   ○

3. Auswertung
○   läßt die Spieler über ihre Erfahrungen berichten   ○
○   läßt die Beobachter berichten   ○
○   zeigt die Aufnahme ganz oder teilweise   ○
○   kommentiert Teile   ○
○   stellt die Ergebnisse zusammen, ordnet sie   ○
○   läßt Folgerungen aus der Auswertung ziehen   ○
○   fordert zur Entwicklung von Handlungsalternativen auf   ○
○   regt zu weiteren Rollenspielen an   ○

3.6.6 Beispiele für Rollenspiele

Im folgenden stellen wir zwei verschiedene Rollenspiele vor, die sich in Situationsvorgabe und Anzahl der Rollen unterscheiden. In den Rollenvorgaben sind Spannungen vorprogrammiert, die im Gespräch bearbeitet werden müssen. Nach den Rollenspielen werden verschiedene Checklisten vorgestellt, mit denen man Rollenspiele analysieren kann.

Erstes Rollenspiel: Eine Geschäftsleitung, bestehend aus vier Personen, trifft sich, um die Probleme der Firma zu erörtern und die zukünftige Geschäftspolitik festzulegen.

Zweites Rollenspiel: Ein Vorgesetzter beurteilt seinen Mitarbeiter und bespricht mit ihm seine zukünftige Entwicklung in der Firma.

3.6.6.1 Erstes Rollenspiel: Entscheidungsfindung in der Geschäftsleitung

Ablauf

Entsprechend den vier vorgegebenen Rollen werden vier Gruppen gebildet.

1. Individuelle Vorarbeit:
Zuerst arbeitet jeder für sich die Rolle durch:

- Ausformulierung eines Gesprächskonzepts
- Sammlung von Argumenten für die Durchsetzung des Konzeptes.

Zeit für die individuelle Vorarbeit: 15 Minuten.

2. Gruppenarbeit:
Die Gruppen diskutieren die individuellen Ausarbeitungen. Sie einigen sich auf ein Konzept und stellen die Argumentationsmöglichkeiten zusammen.
Zeit für die Gruppenarbeit: 30 Minuten.

3. Rollenspiel:
Je nach Anzahl der Gruppenmitglieder finden nun verschiedene Sitzungen der Geschäftsleitungen statt. Nimmt die Situation eine zu konfliktgeladene Form an, in der die Durchführung der Diskussion unmöglich wird, erhält der Chairman eine zusätzliche Information (s. Unterlagen für das Rollenspiel).

4. Auswertung:
Individuelle Auswertung: Jeder Gesprächsteilnehmer wertet das Gespräch nach seiner Sicht mit dem Checkbogen Nr. 1 aus. Gruppenauswertung: Anschließend tauscht die Geschäftsleitungsgruppe ihre Sichtweisen aus.

5. Plenum:
Im Plenum werden die Ergebnisse der Gespräche vorgestellt und diskutiert. Es werden Gesprächsäußerungen zusammengestellt, die den Verlauf des Gespräches emotional positiv oder negativ beeinflußten. Anschließend können die allgemeinen Regeln für eine konstruktive Auseinandersetzung zusammengestellt werden.

Allgemeine Informationen

Die ABCO Elektrofirma produziert verschiedene Teile für Radio- und Fernsehgeräte und andere elektronische Artikel. Das Werk hat seinen Standort in Frankfurt. Zweigstellen des Verkaufs befinden sich in verschiedenen Städten, in deren Umkreis die großen Absatzgebiete dieser Firma liegen.

Vor zwei Jahren wurden in der Firma größere Reorganisationen des Managements durchgeführt. Dies wurde deshalb nötig, weil seit fünf Jahren der Profit immer mehr zurückging und ein ständig sinkender Marktanteil zu verzeichnen war. Das damals bestehende Top Management hatte extrem konservative Führungs- und Geschäftspraktiken. Das vorherrschende Ziel war, ein bedeutsamer Lieferant für die Rundfunk- und Fernsehindustrie zu werden, da diese Unternehmenspolitik sich in der Vergangenheit bewährt hatte.

In den letzten Jahren ergaben sich allerdings für die kleineren Hersteller und Produktionsfirmen, unter anderem auch für die Elektrofirma ABCO, neue Probleme. Gründe dafür waren die ungewöhnlich schnellen technischen Entwicklungen und der immer stärker werdende Wettbewerb auf dem Gebiet der Informations- und Unterhaltungselektronik. Die Firma war nicht in der Lage, größere Aufträge zu übernehmen. Deshalb wurde es notwendig, sich mehr und mehr auf Spezialaufträge zu konzentrieren. Die Verdienstspanne bei der Fertigung dieser Spezialanfertigungen ist größer als bei Massenprodukten. Allerdings erfordern die wechselnden Bedürfnisse des sich schnell wandelnden Marktes eine ungewöhnliche Flexibilität in der Anpassung der Fertigungsprozesse und eine aggressive wie bewegliche Verkaufsstrategie. Denn erstens muß die Nachfrage nach alten Produkten gehalten und zweitens soll der Verkauf neuer Produkte vorangetrieben werden. Die Forschung und Produktentwicklung muß entsprechend ausgebaut sein, um konkurrenzfähig zu bleiben. Dies sind die zu erfüllenden Voraussetzungen, damit sich die Elektrofirma trotz der eng bemessenen Marktsegmente behaupten kann.

Die Werkmeister und ihre Mitarbeiter müssen sich häufig anderen Arbeitsabläufen anpassen können, ohne daß dadurch Störungen personeller und technischer Art auftreten dürfen. Dazu wurde ein Weiterbildungsprogramm konzipiert, das die Mitarbeiter direkt mit den Veränderungen vertraut macht.

Das alte Management konnte sich den wechselnden Bedingungen im Markt nicht schnell genug anpassen, so daß die Firmenleitung reorganisiert und ein neues Topmanagement gebildet wurde.

Die Mitglieder der neuen Geschäftsleitung werden Ihnen nun kurz in einer Übersicht vorgestellt, ihre bisherige berufliche Laufbahn und die darin gesammelten Erfahrungen beschrieben. Im Anschluß an die kurzen Persönlichkeitsprofile folgen die genauen Rollenvorgaben der Personen:

J. Ward, Chairman der Firma.
Er ist 49 Jahre alt und seit 12 Jahren in der Firma tätig. Er begann zunächst in der Administration und war dann 5 Jahre in der Revision beschäftigt. Vor 2 Jahren stieg er in seine jetzige Position auf. Er hat einen Universitätsabschluß als Volkswirtschaftler.

B. Karson, Mitglied der Geschäftsleitung, verantwortlich für die Produktion.

Karson ist 45 Jahre alt und wurde vor 15 Jahren eingestellt. Nach einer Assistentenzeit wurde er zum Betriebsleiter ernannt. Zur gleichen Zeit, als vor zwei Jahren Ward Chairman wurde, stieg er in seine jetzige Position in der Geschäftsleitung auf. Er ist ausgebildeter Elektroingenieur.

J. Jackson, Mitglied der Geschäftsleitung, verantwortlich für den Verkauf.

Er ist 46 Jahre alt und begann vor fünf Jahren in der Firma. Zuvor war er als Verkaufsleiter für einen bestimmten Bezirk in einem größeren Unternehmen verantwortlich. Er ist der einzige Mitarbeiter, der aus dem alten Management übernommen wurde, um eine neue Verkaufsorganisation aufzubauen. Seine Aufgabe ist es, die verlorenen Marktanteile wiederzugewinnen und den Markt für die Produkte der Firma zu erweitern. Jackson begann im Anschluß an eine kaufmännische Lehre als Mitarbeiter des Außendienstes.

R. Haner, Mitglied der Geschäftsleitung, verantwortlich für Personalmanagement.

Er ist 39 Jahre alt und begann als Personalassistent gleich nach seinem Jurastudium in der Firma. Anschließend wurde er zum Personalleiter und vor zwei Jahren zum Mitglied der Geschäftsleitung befördert.

Rollenunterlagen

Rolle: J. Ward, Chairman

Sie sind in der ABCO-Firma seit zwei Jahren als Chairman tätig. In Ihrer früheren Tätigkeit als Revisor haben Sie den ehemaligen Chairman bei finanziellen und politischen Angelegenheiten beraten. Dadurch gewannen Sie einen genauen Einblick in die Firma. In der Funktion des Chairmans hat sich ihr Aufgabenfeld allerdings sehr verbreitert und ist komplexer geworden. Jetzt haben Sie die Verantwortung für die Konzeption und Durchsetzung der Unternehmenspolitik in den verschiedenen Bereichen, zu denen Einkauf, Verkauf, Produktion und Finanzierung, Entwicklungen von Produkten, Personalangelegenheiten und Public Relations Aktivitäten gehören.

Zum großen Teil hängen der Fortschritt der Firma und Ihr eigener Erfolg oder Mißerfolg als Chairman davon ab, ob Sie sinnvolle und richtige Entscheidungen treffen. Wenn sich Ihre Unternehmenspolitik als richtig erweist, werden Ihnen die Kollegen und Mitarbeiter vertrauen. Sobald aber die Stellung der Firma im Markt und der Produktionsablauf gefährdet sind, wird man Ihnen die Schuld zuweisen.

Eines der schwierigsten Probleme, mit denen Sie sich als Chairman auseinandersetzen müssen, ist die Frage, ob und wie die Firma expandieren kann. Innerhalb der Firma und unter Ihren engsten Mitarbeitern herrschen unterschiedliche Meinungen über die Frage der Expansion. Die Gegner behaupten, daß die Grundstücks- und Baupreise, ebenso die Kosten für neue Anlagen nicht tragbar sind. Ein weiteres Argument ist, daß sich der Absatz von Fernsehgeräten und anderen elektronischen Artikeln bislang unsicher gestaltet und von zukünftigen ökonomischen Entwicklungen abhängig ist, die schwer vorauszusagen sind.

3.6 Rollenspiel

Die Rücklagen der Firma sind gering. Daher müssen die notwendigen Geldmittel durch Verkauf von Warenbeständen oder Aufnahme von Krediten beschafft werden. Die gegenwärtige Lage der Firma bietet jedoch keine ausreichenden Sicherheiten für eine kreditabhängige Finanzierung. Außerdem würde es einer längeren Vorlaufzeit bedürfen, bis sich die Expansion rentiert. Ein zuvor eintretender Auftragsrückgang könnte die Firma ruinieren.

Andererseits gibt es einige Leute in der Firma, die eine sofortige Expansion unterstützen, wobei allerdings alle Mitarbeiter, Gegner wie Befürworter der Expansion, dazu neigen, ihre Standpunkte aus ihrem speziellen Geschäftsbereich darzulegen – keiner kann Ihnen mit umfassender Kenntnis zur Seite stehen. In gelegentlichen Diskussionen führten die Befürworter einige eindrucksvolle Fakten und Argumente für den Bau eines neuen Werkes an. Ein Argument war beispielsweise, das vierstöckige, 30 Jahre alte Gebäude sei für die Umrüstung auf moderne Produktionsanlagen nicht geeignet. Das veraltete Licht- und Heizungssystem sei nicht nur zu teuer, sondern entbehre auch der notwendigen Flexibilität für eine Umstellung. Ferner wurde angeführt, in der Vergangenheit seien drei große Aufträge abgelehnt worden, da die Produktionskapazität nicht ausreichte, um die geforderten Lieferzeiten einzuhalten. Ein weiteres Argument ist, daß die Arbeitsmoral der Mitarbeiter angesichts ausbleibender Fortschritte, angesichts mangelnder Firmenentwicklung leide. Gute Mitarbeiter würden entmutigt und gingen zu schneller expandierenden Firmen, wo ihre beruflichen Aufstiegschancen besser seien.

In den letzten Monaten haben Sie versucht, beiden Standpunkten gegenüber aufgeschlossen zu bleiben und die Vor- und Nachteile abzuwägen. Trotz der Risiken wurden Sie immer stärker davon überzeugt, daß nur eine Expansion die Stellung der Firma wieder stärken kann. Die Durchsetzung Ihrer Überzeugung ist jedoch zum jetzigen Zeitpunkt mit einem langen und mühsamen Kampf verbunden. Dennoch glauben Sie, daß auch unter den derzeit ungünstigen Umständen befriedigende Fortschritte erzielt werden könnten.

Sie haben sich in den letzten zwei Jahren nach besten Kräften bemüht, diese Ansichten auch dem Aufsichtsrat zu vermitteln. Dennoch hat der Aufsichtsrat Sie gestern abend über folgenden Beschluß informiert: Sie bekommen noch ein Jahr Zeit, um Erfolge zu erarbeiten, anderenfalls müssen Sie die Aufgabe des Chairmans niederlegen.

Sie hatten schon vorher bemerkt, daß einige Mitglieder des Aufsichtsrats ungeduldig wurden. Diese Mitteilung kam jedoch völlig unerwartet und hat Sie regelrecht schockiert. Offensichtlich steht eine Expansion nicht mehr zur Diskussion, wenn Resultate innerhalb eines Jahres vorgewiesen werden müssen. Die Expansion der Firma würde einen weit längeren Zeitraum erfordern, um die notwendigen finanziellen Grundlagen zu schaffen und die personellen, technischen und baulichen Anpassungen des Werkes zu vollenden.

Der einzige Weg besteht nun darin, kein Risiko einzugehen. Innerhalb der Organisation müssen Einsparungen vorgenommen und günstige Absatzmöglichkeiten geschaffen werden. Nur so ist es möglich, Erfolge innerhalb der Jahresfrist zu erzielen. Sie müssen Ihre Entscheidung und das Ausbleiben der expansiven Firmenentwicklung sofort bekanntgeben und Maßnahmen für Einsparungen mit den anderen Mitgliedern der Geschäftsleitung absprechen und entwickeln.

Als ersten Schritt haben Sie eine Zusammenkunft mit den Herren Karson, Jackson und Haner vereinbart. Sie wollen im Kreise der Geschäftsleitung abschließend überprüfen, ob Sie bei Ihrer Entscheidung etwas übersehen haben. Es ist jetzt 15.00 Uhr, die Sitzung wird gleich beginnen.

Weitere Instruktionen für den Chairman J. Ward
(nur bei einem Festfahren der Diskussion)

Das zurückliegende Gespräch in der Geschäftsleitung hat keine Einigung erzielen können. Die Standpunkte über die zukünftige Unternehmenspolitik gehen auseinander und konnten nicht zu der Vorstellung geführt werden, die sich aus den Auflagen des Aufsichtsrates ergaben. Es haben sich zwei Parteien gebildet: die eine vertritt eine Expansionspolitik. Die andere Partei, zu der vielleicht nur Sie gehören, vertritt den bestehenden status quo und eventuell die Durchsetzung einer Sparpolitik.

Sollte die Situation sich so darstellen, schlagen Sie folgende Taktik ein: Erklären Sie offen, was Ihnen der Aufsichtsrat mitteilte. Machen Sie den übrigen Managern klar, daß Ihre Existenz davon abhängt, eine größere Rendite innerhalb eines Jahres zu erwirtschaften. Versuchen Sie dann, eine gemeinsame Basis für Aktionen in den verschiedenen Tätigkeitsbereichen zu finden.

Rolle: B. Karson, verantwortlich für die Produktion.

Sie sind Mitglied der Geschäftsleitung der ABCO-Firma. Ihr Aufgabengebiet ist die Produktion und die Produktentwicklung. Bevor Sie vor zwei Jahren diese Tätigkeit übernahmen, waren Sie Werksleiter. Ihre Vorstellungen gehen dahin, im Betrieb möglichst bald weitere Rationalisierungsmaßnahmen durchzuführen.

In den vergangenen Jahren haben Sie einiges in dieser Richtung verwirklicht. Das alte Management hatte sich jahrelang geweigert, für neue Fertigungsanlagen Geld auszugeben. Statt dessen wurden die alten Anlagen repariert. Ihre Aufgabe bestand weitgehend darin, das Beste aus den minderwertigen, veralteten Anlagen und

Verfahrensweisen herauszuholen. Dank Ihres Einflusses auf *Ward* konnten Sie eine Anzahl von Änderungen durchsetzen. Durch sorgfältiges Sondieren gebraucht angebotener Fertigungsanlagen machten Sie einige günstige Einkäufe. Zusätzlich haben Sie ein neues Labor für die Produktentwicklung eingerichtet. Das war unbedingt notwendig, damit die Firma mit ihrem Stab an Forschern in Konkurrenz zu den größeren Firmen wettbewerbsfähig bleiben kann. Diese Abteilung beschäftigt sich mit der Entwicklung neuer Produkte und Vereinfachungen im Fertigungsablauf bewährter Elektronikteile. Die Firma erhöht langsam wieder ihre Gewinnspanne, was zum großen Teil auf die verringerten Stückkosten zurückzuführen ist, die Sie durch Rationalisierungsschritte in der Fertigung erzielten.

Sie haben jetzt alle Möglichkeiten der Instandsetzung, Reparatur und Rationalisierung im Fertigungsablauf ausgeschöpft. Ein neues modernes Werk ist nun unbedingt erforderlich. Das vorhandene vierstöckige, 30 Jahre alte Gebäude ist für moderne Fertigungsverfahren unzureichend. Bei den neuen integrierten Produktionsanlagen sollten möglichst alle Arbeitsschritte auf einer Etage vollzogen werden. Die jetzige Anlage führt allein durch den langwierigen Transport der Produktelemente über mehrere Etagen zu erheblichen Verzögerungen bei der Fertigstellung.

Je nachdem, wie die Fertigungsschritte der bestehenden Anlage für neue zusätzliche Anpassungen noch umgerüstet werden müssen, können sich die Verzögerungen um ein Vielfaches erhöhen, wenn kein neues Werk gebaut wird.

Auch das Heizungssystem und die Lichtanlage sind unpraktisch und sehr kostenintensiv. Hinzu kommt, daß in den oberen Stockwerken schwere Maschinen aufgrund der geringeren Traglast des Gebäudes nicht montiert werden können. Gerade dort würden diese Maschinen aber am besten ausgenutzt werden.

Sie haben *Ward* wiederholt gedrängt, ein neues Gebäude zu bauen und neue Anlagen einzukaufen. Obwohl er Ihnen immer freundlich zuhört, konnten Sie bisher nicht erreichen, daß er sich in irgendeiner Form festlegt. *Ward* ist ein guter Administrator, aber in der Fertigungstechnik kennt er sich nicht besonders gut aus. Er scheint direkten Antworten gern aus dem Wege zu gehen. Vielleicht liegt es auch daran, daß er noch nicht genügend Erfahrungen als Chairman gesammelt hat. Als Revisor sah er die Firmenangelegenheit mehr unter den finanziellen Aspekten. Den früheren Chairman hatte er nur beraten, ohne selbst endgültige finanzielle Entscheidungen zu treffen. Jetzt steht er selbst an der Spitze und muß eigene Entscheidungen treffen und auch dazu stehen. Er scheint Schwierigkeiten zu haben, sich über verschiedene Angelegenheiten eine eigene Meinung zu bilden. Sie haben ihn bisher nach besten Kräften beraten und möchten ihm nun helfen, die Entscheidungen zum Abschluß zu bringen. Er muß, wie Sie meinen, auf jeden Fall zur Expansion schreiten, wenn die Firma konkurrenzfähig bleiben will.

Ward hat für heute nachmittag um 15.00 Uhr eine Zusammenkunft mit Ihnen und den anderen Geschäftsleitungsmitgliedern angesetzt. Sie kennen die zusammentreffenden Personen und haben schon häufiger an den Gesprächen teilgenommen. Allerdings wissen Sie heute nicht genau, was *Ward* mit der Besprechung beabsichtigt. Sie hoffen jedoch, daß er sich endlich mit einem neuen Werk einverstanden erklärt und Entsprechendes einleitet.

Rolle: J. Jackson, verantwortlich für den Verkauf.

Sie sind Mitglied der Geschäftsleitung und verantwortlich für den Verkauf. Sie kamen vor fünf Jahren zur ABCO-Firma. Vorher waren Sie Verkaufsleiter einer größeren Firma, die auch elektronische Artikel herstellt. Ihr Aufstieg zum Mitglied der Geschäftsleitung schloß eine Gehaltserhöhung ein, brachte aber auch mit sich, daß sich Ihr Verantwortungsbereich vergrößerte.

Als Sie vor fünf Jahren in die Firma eintraten, verfügte die Firma über keine wirkungsvolle Verkaufsorganisation und verlor Marktanteile. Ihnen erschien nur eine Möglichkeit sinnvoll: Sie entwickelten ein besseres Vertriebssystem und strukturierten die Verkaufsorganisation neu.

Die Umstrukturierung hat Sie viel Mühe und Überzeugungskraft gekostet, weil Sie das alte Management erst für Ihre Ideen gewinnen mußten. Sie haben sich jedoch durchsetzen können. In den meisten größeren Städten, in denen Abco-Produkte gefragt sind, wurden Verkaufsbüros eingerichtet und die Verkaufsorganisation gestärkt. Ihr Vorgehen erwies sich als richtig.

Die Reorganisation des Firmenmanagements brachte für Sie den Vorteil, daß der neue Chairman J. *Ward* Ihnen mehr Entscheidungsspielräume läßt, als Ihnen unter Führung des alten Managements zugebilligt wurde. *Ward* realisiert in mancher Hinsicht seine Arbeit als Chairman recht gut. Dennoch scheint er relativ einfallslos zu sein. Er hört Ihnen immer bereitwillig zu, wenn Sie Ihre neuen Ideen vorstellen, aber letzten Endes scheint er vor neuen Werbefeldzügen zurückzuschrecken. In den letzten zwei Jahren hat er oftmals die Verwirklichung Ihrer besten Werbeideen solange aufgeschoben, bis die zündenden und überraschenden Momente Ihrer Ideen im Markt nicht mehr wirken konnten.

Die bevorstehende Expansion der Firma hat für Sie eine besondere Bedeutung. Der Ausbau der Firma sichert nicht nur neue Marktanteile, er verhindert auch, daß Sie, wie in den letzten Jahren einige Male geschehen, größere Aufträge nicht annehmen konnten, weil die geforderten Auslieferungstermine nicht einzuhalten waren. Bei

Bestellungen kam es außerdem zu ärgerlichen Terminüberschreitungen. In ein oder zwei Fällen mögen die Termine unüberlegt mit dem Kunden abgestimmt worden sein. Deshalb unterstützen Sie die Idee, eine neue Werksanlage zu bauen.

Bei den anderen nicht erfüllten Aufträgen mußte allerdings *Karson* eingestehen, daß er die Termine nicht eingehalten hatte. Vermutlich reicht *Karson*s Kompetenz und Durchsetzungsfähigkeit gegenüber den Werksmitarbeitern nicht aus, die notwendigen Umbauten in der Fertigungsanlage durchzusetzen. Und *Ward* weigert sich – möglicherweise, weil *Karson* sein Günstling ist – ihn anzutreiben, damit *Karson* sich im Betrieb durchsetzt.

Mit Hilfe des vergrößerten Werkes könnten die Termine ohne Schwierigkeit eingehalten und die Abwicklung größerer Aufträge unproblematisch vollzogen werden. Hinzu kommt, daß die Verantwortlichen der Produktentwicklung und Forschung seit zwei Jahren, außer Ideen, die unrealisiert blieben, keine Fortschritte einleiten konnten. Bislang wurden nur Forschungsgelder ausgegeben. Die Kosten für die Produktentwicklung steigen unaufhörlich, ohne daß neue Produkte auf den Markt kamen. Eine verhältnismäßig kleine Firma, wie die ABCO Elektrowerke, ist aber gezwungen, den Kunden ständig neue und verbesserte Produkte vorzustellen, um in den Marktnischen die Anteile zu halten und konkurrenzfähig zu bleiben. Abgesehen davon werden die Mitarbeiter der Produktionsentwicklung durch die beschränkten Fertigungsmöglichkeiten und Auftragsabwicklungen demoralisiert.

Bislang war *Ward* gegenüber Ihren Argumenten für die Expansion aufgeschlossen und in der letzten Zeit wurde die Wahrscheinlichkeit immer größer, daß er sich bereit erklärt, in dieser Richtung etwas zu unternehmen.

Für 15.00 Uhr ist heute eine Sitzung einberufen worden, an der auch die anderen Herren der Geschäftsleitung teilnehmen werden. Vielleicht kündigt *Ward* seine Pläne für ein neues Werk an. Das Sekretariat teilte nämlich mit, Sie möchten noch einmal umfassend alle Vor- und Nachteile des Werksausbaus vortragen.

Rolle: R. Haner, verantwortlich für Personalangelegenheiten.

Sie sind Mitglied der Geschäftsleitung und sind für die Angelegenheiten der Personalabteilung verantwortlich. Vor zweieinhalb Jahren wurden Sie vom Personalleiter auf diesen Posten befördert. Ihre Mitarbeiter bearbeiten alle Personalangelegenheiten, dazu gehören Einstellungen, Auswahl der Mitarbeiter, Festlegung der Löhne und Beförderungen, Personalentwicklung, Aus- und Weiterbildung. Als Chef der Personalabteilung müssen Sie dafür Sorge tragen, daß Ihre Abteilung drei Hauptfunktionen wahrnimmt:

1. Soziale Probleme und personelle Schwierigkeiten sollen möglichst verhindert werden. Wenn Probleme auftreten, ist es im Sinne der Firmenpolitik, diese großzügig zu regeln.
2. Dem Chairman J. *Ward* sollen Sie bei allen zentralen Personalfragen beratend zur Seite stehen.
3. Einen großen Stellenwert nimmt die Weiterentwicklung und Schulung der Mitarbeiter ein. Die Fähigkeiten sollen kontinuierlich erweitert werden, um das Qualitätsniveau der Produkte zu steigern und ein positives Betriebsklima zu erhalten.

Sie haben durch Ihre Weiterbildungsmethoden ein Fortbildungssystem geschaffen, das die schnelle Anpassung der Mitarbeiter an Produktionsveränderungen garantiert. Die Mitarbeiter werden vor Ort am Arbeitsplatz weiterqualifiziert und können so verschiedenste Funktionen im Arbeitsprozeß wahrnehmen (Jobenrichment). Vor der Ablösung des alten Managements hatten Sie viele Schwierigkeiten, Ihre Vorstellungen durchzusetzen. Nun ist es Ihnen gelungen, unter Führung des neuen Managements neue Systeme wie Lernstatt und Qualitätszirkel in der Produktion durchzusetzen. Voll wirksam sind die Veränderungen noch nicht. Es gibt immer wieder Schwierigkeiten und Rückschläge.

Im Anschluß an die Reorganisation vor zwei Jahren stiegen einige Kräfte in Führungspositionen auf und hinterließen Lücken, die Sie mit Universitätsabsolventen sinnvoll besetzten. Eine Reihe neuer qualifizierter Mitarbeiter wurde in der Firma eingestellt.

Jetzt stehen Sie wieder vor den gleichen Problemen wie vor zweieinhalb Jahren. Die Firma wächst nicht. Einige der vor zwei Jahren eingestellten Akademiker können nicht weiter aufsteigen und werden langsam ungeduldig. Neueingestellten Mitarbeitern bleiben derzeit die Aufstiegschancen verwehrt, da die angespannte Firmensituation keine personellen Veränderungen zuläßt. Auch in absehbarer Zeit sind keine Verbesserungen zu erkennen, wenn die Firma nicht expandiert. Aus diesem Grunde haben in den vergangenen Monaten einige Ihrer besten Führungskräfte entmutigt die Firma verlassen und sind nun in Konkurrenzfirmen tätig. Sofern sich diese Entwicklung fortsetzt, werden das mittlere und untere Management in ein paar Jahren wieder mit zweitklassigen Angestellten besetzt sein.

Die Firma kann es sich aus Sicht der Personalabteilung nicht mehr leisten, guten Mitarbeitern keine Anreize für eine engagierte und qualifizierte Mitarbeit zu bieten. Die Expansion ist zwingend notwendig, wenn die Firma die Führungskräfte halten will.

J. *Ward* hat Sie darüber informiert, daß um 15.00 Uhr eine Sitzung mit den anderen Geschäftsleitungsmitgliedern stattfindet. Da die anderen Mitglieder der Geschäftsleitung aus Produktion und Verkauf auch geladen sind, scheint es, als würden nun die Pläne für ein neues Werk bekanntgegeben.

3.6.6.2 Zweites Rollenspiel: Beurteilungsgespräch

Ziele des Rollenspiels

Die Teilnehmer sollen
- Beurteilungsgespräche konzipieren und durchführen,
- den Gesprächsverlauf analysieren und die Wirkung bewerten können.

Das Rollenspiel wird hier für die Einübung von Beurteilungsgesprächen genutzt. Dies setzt voraus, daß ein bestimmtes Beurteilungssystem angewendet werden soll. Durch das Training sollen die Teilnehmer lernen, wie man ein wirkungsvolles Beurteilungsgespräch durchführt. Für diesen Lernbereich simulieren die Teilnehmer mit angeleiteten Rollenspielen Beurteilungsgespräche. Die Thematiken sind auf die verschiedenen Funktionsbereiche abgestimmt. In diesem Fall handelt es sich um den Verkaufsbereich.

Mit Hilfe der Rollenspiele lassen sich auch verschiedene Beurteilungssysteme auf ihre Wirkungen hin testen. Ein Workshop für Personalleute und die Geschäftsleitung könnte so gestaltet werden, bevor ein ungeeignetes Beurteilungssystem größeren Schaden anrichten kann.

Ablauf

1. Individuelle Vorarbeit: Das Konzept des Gespräches wird für die vorgegebene Rolle entwickelt.
2. Gruppenarbeit: Die Konzepte werden ausgetauscht, diskutiert und weiterentwickelt. Die Gruppe der Mitarbeiter sammelt Argumente, um ihre Positionen durchzusetzen.
3. Rollenspiel: Ein Rollenspiel wird durchgeführt. Die am Rollenspiel nicht Mitwirkenden beobachten die Wirkung und das kommunikative Verhalten der Spielenden im Gespräch. Alternativ können alle das Rollenspiel durchführen und anschließend analysieren.
4. Auswertung: Das durchgeführte Rollenspiel wird mit Hilfe der Checkliste für Beurteilungsgesprächsführung besprochen, (s. Teil B Kap. 3.6.6.3). Zuerst geht jeder individuell den Fragebogen durch. Anschließend tauschen die Mitwirkenden ihre Beurteilungen aus. Unerwünschte Effekte werden festgestellt, Ursachen ermittelt und Alternativen entwickelt.
5. Weiteres Rollenspiel: Die gesammelten Erfahrungen und Erkenntnisse werden von den Teilnehmern in einem weiteren Rollenspiel umgesetzt.

Allgemeine Informationen

Das Gespräch findet zwischen Herrn Best, dem Verkaufsdirektor im „Gebiet West" der Firma und Herrn Grothe statt. Herr Grothe ist zur Zeit Inspektionsleiter.

Nachdem Herr Grothe bereits mehrere Jahre in einer kleinen Firma als Verkaufsleiter tätig war, ist er vor 5½ Jahren bei der Firma eingetreten, die zu einem internationalen Konzern gehört.

Während seiner Laufbahn bei dieser Firma hat er folgende Tätigkeiten ausgeübt:

3 Monate Assistenzreisender im Westen
10 Monate Reisender im Westen
11 Monate Verkaufsinnendienst in der Hauptverwaltung
12 Monate Großkundenbetreuer im Süden
6 Monate Inspektionsleiter im Norden
18 Monate Inspektionsleiter im Süd-Westen
6 Monate Inspektionsleiter im Westen

Leistung und Qualifikation, aber auch der Zeitraum der Firmenzugehörigkeit, bilden die grundsätzlichen Beurteilungskriterien für eine Beförderung und mögliche Aufstiegschancen innerhalb der Firma.

Rollenunterlagen

Rolle: Herr Best, Verkaufsdirektor

Als Sie seinerzeit Herrn Grothe einstellten, hatten Sie einen ausgezeichneten Eindruck von ihm. Seine Tätigkeit bei seiner damaligen Firma zeugte von großem Einsatzwillen und überdurchschnittlichen Fähigkeiten. Obwohl Sie wußten, daß es nicht der übliche Weg ist, stellten Sie Herrn Grothe ein und deuteten ihm an, daß bei seinen Fähigkeiten gewiß ein baldiger Aufstieg zu erwarten sei. Sie waren darüber hinaus der Meinung, daß es auch für Ihre Firma gewinnbringend sei, Mitarbeiter einzustellen, die über Erfahrungen bei anderen Firmen verfügen und neue Arbeitsformen und Ideen einbringen können.

Sie haben das Vorgehen mit Ihrem Vorgesetzten besprochen und hatten bei der Einstellung ein gutes Gefühl, zumal Herr Grothe sich in der anfänglichen Assistenzzeit sehr umsichtig zeigte.

Während des ersten Jahres – als Reisender in Ihrem Gebiet – bestätigte sich Ihr Eindruck, und Sie nahmen positiv Kenntnis von seinen Verkaufsfähigkeiten und seinem Geschick, Menschen zu überzeugen.

Als eine Arbeitsstelle im Verkaufsinnendienst der Hauptverwaltung frei wurde, zögerten Sie nicht lange und schlugen Ihrem Vorgesetzten vor, Herrn Grothe für diesen Posten auszuwählen. Ausschlaggebend hierfür war auch, daß die Stelle mit einem Reisenden besetzt werden sollte, der über umfangreiche Erfahrungen verfügt.

Herr Grothe hat sich in sein neues Tätigkeitsfeld erfolgreich eingearbeitet, wie Ihnen auch von seinen dortigen Vorgesetzten bestätigt wurde. Um so mehr erfreute es Sie, daß Herr Grothe bereits ein Jahr später als Großkundenbetreuer eingesetzt werden konnte, zumal Sie zu damaliger Zeit die Auffassung vertraten, er werde auch in kurzer Zeit die Befähigung zum Bezirksleiter haben. Durch die räumliche Trennung bedingt, verloren Sie ihn etwas aus den Augen, hörten aber auch nichts Negatives über seine Leistungen.

Während der letzten 18 Monate, in denen Herr Grothe im Süd-Westen eingesetzt wurde, teilte man Ihnen jedoch einige ungünstige Aspekte mit: Ihr Kollege aus dem Süd-Westen, Herr Scholz, berichtete, Herr Grothe habe ihn in der Funktion des Inspektionsleiters nicht überzeugen können. Er habe sicherlich einige gute Ideen zur Absatzförderung und Kundenbetreuung vorgetragen, dennoch befände er sich ständig in einer Art Defensivhaltung. Seine ursprünglich so sehr gelobte, engagierte und motivierte Arbeitshaltung habe sehr nachgelassen.

Vor sechs Monaten ist er nun wieder in Ihr „Gebiet West" zurückgekehrt, und Sie mußten feststellen, daß Ihr Kollege Recht hatte. Herr Grothe scheint das Interesse an seiner Arbeit verloren zu haben. Sie entschlossen sich, den beruflichen Lebenslauf von Herrn Grothe noch einmal Revue passieren zu lassen, die positiven und negativen Aspekte sorgfältig abzuwägen, und kamen zu der Schlußfolgerung, daß Sie die Leistungsfähigkeit von Herrn Grothe ein wenig überschätzt haben.

Vielleicht ist ihm das Vertrauen auch zu Kopfe gestiegen, das Sie und die Kollegen in der Hauptverwaltung gezeigt haben. Sollte sich Ihre Vermutung bewahrheiten, werden Sie Abstand von Ihrem ursprünglichen Plan nehmen, Herrn Grothe für den freiwerdenden Bezirksleiterposten vorzuschlagen. Offensichtlich hat er doch nicht Talent und Persönlichkeit genug, einen solchen Posten auszufüllen.

Sie glauben, daß es das Beste sein wird, ihn als Ihren Assistenten in Ihre Nähe zu versetzen, sobald eine Möglichkeit die Versetzung erlaubt. In Ihrem Wirkungskreis können Sie noch einmal für längere Zeit mit Herrn Grothe zusammenarbeiten und seine Fähigkeiten überprüfen. Die Versetzung würde zwar keiner Beförderung entsprechen, dennoch wird durch die verbesserten Ortszuschläge sein Gehalt minimal aufgestuft werden können, so daß ihm eine kleine Anerkennung zukommen kann, auch wenn er die eigentlichen Erwartungen zur Zeit nicht erfüllt.

Möglicherweise ist Herr Grothe zudem persönlich in seiner Familiensituation beeinträchtigt. Kürzlich lernten Sie bei einem Firmentreffen seine Frau kennen, die Ihnen recht unzufrieden und unglücklich erschien. Sie reagierte sehr abweisend und schien nicht sonderlich interessiert an der Tätigkeit ihres Mannes.

In dem für den heutigen Tag angesetzten Gespräch werden Sie Herrn Grothe die Situation skizzieren und ihm mitteilen, daß er als Assistent vorübergehend wieder in Ihrem Wirkungskreis arbeiten wird.

Rolle: Herr Grothe, Inspektionsleiter.

Sie sind Inspektionsleiter und nun seit 5½ Jahren bei der Firma. Sie haben sich damals zum Eintritt in die Firma entschlossen, weil Ihnen in der größeren Organisation bessere berufliche Aufstiegschancen zugesichert wurden. Herr Best führte damals das Einstellungsgespräch mit Ihnen und erklärte Ihnen, daß ein guter Mitarbeiter schnell weitere Möglichkeiten findet, sein Aufgabenfeld zu erweitern und in der Gehaltsstufe höher eingruppiert zu werden. Zu Ihrem Entschluß, die Firma zu wechseln, kam hinzu, daß Sie mit Ihrer Tätigkeit in der früheren Firma unzufrieden waren.

Bald nach Ihrer Einstellung deuteten sich ausgezeichnete berufliche Entfaltungsmöglichkeiten in der neuen Firma an, die auch eine gute Basis für die Gründung einer Familie garantierten. Ihre damalige Freundin teilte Ihre Ansicht, so daß Sie wenig später heirateten.

Sie erklärten sich bereit, als Reisender zu beginnen, um Erfahrungen im neuen Tätigkeitsfeld zu machen. Es bestand die Aussicht, bald eine leitende Funktion zu übernehmen, wie Ihnen Herr Best eröffnet hatte. Dies wurde Ihnen bei guten Leistungen zugesichert.

Sie fühlten sich in Ihrem neuen Tätigkeitsfeld sehr wohl und wurden dank Ihres Engagements kurze Zeit später nach Hamburg versetzt und befördert. Diese Versetzung betrachteten Sie als ein besonderes Entgegenkommen von Herrn Best, der Ihre Versetzung und das neue Aufgabenfeld als wichtig für Ihr späteres Fortkommen beschrieb.

Obwohl Sie inzwischen Nachwuchs bekommen hatten, gingen Sie gern nach Hamburg. Die Umstände der familiären Trennung nahmen Sie bereitwillig auf sich und teilten Herrn Best bei einem Gespräch in Hamburg mit, daß Sie zufrieden seien. Die Belastung der doppelten Haushaltsführung und die langen Fahrten nach Hause dienten schließlich der Verbesserung Ihrer Qualifikation und der Chance, bald zum Bezirksleiter befördert zu werden. Das trat aber nicht ein.

Zwischenzeitlich wurden Sie noch einige Male versetzt mit nur unwesentlichen gehaltlichen Verbesserungen. Ihre Unzufriedenheit wuchs, denn Sie bekamen mit den Jahren das Gefühl, als „Springer" ausgenutzt zu werden. Je nachdem wo Personalmangel herrschte und Ihre qualifizierte Mitarbeit erforderlich schien, schickte man Sie ungeachtet Ihrer familiären Situation hin. Aus den

Versetzungen ergaben sich zwar keine finanziellen Nachteile und Ihre Vorgesetzten bestätigten Ihnen, daß Sie gute Leistungen erbrachten, dennoch wollten Sie und Ihre Frau sich endlich fest niederlassen und ein Haus für sich und Ihre Kinder bauen.

Bei Ihrer letzten Versetzung vom Gebiet „Süd-West" nach „West" teilte Ihnen Ihr damaliger Bezirksleiter Herr Scholz mit, daß die Versetzung ein besonderes Entgegenkommen sei. In der alten Heimat seien Sie Ihrer Familie wieder näher und aus diesem Grunde sei Ihre Familie bei dem Tätigkeitswechsel mitberücksichtigt worden. Einigen Bemerkungen konnten Sie jedoch entnehmen, daß Herr Scholz Negatives über Sie verbreitet hatte und Sie anscheinend loswerden wollte. Sie vermuteten, daß Herr Scholz Ihre unübliche Laufbahn in der Firma kritisierte und Ihre Höhergruppierungen und die Verbesserungen Ihrer Position deshalb nicht akzeptierte.

Möglicherweise tolerierte Herr Scholz Ihre Mitarbeit auch deshalb nicht, weil er um seine eigene Position fürchtete. Sie sind der Meinung, daß Sie als Bezirksleiter hervorragende Arbeit leisten würden und über mehr Fähigkeiten verfügen als Herr Scholz, Ihr damaliger Vorgesetzter im Süd-Westen.

Mittlerweile hat Ihre Frau bemerkt, daß Sie in Ihrem Beruf zur Zeit einigen Belastungen ausgesetzt sind. Ihre Frau gab Ihnen zu verstehen, daß sie, wenn es für die Bewältigung der Konflikte hilfreich sein sollte, einen Arbeitsplatzwechsel befürworten würde. Sofern eine neue Tätigkeit mit einem schlechteren Verdienst verbunden wäre, könne sie auch mit weniger Geld auskommen.

Herr Best hat Sie nun zu einem Gespräch gebeten. Sie kennen nicht genau den Anlaß des Gespräches, hoffen aber auf ihre Entwicklung bei der Firma endgültig klären zu können.

3.6.6.3 Checklisten für die Gesprächsführung

Die folgenden vier Checkbögen beziehen sich auf eine inhaltliche Analyse von Gesprächen. Während der erste allgemein gehalten ist, beziehen sich die anderen auf bestimmte Gespächssituationen:
Disziplinargespräch
Beurteilungsgespräch
Beratungsgespräch.

Der letzte Checkbogen erfaßt den emotionalen Aspekt von Gesprächen. Emotionale Prozesse können damit analysiert werden. Der Bogen kann mit den anderen kombiniert werden.

Checkbogen 1: Inhaltlicher Aspekt

1. Wie klar war den Gesprächspartnern das Gesprächsziel, wie bewußt haben sie ihr Ziel verfolgt?

vollkommen unklar — ziemlich klar — ganz klar

2. Wurden alle Daten und Informationen ausgetauscht?

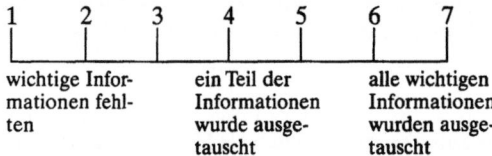

wichtige Informationen fehlten — ein Teil der Informationen wurde ausgetauscht — alle wichtigen Informationen wurden ausgetauscht

3. War der Ablauf des Gespräches klar und logisch?

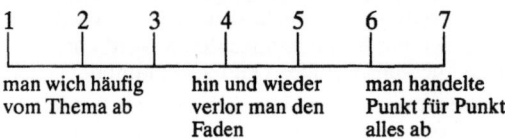

man wich häufig vom Thema ab — hin und wieder verlor man den Faden — man handelte Punkt für Punkt alles ab

4. Wurden die Meinungen und Ansichten von beiden Seiten verstanden?

es gab oft Mißverständnisse — manchmal traten Mißverständnisse auf — alles war klar und verständlich

5. Wurden die angeschnittenen Probleme gelöst?

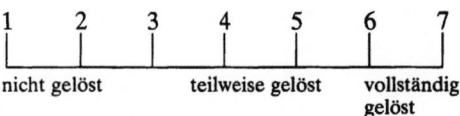

nicht gelöst — teilweise gelöst — vollständig gelöst

Checkbogen 2: Disziplinargespräch

Wie beurteilen Sie die inhaltliche Strukturierung des Disziplinargespräches? Kreuzen Sie entsprechend „nein", „ja" oder „teilweise" an.

	nein	ja	teil-weise

1. Ist der Sachverhalt genau erfaßt worden?

   Bemerkungen: _____

   _____

2. Sind die Hintergründe für die Verhaltensweisen geklärt worden?

   Bemerkungen: _____

   _____

3. Sind die möglichen Folgen des Verhaltens einsichtig herausgearbeitet worden?

   Bemerkungen: _____

   _____

4. Stehen die getroffenen Maßnahmen in einem angemessenen Verhältnis zu den ursprünglichen Verhaltensweisen?

   Bemerkungen: _____

   _____

5. Notieren Sie die wichtigsten Punkte des Gespräches:

   _____

   _____

   _____

Checkbogen 3: Beurteilungsgespräch

Wie beurteilen Sie die inhaltliche Strukturierung des Beurteilungsgespräches? Kreuzen Sie entsprechend „nein", „ja" oder „teilweise" an.

	nein	ja	teilweise

1. Sind die Mängel eindeutig und konkret geklärt worden?

   Bemerkungen: _____

   _____

2. Sind die Ursachen für die Mängel herausgearbeitet worden?

   Bemerkungen: _____

   _____

3. Sind Maßnahmen konkretisiert worden?

   Bemerkungen: _____

   _____

4. Sind Maßnahmen geplant worden?

   Bemerkungen: _____

   _____

5. Sind Formen vorgesehen, um im Anschluß an die Durchführung der Maßnahmen die erreichten Ziele zu kontrollieren?

   Bemerkungen: _____

   _____

Checkbogen 4: Beratungsgespräch

Wie beurteilen Sie die inhaltliche Strukturierung des Beratungsgespräches? Kreuzen Sie entsprechend „nein", „ja" oder „teilweise" an.

	nein	ja	teilweise
1. Sorgte der Berater für eine ausreichende Klärung der vorliegenden Probleme?			

Bemerkungen: _____

_____

2. Hat er zu den Problemen alle wichtigen Informationen, Daten herangezogen?			

Bemerkungen: _____

_____

3. Hat er den Ablauf des Gespräches klar und logisch gestaltet?			

Bemerkungen: _____

_____

4. Hat er sein Verständnis mit dem Klienten überprüft (Zusammenfassungen)?			

Bemerkungen: _____

_____

5. Hat er mit dem Klienten Problemlösungen entwickelt?			

Bemerkungen: _____

_____

Checkbogen 5: Emotionaler Aspekt

1. Gefühlsbeschreibung

a) Beschreiben Sie nach dem Rollenspiel Ihre eigenen Gefühle, die sich während des Rollenspiels bei Ihnen entwickelten, gleichgültig welche Rolle Sie eingenommen hatten.

b) Wie war Ihr Gefühlszustand am Schluß des Gesprächs?

Zur Anregung geben wir hier einige Gefühlszustände mittels Polaritätsprofil vor:

	deutlich	mittel	eher	eher	mittel	deutlich	
locker, entspannt							verkrampft, unter Spannung
gleichgültig, gelangweilt							erregt
behaglich							unbehaglich
lustig, froh							wütend, aggressiv
ansprechend							abstoßend
zufrieden							unzufrieden

c) Fassen Sie in eigenen Worten Ihr Gefühl zusammen:

Ich fühle mich _____

_____

2. Wie könnte man den Verlauf des Gespräches charakterisieren?

	meistens		kaum
sachlich	1	2	3
freundlich	1	2	3
feindlich	1	2	3

3. Wie hat sich Ihre Gefühlslage während des Gesprächs verändert?

Anfangsphase: _____

Mittlere Phase: _____

Endphase: _____

4. Wie hat sich das Verhältnis zwischen den Gesprächspartnern entwickelt?

verbesserte sich ☐
verschlechterte sich ☐
blieb unverändert ☐

5. Was führte zu den emotionalen Veränderungen?

Anlaß/Äußerung	Emotionale Veränderung

6. Was sollte man bei einem neuen Gespräch unbedingt beachten?

_____

_____

_____

_____

3.7 Fallstudie

Praxissituationen werden vorgegeben. Die Teilnehmer müssen ihre Fach- und Methodenkenntnisse anwenden. Sie können ebenfalls die Zusammenarbeit in Gruppen üben (Abb. 21).

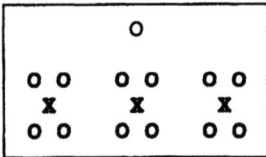

Abb. 21 Fallstudie.

Vorteile:

- soziales Lernen ist möglich
- Anwenden von Wissen, Methoden
- problemorientiertes Vorgehen wird geübt
- Umgehen mit komplexen Situationen

Nachteile:

- kein Wissenserwerb
- geringe Kontrolle des Lernablaufs
- Manipulationsmöglichkeit durch „starke" Teilnehmer
- Lernen abhängig vom Klima, Interaktionen in der Gruppe

Die Besonderheit der Fallstudie ist, daß keine eindeutigen Lösungen möglich sind. Die Frage ist, was die optimale Lösung für das vorliegende Problem ist. Aus diesem Grund unterscheidet man die Methode der Fallstudie von Übungsfällen (z. B. aus dem Gebiet des Rechts), bei denen es richtige und falsche Lösungen gibt.

Ursprung der Fallstudien sind die sogenannten Harvardfälle, die zu Beginn des 20. Jahrhunderts entstanden sind und heute noch als Methode angewendet werden. Die Havard case studies sollen dem Studium der Betriebswirtschaft die Praxisorientierung geben und Manager das Analysieren von komplexen Situationen lehren. Sie beschreiben komplexe Situationen von Organisationen. Sie enthalten eine Fülle von Informationen über den Zustand der Organisation, die es zu analysieren gilt. Die Daten liefern konkrete Unternehmungen oder andere Institutionen. Solche Fallstudien sind recht umfangreich, ca. 30 Schreibmaschinenseiten lang. Von den Analysen ausgehend sind Maßnahmen für die Verbesserung des Organisationszustandes zu entwickeln. Die Lösungen der Trainingsgruppen konnten am Schluß mit den Entscheidungen der tatsächlich Verantwortlichen verglichen werden. Die Entscheidungen der Betroffenen mußten natürlich nicht die optimalen sein.

Fallstudien können in ihrem Realitätsausschnitt jedoch weit enger gefaßt sein. Sie sind auf bestimmte Probleme und Anwendungsbereiche zugeschnitten und behandeln eine Situation nicht mehr in der Komplexität wie die Harvardfälle.

Schilderung einer konkreten Situation. Wie eingangs schon erläutert, beziehen sich Fallstudien auf konkrete Probleme; sie dienen als Schilderungen der Praxis. Entwickelt werden sie, indem Informationen über Probleme in der Praxis zusammengetragen und aufbereitet werden. Die Aufbereitung der Daten richtet sich nach den Zielen der Weiterbildung. Will man vermittelte Kenntnisse über Motivation anwenden lassen, so reduziert man die Informationen auf Probleme der Arbeitszufriedenheit. Solche Fälle sind schneller zu bearbeiten.

Fallstudien wendet man auch für diagnostische Zwecke an. Im Assessment Center will man u.a. die Fähigkeiten zur Lösung komplexer Probleme und die Kooperationsfähigkeit erfassen, um wichtige Führungsqualifikationen feststellen zu können (*Berthel* u. *Langosch* 1989). Für diesen Zweck konstruiert man Fallstudien, die möglichst viele verschiedene Problemarten mit verschiedenen Ursachenbereichen kombinieren. Auf diese Weise kann man fachlich reduzierte Sichtweisen sehr gut diagnostisch erfassen. In der anschließenden Gruppendiskussion müssen die Teilnehmer zeigen, ob sie konstruktiv in Gruppen zusammenarbeiten können. Konkurrierendes Verhalten ist hier nicht angebracht (*Arbeitskreis Assessment Center* 1989).

Inhalte der Fallstudie. Die ursprünglichen Fallstudien behandelten zunächst handelsrechtliche, später betriebswirtschaftliche Fälle. Diese Tradition hat sich im europäischen Raum fortgesetzt (*Grochla* u. *Thom* 1975). Dennoch sind die Begrenzungen der Fallstudien auf den wirtschaftlichen und handelsrechtlichen Bereich längst überschritten worden. In der Psychologie wird z.B. mittels Fallstudien diagnostisches Vorgehen trainiert.

Gegenstand der Diagnose können Organisationen, Gruppen oder Individuen sein, wobei Schwerpunkte auf verschiedene Themen wie Organisationsklima, Interaktionen, Führung, Motivation etc. gesetzt werden können. Durch Festlegen dieser Schwerpunkte reduziert sich allerdings die Komplexität, so daß die Fallstudien nur noch einen begrenzten Realitätsausschnitt widerspiegeln. In der folgenden Literatur findet man Fallstudien zu verschiedenen Themen:

- Personalmanagement:
  zehn umfangreiche Fallstudien bei *Groenewald* (1988).

- **Personalwirtschaft:**
Hentze (1989) bietet kurze Fallstudien zu folgenden Bereichen an: Personalbedarfsermittlung, Personalbeschaffung, Personalentwicklung, Personalbildung / Personaleinsatz, Personalerhaltung / Personalfreistellung, Personalinformationswirtschaft / Leistungsstimulation.
- **Managementtechniken bei *Engel* und *Riedmann* (1982):**
1. Band: Techniken der Planungs- und Entscheidungsvorbereitung, der Organisation, des Management by Objectives und der Kontrolle.
2. Band: Verhaltensweisen in Organisationen, zu deren Themen Individuum, Gruppe, Motivation, Führung und Produktivität gehören. Ebenso werden die Wechselbeziehungen der einzelnen Elemente untereinander und die theoretischen Hintergründe behandelt.
- **Fallstudien zum Thema Motivation bei *Rosenstiel* (1972)**
(s. auch *Albach* u. *Gabelin* 1977, *Alewell* u.a. 1971, *Clegg* u.a. 1985)

3.7.1 Varianten der Fallstudie

Fallgeschichte. Ein komplexer, langer Entscheidungsprozeß wird zeitlich gegliedert. In den einzelnen Phasen des Prozesses wird der Ablauf mit den notwendigen Daten geschildert, die Entscheidung des Managements ausgeführt und die eingetretenen Folgen beschrieben. Dadurch stellt sich die Geschichte eines Falles systematisch dar. Das Wechselverhältnis zwischen Entfaltung der Realität, Entscheidung im Entfaltungsprozeß und Beeinflussung bzw. Steuerung der Realität wird transparent. Beispielsweise läßt sich die Einführung eines Produktes in den Verbrauchermarkt schrittweise verfolgen.

Allein die Schilderung einer Fallgeschichte kann schon Einsichten vermitteln, wie solche Prozesse in der Praxis ablaufen. Man kann sie aber auch in anderer Weise nutzen. Vor den Managemententscheidungen unterbricht man die Information und läßt die Teilnehmer Lösungen entwickeln, die dann mit den Managementlösungen verglichen werden. Im Verlauf der Fallgeschichte „Produkteinführung" wären es z.B. denkbar, Fragen bezüglich der Interpretation der Umweltsituation, der Umsetzung von Produktideen, der Entwicklung eines Marketing-Mix, der Interpretation von Marktforschungsdaten etc. zu stellen.

Problemfall. Ein Problemfall besteht nur aus wenigen Informationen. Es sind alltägliche Begebenheiten, auf die die Teilnehmer sofort reagieren sollen. Es besteht ein sofortiger Handlungsbedarf. Das Ziel ist, die Reaktionen im Alltagsgeschäft auf ihre Wirkungen hin zu überprüfen. Diese Reaktionen bilden dann den eigentlichen

Lerngegenstand: Stimmen die Wirkungen mit den Absichten überein, oder wird etwas bewirkt, was man gar nicht will?

Ein solches Ereignis wäre beispielsweise eine Gruppendiskussion, in der ein Beteiligter ununterbrochen spricht, ohne den anderen Anwesenden die Möglichkeit zu geben, ebenfalls zu Wort zu kommen. Die Aufgabenstellung würde hier lauten:

Wie würden Sie reagieren?

Welche Auswirkungen hätte ihr Verhalten auf den Vielredner?

Wie könnte reagiert werden, damit er sein Verhalten verändert (ohne ihn zu verletzen)?

Er soll sich der Diskussion nicht entziehen, aber auch nicht die Diskussion stören und bei den anderen Gruppenmitgliedern Spannungen erzeugen.

Die Teilnehmer können so ihre Routinereaktionen analysieren und gegebenenfalls verändern. Man lernt auf diese Weise auch, mehr auf die Wirkungen der eigenen Verhaltensweisen zu achten.

Vorfall. Bei dieser Variante sind die vorgegebenen Informationen lückenhaft und für die Entwicklung einer Problemlösung unzureichend. Das Problem kann mit den vorhandenen Daten nicht bearbeitet werden. Die Aufgabenstellung erfordert nun von den Teilnehmern, systematisch ergänzende Informationen zu erfragen, um den Sachverhalt zu klären und das eigentliche Problem zu erfassen. Die Teilnehmer müssen gegen ihre schnelle vorurteilhafte Verarbeitung angehen, die dazu führen würde, notwendige Zusatzinformationen nicht einzuholen, voreilig die Daten zu interpretieren und ungenügende Problemlösungen zu produzieren.

Beispiel 1: Stellen Sie sich vor, Sie bekommen die Aufgabe, eine mögliche Firmenübernahme zu prüfen. Sie haben nur die Information, daß es sich um eine Softwarefirma handelt. Die Entwicklungen des kleinen Unternehmens passen teilweise in die Palette Ihrer Firma. Es geht vor allem darum, den Zustand der Firma zu erkunden. Dafür steht Ihnen eine Kontaktperson zur Verfügung, die für beide Seiten vertrauenswürdig ist. Die Informationen sind also korrekt. Fragen Sie den Gewährsmann so aus, daß Sie eine Empfehlung für Ihre Geschäftsleitung abgeben können.

Je nach Zielgruppe können die vorgegebenen Daten angereichert werden. Auch diese Aufgabenstellung ist für diagnostische Zwecke geeignet. Aus den Fragen kann man sehr viel über die Denkweisen einer Führungsperson entnehmen.

Beispiel 2: Bei Toyota gilt bei Qualitätsmängeln die Regel, 5 mal die Frage „Warum" zu stellen. Der Sinn soll an folgendem konstruierten Beispiel deutlich werden:

Immer wieder tritt das Problem auf, daß beim Fahren unerwünschte Geräusche bei der Plastikverkleidung auftreten.
1. Warum treten diese Geräusche auf? Antwort nach langem Suchen: Teile wurden nicht richtig zusammengefügt.
2. Warum wurden die Teile nicht richtig zusammengefügt? Antwort: Manche Mitarbeiter waren nicht richtig eingewiesen worden, kannten die Folgen nicht.
3. Warum kannten die Mitarbeiter die Folgen nicht? Antwort: In dieser Abteilung herrscht eine hohe Fluktuation, so daß das Wissen nicht immer vorschriftsmäßig weitergegeben wird.
4. Warum ist die Fluktuation so hoch? Antwort: Die Tätigkeit ist langweilig und niedrig bezahlt.
5. Warum ist die Tätigkeit langweilig und niedrig bezahlt? Antwort: Die Arbeit ist simpel und monoton; die Gehaltseinstufung ist deshalb niedrig (Leichtlohngruppe).

Allmählich ist man bei den eigentlichen Ursachen angelangt und kann Lösungen entwickeln, die das Problem endgültig abstellen.

3.7.2 Ablauf der Bearbeitung einer Fallstudie

Problemanalyse. Die Situationsschilderung wird zunächst nach Problemen durchforstet. Dazu wendet man eine Situationsanalyse an: Die Schilderung wird hinsichtlich der Abweichungen zwischen Ist- und Soll-Zuständen untersucht. Was ist so, wie es eigentlich nicht sein sollte? Die Probleme werden kurz definiert und aufgelistet. Informationen, die das Problem näher beschreiben, werden nun zugeordnet. Problemlösungstechniken können helfen, diesen Vorgang systematisch zu gestalten (s. Teil B Kap. 2.1).

Liegen mehrere Problemkreise vor, werden sie zuerst gewichtet und anschließend nach ihrer Bedeutung und Wertigkeit bearbeitet.

Ursachen der Probleme. Im Anschluß an die Definition des Problems werden wissenschaftliche Methoden, Theorien mit Erklärungsansätzen herangezogen und zugeordnet, um die Ursachen für das Bestehen der Probleme zu entwickeln.

Soll-Vorstellungen. Nun müssen die Ziele ausformuliert und gewichtet werden. Hierbei unterscheiden wir zwischen Muß- und Soll-Zielen. Der Begriff der Muß-Ziele bedingt, daß diese eine Gewichtung ausschließen. Die Soll-Ziele hingegen können in ihrer Bedeutung bewertet werden. Diese Bewertung drückt aus, wie wichtig oder unwichtig eine bestimmte Zielsetzung ist.

Man schafft außerdem ein transparentes Bewertungssystem, mit dem man Lösungen bewerten kann. Das Bewertungssystem ist auch die Grundlage für die Entwicklung eines Kontrollsystems, mit dem die Wirkungen der Maßnahmen erfaßt und evaluiert werden.

3.7 Fallstudie 217

Entwicklung der Lösungsansätze. Während die vorangegangenen Phasen systematisches Vorgehen verlangen, beginnt nun eine kreative Phase. Die Soll-Vorstellungen haben wir erfaßt, nun müssen wir uns möglichst viele Interventionen und Lösungsansätze einfallen lassen. Dazu wenden wir kreative Techniken an: Brainstorming, Synectic, morphologischer Kasten, 635-Methode etc. Je mehr akzeptable Lösungsansätze und Lösungsalternativen wir uns erdacht haben, um so größer ist die Wahrscheinlichkeit, eine qualitativ hochwertige Entscheidung zu treffen.

Entscheidungsphase. Aus den Lösungsansätzen, die hoffentlich zahlreich ausfallen, wählt man mit Hilfe der Entscheidungsanalyse eine Lösung aus. Diese soll möglichst optimal die Zielsetzungen abdecken und wird deshalb durch folgende Kriterien auf ihre Brauchbarkeit hin überprüft:
- Wie gut beseitigen die einzelnen Lösungen Ursachen und damit die Probleme?
- Wie gut werden die erforderlichen Zielsetzungen durch die Maßnahmen erreicht?
- Welche potentiellen Probleme könnten aus der Durchführung der Maßnahmen hervorgehen?

Die Lösung kann in einer Vielzahl von Interventionen bestehen, die auf viele Variablen des Systems einwirken und es, wie geplant, in die gewünschte Richtung bewegen.

Dies verlangt, daß die Lösungsansätze zu konkreten Maßnahmen ausgearbeitet werden. Für die Maßnahmen muß ein zeitlicher Rahmen geschaffen werden, in denen sie nacheinander verwirklicht werden. Will man z.B. die Leistungsmotivation der Mitarbeiter durch ein Beurteilungssystem erhöhen, so kommt es nicht nur darauf an, welches Verfahren man wählt, sondern auch, wie man es einführt.

Die Bearbeitung einer Fallstudie wird durch Systemtechniken, Theorien und Erkenntnisse gesteuert. Dadurch werden verschiedene Zwecke verfolgt:
- Ad-hoc-Lösungen sollen vermieden werden
- das Anwenden von Methoden soll eingeübt werden
- Theorien, Kenntnisse sollen auf Probleme hin organisiert werden
- Verstehensmodelle sollen für ein Problem entwickelt werden
- Die Ausarbeitungen sollen Transparenz gewährleisten. Jeder kann nachvollziehen, wie man zu den Lösungen gekommen ist
- Gruppenarbeit soll rational und systematisch gesteuert werden

(*Kaiser* 1976, 1983).

3.7.3 Organisatorische Durchführung einer Fallstudie

Es gibt verschiedene organisatorische Formen, nach denen eine Fallstudie durchgeführt werden kann. Die Auswahl der Form wird je nach Zielgruppe getroffen, um die Kenntnisse und Erfahrungen, die sie im Umgang mit der Methode „Fallstudie" hat, zu berücksichtigen. Folgende Formen bieten sich für die Durchführung der Bearbeitung einer Fallstudie an:

- Der Trainer löst mit allen Teilnehmern gemeinsam im Plenum den Fall, wobei das Vorgehen erst erläutert und dann gemeinsam nachvollzogen wird.
- Der Trainer bildet aus den Teilnehmern eine Demonstrationsgruppe, die unter Leitung eines Teilnehmers den Fall bearbeitet. Die anderen beobachten das Vorgehen und können aus den Fehlern lernen.
- Der Fall wird von den Teilnehmern selbständig in Einzel- und Gruppenarbeit gelöst. Die erarbeiteten Entscheidungen werden dann von den Gruppen präsentiert und mit den anderen Gruppen diskutiert.

Erst zum Schluß stellt man der Gruppe die Reallösung vor, die dann zur Diskussion gestellt wird. Ein Fall wird bei der letzten Variante viermal bearbeitet (individuelle Bearbeitung, Gruppendiskussion und zweimal im Plenum), was den zeitlichen Aufwand natürlich erhöht.

Die Diskussion im Plenum hat die wichtige Funktion, Vorstellungen weiter zu präzisieren, zu ergänzen und zu korrigieren. Solche Erfahrungen sind für die Teilnehmer wichtig, damit sie erleben, welche Bedeutung die Zusammenarbeit und das mehrmalige zyklische Durchlaufen eines komplexen Sachverhalts hat.

Die Einübung von Arbeitstechniken, das intensive Eindringen in komplexe Sachverhalte ist von besonderer Bedeutung für die Praxis. Es findet ein kollektives, erfahrungsorientiertes Lernen statt, das direkt bei Problemen angewendet wird.

Die Gruppenarbeit im Ablauf der Fallstudie kann selbst zum Lerngegenstand gemacht werden, wenn die Sozialkompetenz weiter entwickelt werden soll.

In einer Prozeßanalyse können die Mitglieder einer Gruppe bestimmte Aspekte der Zusammenarbeit aufgreifen und in eine Analyse überführen. Probleme und Bereiche in der Zusammenarbeit, die einer Verbesserung bedürfen, können so von der Gruppe erarbeitet und bei den nächsten Gruppensitzungen erprobt werden. Instrumentarien sind Gruppenchecklisten, die helfen, bestimmte Bereiche der Gruppenarbeit zu analysieren:

1. Darstellung der individuellen Sichtweisen mit Hilfe der Checkliste
2. Diskussion der individuellen Ansichten mit den Gruppenmitgliedern, die zur Festlegung der Verbesserungsbereiche führen soll
3. Verbesserungsvorschläge für die künftigen Gruppenarbeiten
4. Realisierung der Verbesserungsvorschläge in den nächsten Sitzungen.

Bei der Methode „Fallstudie" können die verschiedenen Bereiche der Fach-, Methoden- und Sozialkompetenz miteinander verbunden werden. Das Lernen in den aufgeführten Bereichen muß allerdings sorgfältig in den Verlauf der Fallstudie eingeplant werden s. Teil B Kap. 2.1 und Kap. 2.2).

Beispiel für eine Ablaufplanung: Fallstudie: Friede im Altersheim

Die Fallstudie beschreibt Probleme, die besonders die Zusammenarbeit der Mitarbeiter betreffen. Spannungen führen zu Kündigungen und zu Beeinträchtigungen der Leistungen gegenüber der Klientel. Die Ursachen dafür sind aber nicht nur zwischenmenschliche Unzulänglichkeiten.

---
1. Individuelle Vorarbeit:
Fall durchlesen und bearbeiten.

Problembeschreibung: Welche Probleme sehe ich?
Probleme kurz definieren und auflisten.

Ursachen: Welche vermuteten Ursachen bewirken die Probleme?:
Menschen? Fehlende Fähigkeiten, Fertigkeiten, Motivation, ...
• Interaktionen? Destruktive Interaktionsformen, gestörte Kommunikation, Machtverteilung, Status, ...
• Organisation? Aufgabenverteilung, Abteilungsbildung, Gruppenstrukturen zum Lösen von Problemen, Konzeptionsbildungen, ...
• Zielsetzungen? Fehlende Ziele, Orientierungen, Kontrollen der Ziele, ...
• Systeme? Informationssystem, Beurteilungssysteme, Weiterbildung, Personalauswahl, ...
• oder weitere Gründe?

Soll-System: Wie könnte ein Idealsystem Altersheim aussehen?
• Ziele: Welche Ziele, Aufgaben sollte ein Heim haben (bezogen auf seine Umwelt, die Klienten, die Mitarbeiter)
• Kontrolle: Wie sollten die Leistungen erfaßt, kontrolliert werden?
• Aufbauorganisation: Wie sollte das Heim organisiert sein? (Organisationsstruktur, Aufgabenverteilung, Entscheidungskompe-

tenzen, Struktur der Entscheidungsprozesse, Ausschüsse, Gremien, ...)
- Maßnahmen: Welche Maßnahmen sollten ergriffen werden, um das Idealsystem zu erreichen? (Was ist zu tun? Wie sollen die Maßnahmen ausgeführt, kontrolliert werden?)

---
2. Gruppenarbeit
Diskutieren Sie die Fragen mit Hilfe der Moderationstechnik.

Stellen Sie die individuellen Ergebnisse zusammen.

Diskutieren Sie gemeinsam die Sichtweisen und kommen Sie zu einem Gruppenergebnis.

Stellen Sie die Gruppenergebnisse auf Pinnwandpapier für eine Präsentation dar.

Gruppenanalyse: Fragebogen zur Feststellung des Gruppenklimas individuell ausfüllen.

Anschließend Gruppendiskussion: Was ist gut gelaufen? Was könnte verbessert werden? Wie sollte es verbessert werden?

---
3. Plenum
Präsentation der Fallstudienergebnisse.

Vortragen und Diskutieren der Gruppenlösungen.

Abfrage: Was fördert, was behindert Gruppenarbeit?

3.7.4 Checkliste: Fallstudie

Für die Planung und die Analyse von durchgeführten Fallstudien kann folgende Liste zusammenfassend Hinweise geben.

Ziel bei einer Fallstudie: Selbständiges, problemorientiertes Arbeiten und Anwenden von Wissen.

geplant		realisiert

1. Fallstudie vorbereiten

o	stellt die Problemsituation vor	o
o	erläutert die Zielsetzungen	o
o	bespricht den organisatorischen Ablauf. Hierzu gehören:	
o	Einzelarbeit	o
o	Gruppenarbeit	o
o	Plenum: Besprechung der Ergebnisse	o
o	gibt den zeitlichen Ablauf vor	o

geplant   realisiert
o   klärt die Aufgabenstellungen in den einzelnen Phasen   o
o   bespricht die Teilnehmer-/Trainerrolle   o
o   teilt die Gruppen ein   o

2. Teilnehmer betreuen
o   gibt Hinweise für die systematische Bearbeitung
    des Falles   o
o   ist ansprechbar für anfallende Fragen   o
o   macht auf Störungen in der Gruppe aufmerksam   o
o   gibt Hinweise für die Präsentation   o

3. Fallstudie auswerten
o   achtet bei den Präsentationen auf Verständlichkeit   o
o   leitet die Diskussion   o
o   klärt Sachverhalte und Fehler   o
o   stellt wichtige Ergebnisse zusammen   o
o   wertet Erfahrungen in der Zusammenarbeit aus   o
o   bespricht Systematik beim Problemlösen   o

3.7.5 Beispiel: Fallstudie Tress & Co

Die Fallstudie beschäftigt sich mit der Einführung sozialer Maßnahmen in einem mittlerem Unternehmen. Widerstände bei Einführung neuer Systeme können mit dieser Fallstudie thematisiert werden.

Lernziele

Die Teilnehmer sollen

- systematisch einen Problemlösungsprozeß durchführen
- Widerstände und Ihre Ursachen beim Einführen von Veränderungen in einer Organisation analysieren
- Prozesse in der Gruppe darstellen und Verbesserungen in der Zusammenarbeit einleiten können.

Organisatorischer Ablauf

Individuelle Vorarbeit:

- Definieren und beschreiben Sie die Probleme
- Stellen Sie ihre vermuteten Ursachen zusammen
- Beantworten Sie folgende Fragen mit der Angabe konkreter Maßnahmen:

Wie hätten Sie die Neuerungen eingeführt?

Was würden Sie jetzt tun, nach dem die Situation sich so entwickelt hat?
Zeit: 45 Minuten

Gruppenarbeit:
- Gehen Sie zusammen noch einmal den Fall systematisch durch: Problemanalyse, vermutete Ursachen, Maßnahmen. Bereiten Sie eine Präsentation für das Plenum vor.

Zeit: 60 Minuten

Gruppencheck:
Individuelle Vorarbeit: Füllen Sie den Checkbogen nach Ihrer Sichtweise aus.

Zeit: 15 Minuten

Gruppenarbeit: Diskutieren Sie den Checkbogen in folgender Weise:
In welchen Bereichen der Zusammenarbeit gibt es Verbesserungsmöglichkeiten?
Wie könnten die Verbesserungen ermöglicht werden?

Zeit: 45 Minuten

Plenum:
- 1. Die Gruppen stellen Ihre Problemsicht und Maßnahmen vor.
2. Die Lösungen werden diskutiert und es wird ein zusammenfassendes Probleme-Ursachen-Maßnahmen-Schema entwickelt.
3. Es werden allgemeine Gesichtspunkte erarbeitet, die bei Veränderungen in Organisationen zu beachten sind.

Zeit: offen

Abfrage: Welche Faktoren beeinflussen Veränderungen?

Positive Faktoren	Negative Faktoren

Material
- Information über Systemtechniken (s. Teil B Kap. 2.1)
- Fallstudie
- Gruppencheckliste, (s. Teil B Kap. 2.2)

Fallstudie Tress & Co.

Tress & Co. ist eine Maschinenfabrik mit 200 Angestellten und Arbeitern. In dieser Fabrik werden neben Serienprodukten, zu denen beispielsweise Walzen zählen, spezielle Maschinen hergestellt, wie Pressen für Kartonverpackung und größere Papiermaschinen. Das Unternehmen wird durch drei Familienmitglieder geleitet, in deren Besitz sich die Firma befindet. Der Chef des Unternehmens, das älteste und erfahrenste Mitglied der Geschäftsleitung, ist für den Verkauf und die Gesamtkoordination verantwortlich. Die anderen Mitglieder sind für bestimmte Aufgaben des Geschäftes zuständig: Ein Mitglied der Geschäftsleitung zeichnet verantwortlich für die Entwicklung und Produktion, das dritte Mitglied der Geschäftsleitung betreut den Personalbereich und die Administration.

Anfang der 80er Jahren machte sich die Geschäftsleitung zunehmend Gedanken darüber, wie sie ihre Mitarbeiter an den Gewinnen beteiligen könnte. Die Besitzer von Tress & Co., die sich schon immer um das Wohlergehen ihrer Arbeiter und Angestellten bemühten, waren davon überzeugt, daß es gerade in dieser Zeit der politischen und ökonomischen Veränderungen notwendig sei, Maßnahmen einzuführen, um den Mitarbeitern ein Gefühl größerer Sicherheit zu geben und sie auf diesem Wege an die Firma zu binden. Der Markt der Facharbeiter litt schon immer an zu wenig Arbeitskräften und würde sich in Zukunft noch weiter nachteilig verändern.

Themen zur Gestaltung der Mitarbeiterverhältnisse und der Verbesserung des Betriebsklimas wurden Ende des Jahres 1980 häufiger diskutiert und Vorschläge vorgetragen, wie am aussichtsreichsten die Bedürfnisse der Beschäftigten erfüllt werden könnten. In der Vergangenheit ergaben sich im Rahmen der Betriebsversammlungen zahlreiche sporadische Gespräche mit dem Personal, aus denen einige Informationen und Vorschläge hervorgingen.

Im Januar 1981 entschied die Geschäftsleitung, einen Kindergarten für Kinder im Alter von 3–5 Jahren einzurichten. Diese Einrichtung sollte den Vätern, die in der Firma beschäftigt sind, und den Müttern, die arbeiten und ihre Kinder tagsüber nicht betreuen können, zu Gute kommen. Die Beschäftigten waren mit dem Vorschlag einverstanden und stimmten zu, an diesem Projekt mitzuarbeiten. Die Firma baute den Kindergarten und stellte Personal ein. Die Stadtverwaltung unterstützte das Projekt finanziell. Anfang des Jahres 1982 übernahm die Stadtverwaltung voll die Bezahlung der Kindergartenangestellten, so daß im Kindergarten auch Kinder aufgenommen werden konnten, deren Eltern in der Nachbarschaft der Firma tätig waren.

Angeregt durch den erfolgreichen Verlauf des Projektes beschloß die Geschäftsleitung ein weiteres Projekt zur Verbesserung des Betriebsklimas zu planen: Die Beschäftigten sollten einen Speiseraum erhalten. Hinzu kam, daß es in der Firma keine geeignete Einrichtung gab, wo die Beschäftigten das mitgebrachte Essen einnehmen konnten. Obwohl den Beschäftigten mittags eineinhalb Stunden Zeit zur Verfügung standen, um ihre Mittagsmahlzeit einzunehmen, gingen nur wenige zum Essen nach Hause. Die Firma erweiterte auf ihrem Werksgelände ein Gebäude und stellte unter Leitung einer Großküche eine Auswahl preiswerter Menüs zusammen. Hierfür wurde eine Küche eingerichtet und Küchenpersonal eingestellt, das Bedienung und Säuberung des Speisesaals übernahm. Auf der Basis von 80 Essen pro Tag ergab sich, inkl. aller Kosten, ein Unkostenaufwand von 8,50 DM pro Essen. Die Geschäftsleitung beschloß, sich mit DM 4,- pro Essen zu beteiligen, so daß die Angestellten die verbleibenden DM 4,50 selbst übernahmen.

Am ersten Tag der Neueröffnung wurde der Speiseraum nur von wenigen Beschäftigten benutzt, auch in den kommenden Tagen nahm die Anzahl der Nutzer eher ab. Das Verhalten der Mitarbeiter war der Geschäftsleitung vollkommen unverständlich. Später stellte man fest, daß die Beschäftigten glaubten, die Firma profitiere von den Einnahmen für die Mahlzeiten, woraufhin ihnen die gesamten Kosten für jedes Menü mitgeteilt wurden. Ein Geschäftsführer war so verärgert über diese Interpretation, daß er den Speiseraum schließen wollte. Die anderen Geschäftsführer waren nicht einverstanden und beauftragten stattdessen einen Angestellten, die Beschäftigten von der Nutzung des Speiseraums zu überzeugen. Dieser konnte die Mehrheit der Belegschaft umstimmen, so daß innerhalb eines Monats der Speiseraum stärker genutzt wurde.

Im April 1984 plante die Geschäftsleitung einen weiteren Schritt, um das Wohlergehen der Beschäftigten zu fördern. Die Angestellten sollten die Möglichkeit bekommen, sich finanziell am Gewinn zu beteiligen. Die erste Ausschüttung sollte im Juli 1984 als zusätzliche Zahlung erfolgen. Der Betrag entsprach maximal einem zusätzlichen Monatsgehalt, war aber nach Zugehörigkeit zum Unternehmen gestaffelt. Die Geschäftsleitung glaubte, daß die Beschäftigten über diese Maßnahme sehr erfreut sein würden und sich diese positive Einstellung verstärken würde, als im Jahre 1988 die Zahlung erhöht wurde.

Dennoch waren einige Beschäftigte beunruhigt, weil sie glaubten, daß sie nicht genügend für ihre Leistungen entlohnt würden. Dem Management waren diese Reaktionen völlig unverständlich, zumal die Ausschüttungen gegenüber 1984 sich bereits um 30% gesteigert hatten. Nach der letzten Sonderzahlung zirkulierte ein Pamphlet mit folgendem Inhalt unter den Beschäftigten: Qualitativ minderwertige Ware sei für unangemessen hohe Preise verkauft worden. Die Beschäftigten seien zu Überstunden gezwungen worden, ohne daß eine adäquate Bezahlung erfolgt wäre. Die Geschäftsleitung bemerkte, daß dieses Gerücht von neueingestellten Mitarbeitern stammte, die weniger als die schon längerfristig Beschäftigten von den Sonderzahlungen profitierten.

Obwohl die Zwietracht ihren Ursprung allein unter den neu eingestellten Beschäftigten fand, stellte der Konflikt die Firmenpolitik sehr in Frage. Die Geschäftsleitung überlegte, den Disput schlicht durch Einstellen der Extrazahlung zu beseitigen. Sie nahm hiervon jedoch Abstand, da dieses Vorgehen alle Mitarbeiter, nicht nur die Verursacher des Konfliktes, benachteilige und somit unfair sei. Zudem sei der Gewinn in den zurückliegenden Jahren erheblich gestiegen und die finanzielle Anerkennung der Mitarbeiter angemessen.

Diesen Faktoren Rechnung tragend, beschloß die Geschäftsleitung, die Sonderzahlung zwar einzustellen, statt dessen aber einen Lebensversicherungsfonds zu gründen. Dieser Fonds sollte als eine Art zusätzliche Pension fungieren. Weitere freiwerdende Gelder wurden als zusätzliche Erziehungsbeihilfen für die Kinder der Mitarbeiter gewährt, um deren Ausbildung zu unterstützen. Den Beschäftigten wurde der Plan erklärt, die diesen offensichtlich verstanden hatten. Dieses Mal ließ man sich mehr Zeit für die Einführung und wartete die Wirkung der Maßnahmen ab.

Zahlreiche Reaktionen der Beschäftigten enttäuschten jedoch wiederum die Geschäftsleitung. Ältere Mitarbeiter waren an den Lebensversicherungspolicen interessiert, die jüngeren hingegen lehnten dieses Projekt ab. Zufriedenheit schien nur bei den Angestellten aufzukommen, deren Kinder von der Erziehungsbeihilfe profitierten würden.

Aufgrund des zweifelhaften Resultats entschloß sich die Geschäftsleitung, die letzten Pläne noch einmal zu revidieren. Der Kauf der Lebensversicherungspolicen wurde aufgeschoben, und es wurden neue Pläne entwickelt, die alle Mitarbeiter gleichermaßen berücksichtigen sollten: Für jeden Beschäftigten wurde ein Sparplan entworfen, der – in Anlehnung an die heutigen vermögenswirksamen Leistungen – vorsah, allen ein Sparbuch mit einer Einlage von DM 400,- auszuhändigen. Die Zusammenhänge wurden erläutert und die Mitarbeiter darüber informiert, daß die Spareinlagen mit jährlich 5% verzinst werden sollten. Dennoch lehnten einige Mitarbeiter ab, das Sparbuch entgegenzunehmen. Weitere Mitarbeiter gaben das Sparbuch in den folgenden Tagen wieder zurück. Die anderen äußerten weder Ablehnung noch Freude über den Sparplan. Die Geschäftsleitung war nicht imstande zu beurteilen, warum der Plan nicht den gewünschten Erfolg zeigte. Das Sparkonzept wurde jedoch weiter aufrecht erhalten.

Nun machte sich die Geschäftsleitung Gedanken, Möglichkeiten zur Gestaltung der Freizeit zu schaffen. Das Unternehmen kaufte ein Grundstück mit einem Gebäude an einem nahe gelegenen See. Dieses Grundstück war ungefähr 40 km von der Stadt und dem Firmengelände entfernt. Die Mitarbeiter wurden über dieses Projekt in einer Betriebsversammlung informiert und aufgefordert, in der Freizeit die Reparaturen am Gebäude vorzunehmen. Zur Renovierung des Hauses bot die Firma Holz, Farbe und weitere Werkstoffe an.

Dennoch stieß das Projekt nicht auf die gewünschte Resonanz. Die Reparatur- und Renovierungskosten wurden letztendlich von der Firma selber getragen, ohne daß sich Mitarbeiter bei der Instandsetzung beteiligten. Mit Fertigstellung des Gebäudes wurde es, als Club gestaltet, einem Komitee der Beschäftigten, das von einem Mitglied der Geschäftsleitung überwacht wurde, zur Nutzung und weiteren Einrichtung übergeben. Die Resonanz blieb jedoch aus. Nur wenige Firmenmitarbeiter nutzten den Club.

Die Geschäftsleitung begann alle Schritte, die der Gestaltung des Betriebsklimas dienen sollten, in einer sorgfältigen Rückschau erneut zu betrachten. Alle Projekte waren dazu bestimmt, die Zufriedenheit der Mitarbeiter zu erhöhen. Die Geschäftsleitung hielt es deshalb für notwendig, wegen der Mißerfolge eine rückwirkende Bewertung vorzunehmen und ein Resümee zu erstellen, bevor weitere Programme durchgeführt würden.

3.7.6 Gruppencheckliste

Füllen Sie die Checkliste nach der Gruppenarbeit nach Ihren Eindrücken aus. Halten Sie anschließend fest, was
- bei der Gruppenarbeit besonders gut war
- bei der Gruppenarbeit noch zu verbessern ist.

Diskutieren Sie Ihre Eindrücke anschließend mit Ihren anderen Gruppenmitgliedern.

	stimmt genau				stimmt überhaupt nicht

1. Diskussionsverlauf

1. Die Entscheidungen sind gut durchdacht worden.	1	2	3	4	5
2. Die Probleme wurden ausdiskutiert.	1	2	3	4	5
3. Die Zeit wurde nicht angemessen genutzt.	1	2	3	4	5
4. Über ein systematisches Vorgehen ist keine Einigung zustande gekommen.	1	2	3	4	5
5. Vorhandene Möglichkeiten und Fähigkeiten wurden voll genutzt.	1	2	3	4	5
6. Es wurde zu lange gezögert, bis Entscheidungen getroffen wurden.	1	2	3	4	5
7. Ziele wurden klar verstanden.	1	2	3	4	5
8. Bedeutungslose Wortbeiträge herrschten vor.	1	2	3	4	5

2. Interaktionen in der Gruppe

1. Entscheidungen wurden von einzelnen erzwungen.	1	2	3	4	5

	stimmt genau				stimmt überhaupt nicht
2. Einige gaben die eigene Meinung zu schnell auf.	1	2	3	4	5
3. In der Gruppe war eine gelöste Atmosphäre.	1	2	3	4	5
4. Einigen gelang es nicht, an den Entscheidungen mitzuwirken.	1	2	3	4	5
5. Man ging bei der Diskussion aufeinander ein.	1	2	3	4	5
6. Die Gruppe ließ Meinungsverschiedenheiten bestehen.	1	2	3	4	5
7. Den Frieden zu bewahren, um angenehm miteinander auszukommen, war wichtiger, als gute Entscheidungen zu treffen.	1	2	3	4	5
8. Gefühle bestimmten den Diskussionsverlauf.	1	2	3	4	5

3. Individuelles Befinden in der Gruppe

1. Ich fühle mich in dieser Gruppe wohl.	1	2	3	4	5
2. Ich fühlte mich manchmal nicht verstanden.	1	2	3	4	5
3. Ich habe mich voll auf die Arbeit konzentriert.	1	2	3	4	5
4. Meine Beiträge wurden von den Gruppenmitgliedern aufgenommen und diskutiert.	1	2	3	4	5
5. Ich habe kein Mitglied der Gruppe abgelehnt.	1	2	3	4	5
6. Ich fühlte mich in der Gruppe nicht gehemmt, meine Meinung vorzubringen.	1	2	3	4	5
7. Ich war allen Mitgliedern der Gruppe gegenüber aufgeschlossen.	1	2	3	4	5
8. Ich habe in der Gruppe einen hohen Einfluß.	1	2	3	4	5

3.8 Planspiel

Planspiele sind eine Kombination aus Fallstudie und Rollenspiel. Eine komplexe, vernetzte Ausgangssituation (Fallstudie) wird durch spielende Gruppen verändert. Gruppen übernehmen Rollen und setzen sie in Handlungen um (Rollenspiel) (Abb. 22).

Szenario:
Die Ausgangslage des Planspiels

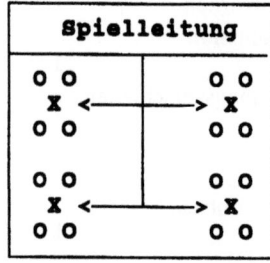

Abb. 22 Planspiel.

Das Spiel:
Den Zustand analysieren. Konzeption erarbeiten. Handeln. Das soziale System optimieren.

Schluß:
Allgemeine Erkenntnisse aus den Spielerfahrungen ziehen.

Vorteile:

- Umgang mit komplexen Problemen
- bei Verhaltensplanspiel, Planen und Erproben von konstruktiver, kooperativer Zusammenarbeit mit anderen Gruppen
- Anwenden von Wissen
- Synergieeffekte durch Zusammenarbeit

Nachteile:

- Überforderung der Teilnehmer
- realitätsferne Konstruktion des Planspiels
- hoher Zeitaufwand
- hoher Aufwand an Lehrpersonal
- Erlebnisse dominieren gegenüber kognitiven Inhalten

Die Teilnehmergruppen übernehmen Funktionen in Organisationen oder ganze Organisationen. Die Teilnehmer bekommen Rollen zugewiesen, die in schriftlichen Unterlagen beschrieben sind. Sie treffen Entscheidungen gemäß ihren Einschätzungen einer Gesamtsituation, die ihnen gemeinsam als Hintergrundinformation vorgegeben wird. Die Aktionen führen zu Wirkungen, die den Teilnehmern zurückgemeldet werden. Auf Grund der Wirkungen werden weitere Entscheidungen getroffen, die dann wieder Reaktionen hervorrufen. In dieser Weise werden mehrere Spielperioden durchlaufen. Die Teilnehmer verändern auf diese Art die Ausgangslage. Es kommt ein dynamischer komplexer Prozeß zustande, den es zu beeinflussen gilt. Eingeschaltete Analysephasen sollen die Teilnehmer veranlassen, über ihre Entscheidungen und den daraus resultierenden Folgen nachzudenken. Die Analyseergebnisse fließen dann wieder in die nächste Spielphase ein. Handeln und Analysieren sollten sich abwechseln, damit auch ein diskursives Denken eingeübt wird.

Ihren Ursprung haben Planspiele im militärischen Bereich. Sie werden aber heute für viele Thematiken in der Aus- und Weiterbildung angewendet. Beim Unternehmensplanspiel werden Firmen einer bestimmten Branche durch Teilnehmergruppen repräsentiert, die die verschiedenen Funktionsbereiche wahrnehmen müssen (Produktion, Administration, Marketing, Verkauf, Forschung etc.). Die durch Gruppen repräsentierten Firmen stehen gegenseitig in Konkurrenz. Zusätzlich kommen Marktvariablen hinzu (Absatzmöglichkeiten, Konjunkturdaten etc.). Die Rückmeldungen erfolgen dann durch Verkaufszahlen der produzierten Produkte. Die Zahlen können zu betriebswirtschaftlichen Kennzahlen weiterverrechnet werden (Umsatzrendite, ROI, . . .). In den Spielperioden werden größere Zeiträume simuliert, z.B. Quartale, ein Jahr. Bei komplexen Marktsituationen benutzt man Computer, um die Maßnahmen der Firmen mit ihren Wechselwirkungen zu erfassen und die Wirkungen zu berechnen.

Daneben gibt es spezialisierte Planspiele, die sich auf besondere Funktionsbereiche beziehen (z.B. Marketing-, Organisationsplanspiele). Die Anwendung bestimmter Wissensbereiche kann auf diese Weise trainiert werden.

Es müssen aber nicht nur Konkurrenzsituationen sein, die Ausgangspunkt eines Planspiels sind. In einem Verhaltensplanspiel kann die Kooperation zwischen und innerhalb von Institutionen der Lerngegenstand sein. Das anschließende Beispiel beschreibt ein solches Planspiel (s. Teil B Kap. 3.8.4).

Man kann mit dieser Methode auch die Wirkungen von Veränderungen simulieren, z.B. die Einführung eines neuen Computersystems in einer Firma. Das hat den Vorteil, daß man bei der tatsächlichen Einführung schon die Widerstände und Schwierigkeiten kennt und sich darauf in der Planung einstellen kann. Auch Durchsetzungsstrategien in einem bekannten Interessenszenario können mit dieser Methode vorher erprobt werden.

3.8.1 Aufbau und Ablauf eines Planspiels

Die Ausgangslage. Der für alle Spieler und Spielergruppen verbindliche Bezugsrahmen findet sich in der schriftlich fixierten Ausgangslage. Die gesamte Situation wird beschrieben, in der die Gruppen agieren sollen: z.B. ein Unternehmen mit bestimmten Produkten und Konkurrenten, ein Konflikt zwischen konkurrierenden Interessengruppen und Aufgabenträgern, eine Stadt mit ihren Problemen und Entscheidungsträgern.

Im Laufe des Planspiels soll die Ausgangslage natürlich verbessert werden, Probleme sollen gelöst oder eigene Interessen durchgesetzt werden.

Die Ausgangslage enthält Angaben zu folgenden Aspekten:

- Inhalt des Konflikts
- spezielle Situationsbedingungen
- spielende Gruppen mit ihren Aufgabenstellungen

Hinsichtlich der spielenden Gruppen kann sich die Ausgangslage darauf beschränken darzulegen, wie die Gruppe grundsätzlich von diesem Konflikt berührt wird. Sie kann zusätzlich das Selbstverständnis und die Ziele der jeweiligen Gruppe vorgeben.

Spielgruppen. Die einzelnen Spielgruppen erhalten ihre eigenen Spielunterlagen, die ihre Rolle näher beschreiben. Die Beschreibungen sind in der Regel eher vage gehalten, so daß die Gruppen erst ihre Konzeption erarbeiten müssen, was sie wie im Spiel erreichen wollen. Ihre Strategien müssen sie dann während des Spiels in Handlungen umsetzen. Die Handlungen beeinflussen die anderen Gruppen, die entsprechend ihren eigenen Vorstellungen agieren und reagieren. Das Spiel nimmt dann seinen eigenen Lauf.

Die Vorbereitungsphase. Dem eigentlichen Spielgeschehen kann eine Vorbereitungstagung vorausgehen, auf der das Spiel vorbereitet wird:

- Falls die Ausgangslage nicht mit den Teilnehmern entwickelt wurde, Erläuterung und Diskussion der Ausgangslage evtl. mit der Möglichkeit ihrer Modifizierung
- Information der Teilnehmer über den thematischen Problemkreis durch Experten bzw. durch Selbsterarbeitung
- Erarbeitung der theoretischen und methodischen Kenntnisse, die für die Bewältigung der Vorgaben im Szenario notwendig sind
- Erläuterung der Spielregeln, die während des Planspiels einzuhalten sind
- Zusammensetzung der Spielergruppen entweder nach dem Zufallsprinzip oder nach systematischen Gesichtspunkten

Die Vorbereitung richtet sich nach der Zielgruppe, ihren Kenntnissen und Erfahrungen. Von dieser Phase hängt ab, wie intensiv und reflektiert im Planspiel gehandelt werden kann. Die Gefahr liegt beim Planspiel eindeutig darin, daß zuviel gespielt und zu wenig kognitiv analysiert wird.

Ablauf des Planspiels. Bewährt hat sich die Gliederung des eigentlichen Planspiels in verschiedene Phasen.

- *Einstiegsphase:* Die Gruppen arbeiten ihre Konzeption aus, formulieren Zielsetzungen und organisieren sich.
- *Spiel- und Analysephasen:* Die Gruppen setzen ihre Planungen in Handlungen um (Zeiteinheit ein Vormittag). Danach kommt eine Spielunterbrechung, und die Gruppen analysieren ihre Aktivitäten. Es empfiehlt sich, dafür Vorgaben zu machen. Die Auswertung kann von den Gruppen selbständig durchgeführt werden. Checkbögen können helfen, die Analyse zu strukturieren.

Die gruppendynamischen Aspekte innerhalb der Planspielabläufe können ebenfalls einbezogen werden. Die Gruppen analysieren dann ihre Gruppenprozesse mit entsprechenden Verfahren. Verhaltensplanspiele greifen auch die Prozesse zwischen den Gruppen auf (s. anschließende Schilderung eines Verhaltensplanspiels, Teil B, Kap. 3.8.4).

Der Wechsel zwischen Handeln und Analysieren sollte mehrmals durchgeführt werden, damit die Teilnehmer lernen, über ihre Tätigkeiten gezielt nachzudenken und Schlüsse für die nachfolgenden Handlungen abzuleiten.

- *Schlußphase:* Am Ende sollte eine Gesamtauswertung erfolgen. Der Endzustand der durchgespielten Situation wird beschrieben und besprochen. Die Spielleitung erläutert anhand der aufbereiteten Planspieldokumente und von ihr erstellten Verlaufsprotokolle die Aktivitäten der Gruppen.

Theoretische Hintergründe können mithelfen, die Aktivitäten zu analysieren und allgemeine Erkenntnisse aus den Erfahrungen zu ziehen. Dabei wird versucht, Erfolg und Mißerfolg der einzelnen Gruppen zu ergründen.

Bei der thematischen Auswertung empfiehlt es sich, Experten heranzuziehen, um die Bewertungen und Beurteilungen möglichst fachgerecht durchzuführen.

Allgemeine Erkenntnisse sollten aus den gemachten Erfahrungen abgeleitet werden.

3.8.2 Spielleitung und Spielregeln

Funktion der Spielleitung. Die Koordination der Spielzüge der Gruppen und die Moderation des gesamten Ablaufs des Planspiels erfolgt über eine Spielleitung. Die Spielleitung kann, natürlich abhängig vom pädagogischen Konzept, folgende Funktionen wahrnehmen:

- Kontrolle des Spielablaufs und dokumentierende Archivierung der Spielzüge der Gruppen

- Vermittlung der Kontakte zwischen den Gruppen
- Einspielen neuer Situationsdaten und Aufgabenbestandteile für Einzelne oder Gruppen
- Vermittlungshilfen oder Entscheidungen bei Konflikten, die bis zu einer konkreten Beratung von Teilnehmern oder Gruppen gehen kann
- Entscheidung über Spielunterbrechung, Spielabbruch und Spielende
- Analyse des Spielverlaufes und seiner Ergebnisse für die Auswertungsphase

Spielregeln. Als wichtigste Regeln, an die sich die Planspielteilnehmer und Gruppen üblicherweise zu halten haben, können folgende Vorschriften angesehen werden:

- Die Entscheidungen der Spielleitung sind verbindlich. Gegen Entscheidungen der Spielleitung kann bei einem unparteiischen Schiedsrichter eventuell Einspruch erhoben werden. Führt auch dies zu keinem befriedigenden Ergebnis, so entscheidet die Vollversammlung der Spieler.
- Die Kontakte zwischen den Spielgruppen vollziehen sich über die Spielleitung, die quasi eine Postfunktion wahrnimmt. Direkte Kontakte zwischen den Gruppen müssen durch die Spielleitung genehmigt werden.
- In den Spielpausen darf kein Gedankenaustausch über das Spielgeschehen erfolgen.
- Die Spielentscheidungen und Spielzüge der Gruppen sind der Spielleitung in schriftlicher Ausführung zu übermitteln, die sie registriert und an die betroffenen Gruppen weiterleitet (s. *Bleicher* 1969 u. 1976, *Böhret* u. *Wordemann* 1975, *Moker* 1978, *Prim* u. *Reckmann* 1975, *Vagt* 1983).

3.8.3 Leitfaden für das Entwickeln von Planspielen

Zuerst sollten die Zielsetzungen in Abhängigkeit zu der Zielgruppe aufgestellt werden. Sie organisieren die weitere Gestaltung des Spielmaterials und die Bereiche, in denen Analysen durchgeführt werden sollen.

Das Szenario: Ein Planspiel geht von Realitäten aus. Durch eine sukzessive Reduzierung wird das Bedingungsgefüge des Planspiels entwickelt. Die inhaltliche Ausgestaltung richtet sich nach den Lernzielen für den konzeptionellen Bereich. Wofür sollen die Spielgruppen Konzepte erarbeiten?

- Systemausschnitt festlegen. Welcher Realitätsausschnitt soll gewählt werden? Welche Organisationen, Institutionen, Funktionsbereiche in Organisationen sollen mitspielen?

- Hintergrundinformationen bestimmen. Was soll an allgemeinen Informationen zur Verfügung gestellt werden, damit die Spieler einen Gesamteindruck von der Ausgangssituation erhalten?
- Spielgruppen mit Beschreibungen erstellen. Für jede mitspielende Gruppe müssen die Rollen beschrieben werden, die ihre Position im Spiel kennzeichnen.

Abb. 23 soll die Reduktionsvorgänge veranschaulichen.

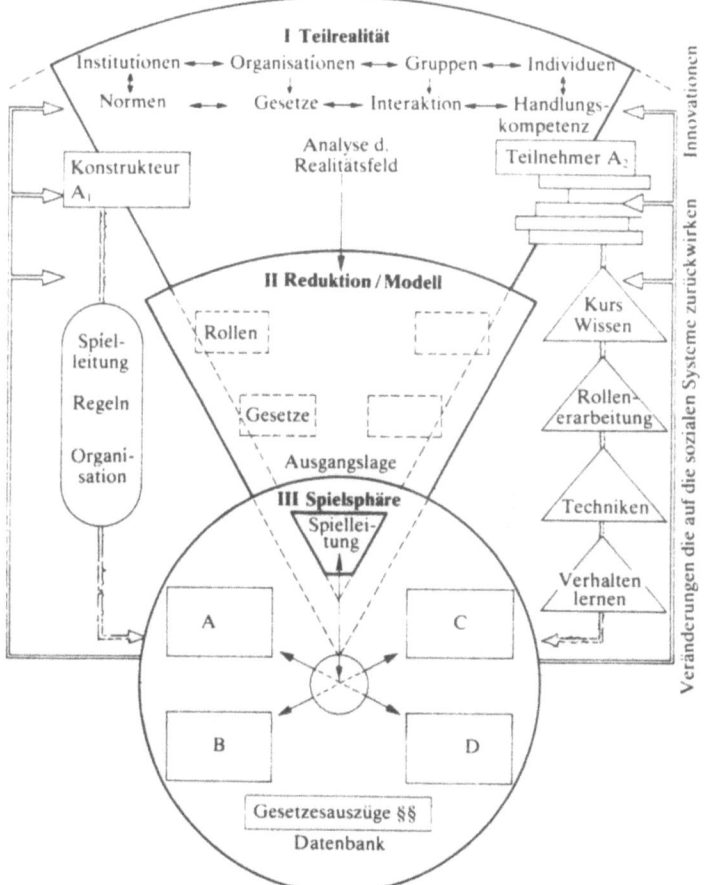

Abb. 23 Reduktionsvorgänge bei der Entwicklung eines Planspiels (aus *Freudenreich, D.: Das Planspiel in der sozialen und pädagogischen Praxis*. München 1979).

Die Spielorganisation

- Vorbereitung auf das Planspiel organisieren
- Ablauf des Planspiels festlegen: Einstiegsphase, Spiel- und Analysephasen, Endauswertung
- Zeitplan vorgeben
- Informations- und Kommunikationswege festlegen
- Hilfsmittel bestimmen, insbesondere Auswertungsmethoden vorgeben
- Dokumentation für die Ergebnisse vorsehen.

(s. auch *Werneck* u. *Grasse* 1976).

In der Literatur werden weniger komplexe Planspiele beschrieben, für den schulischen Bereich von *Taylor* und *Walford* (1974), *Lehmann* und *Portele* (1976), *Balon* und *Sokoll* (1974). Für den Managementbereich ist die folgende Adresse wichtig. Hier findet man für die unterschiedlichsten Zwecke Planspiele:

- Deutsche Planspiel-Zentrale, Dr. W. Rohn, Vonkeln 51, 5600 Wuppertal 12

(s. auch *Heinecke* u.a. 1988).

3.8.4 Beispiel: Verhaltensplanspiel „Sidahausen"

Kennzeichnend für das Verhaltensplanspiel ist, daß eine Situation vorgegeben ist, die es zu verbessern gilt. Nicht das Konkurrieren ist gefragt, sondern die Zusammenarbeit zwischen verschiedenen Institutionen. Die psychosozialen Probleme der Bevölkerung einer Stadt stehen hier im Mittelpunkt. Die gesamte Vorsorge, Versorgung und Nachsorge sind zu verbessern.

3.8.4.1 Zielsetzungen für das Verhaltensplanspiel „Sidahausen"

Hauptziele:

- Ziele und Konzepte für die psychosoziale Versorgung der Stadt entwickeln
- Maßnahmen für die Umsetzung der Konzepte planen
- Probleme in der Zusammenarbeit analysieren, Maßnahmen zur Verbesserung konzipieren und umsetzen
- Zusammenarbeit mit anderen Gruppen konzipieren, Konzeptionen umsetzen
- erfahrungsorientiertes, diskursives Lernen gestalten.

Neben diesen Hauptzielen verfolgten wir noch ein Nebenziel:
- Wirkungen von Präsentationen beschreiben und gestalten.

Die Aufgabenstellung und die Lernkonzeption lassen sich am besten darstellen, wenn die Ausgangssituation des Planspiels (Szenario = Aufgabenstellung) und der Ablauf geschildert werden. Aus dieser Schilderung läßt sich genauer entnehmen, was inhaltlich vorgegeben wird und welche Verhaltensbereiche in der Lerngestaltung berücksichtigt werden.

3.8.4.2 Inhaltliche Aufgabe: Gestalten des Szenario

Zu Beginn gaben wir einen Überblick über die beteiligten Institutionen: Gruppen, die arbeitsteilig einen Systemausschnitt einer Stadt repräsentieren und ein begrenztes Problemfeld bearbeiten sollen.

Im Mittelpunkt steht die Stadt *Sidahausen* mit ihren psychosozialen Problemen. Mit diesen Problemen sollen sich die vorgegebenen Institutionen auseinandersetzen. Je nachdem welche Rolle sie als Institution bekommen haben, ist dies mehr oder weniger direkt der Fall. Zunächst eine Übersicht über die beteiligten Gruppen:

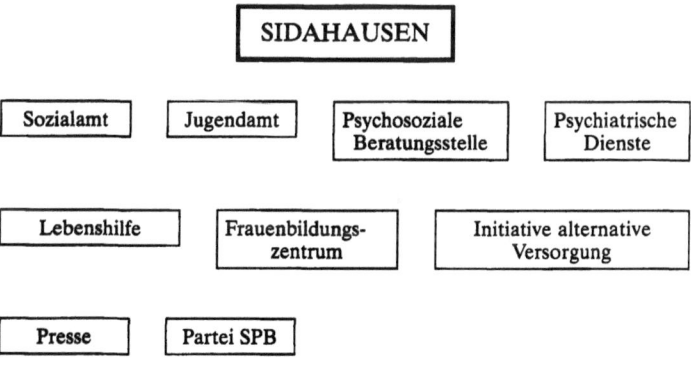

Aus der Kurzdarstellung des Szenarios kann man schon ersehen, wie komplex die vorgegebene Situation ist. Nicht nur die Auffassungen, was wichtig ist, differieren, sondern auch, wie man die Dinge angehen sollte. Partei und Presse können außerdem noch verschiedene Rollen in der Auseinandersetzung einnehmen, je nachdem wie sie ihre Aufgabe verstehen und wie sie von den anderen Gruppen in die Auseinandersetzung mit hineingezogen werden.

In diesem Spannungsfeld zu agieren, ist die Aufgabe jeder Gruppe. Die Kräfte sind positiv zu entfalten, damit letztlich den vielen Klienten in ihrer Not geholfen werden kann.

Es bedarf nicht viel Phantasie, um sich vorzustellen, wie schnell sich eine solche Situation verändert, wenn alle Gruppen anfangen zu agieren. Prozesse dynamisieren sich, das Geschehen wird komplexer, unüberschaubarer und auch vernetzter, wenn die verschiedenen Gruppen in Verbindung treten.

Dabei kann es auch passieren, daß die Helfer selbst in Not geraten und Hilfe benötigen. Dies geschieht in der Realität wie auch im Spiel. Die Spielleitung muß dann auch Beratungsfunktionen übernehmen.

Die Ausgangslage: Die Stadt *Sidahausen* **mit ihren psychosozialen Problemen**

Unsere Stadt liegt am Rande des nördlichen Ruhrgebietes. Ihre neuere Geschichte ist geprägt durch die Kohle, der sie erst Ihren Aufschwung vom Dorf zur Stadt von über 80.000 Einwohnern verdankt. Die Kohle bescherte der Stadt aber auch die noch jetzt andauernde Krise durch das Zechensterben. Heute gibt es keine Zeche mehr. Die Veränderung der Wirtschaftsstruktur hält noch an und damit auch das zentrale Problem, die Arbeitslosigkeit.

Der Ausländeranteil ist relativ hoch, 8%, und bringt weitere Probleme mit sich. Außer den Integrationsproblemen mit ihren Spannungen zwischen den verschiedenen Volksgruppen machen insbesondere die Kinder und Jugendlichen Sorgen:

- Sprachprobleme
- Fernbleiben vom Unterricht
- mangelnde Förderung in der Schule
- Spannungen, Aggressionen zwischen den Jugendlichen . . .

Die psychosozialen Probleme der Stadt liegen den Gruppen in Form von Statistiken vor. So ist die Ausgangslage (Tab. 13–20):

Tabelle 13 Planspiel SIDAHAUSEN: Altersstruktur, Geschlecht- und Nationalitätszuordnung der Bevölkerung bis 22 Jahre.

Nationalität	Geschlecht	Alter		
		0–10	11–18	19–22
Deutsche	m	4,370	4,719	2,118
Deutsche	w	3,925	4,718	2,070
Deutsche	m & w	8,295	9,437	4,188
Ausländer	m	1,210	810	182
Ausländer	w	1,205	692	184
Ausländer	m & w	2,415	1,502	366
Insgesamt	m	5,580	5,5295	2,300
Insgesamt	w	5,130	5,410	2,254
Insgesamt	m & w	10,710	10,939	4,554

Tabelle 14 Planspiel SIDAHAUSEN: Kindergarten- und Schulbesuch.

Schulart	Nationalität		
	Deutsche	Ausländer	Summe
Kindergarten	500	66	566
Primarstufe	2,817	790	3,607
Sonderschule	373	30	403
Hauptschule (HS)	3,892	788	4,680
Realschule (RS)	1,769	281	2,050
Gymnasium (Gym)	2,096	79	2,175
Berufsschule	2,724	422	2,146
kein Schulbesuch	180	487	667

Tabelle 15 Planspiel SIDAHAUSEN: Schulabgänger eines Jahres. Abkürzungen s. Tab. 14.

Abschlußart	Abgänger
ohne HS-Abschluß	195
mit HS-Abschluß	585
RS-Abschluß	366
Fachhochschulreife	216
Summe	1,362

Tabelle 16 Planspiel SIDAHAUSEN: Jugendkriminalität.

Deliktart	Alter		
	14–17	18–21	Summe
Diebstahl/Raub	63	47	110
Straftaten gegen Personen	9	11	20
Vermögensdelikte	10	17	27
Verkehrsdelikte	36	66	102
Summe	118	141	259

Tabelle 17 Planspiel SIDAHAUSEN: Suchterkrankungen und Psychosen bei Kindern und Jugendlichen.

Art der Störung	Zahl
Alkohol	529
Medikamente	251
Drogen	185
Cyclothymie	18
Schizophrenie	35
Summe	1,018

Tabelle 18 Planspiel SIDAHAUSEN: Behinderungen mit organischer Grundlage.

Behinderungsart	Zahl
körperlich	1,048
seelisch-geistig	262

Tabelle 19 Planspiel SIDAHAUSEN: Verhaltensauffälligkeiten ohne organische Grundlage.

	Alter		
Auffälligkeit	< 14	ab 14	Summe
Aggressivität	248	250	498
Entwicklungsstörungen	169	41	210
Psychosomatische Störungen	74	216	290
Kontaktprobleme	114	109	223
Ängste	42	94	136
Schulprobleme	164	232	396
Summe	811	942	1,753

Tabelle 20 Planspiel SIDAHAUSEN: Arbeitslosigkeit bei Jugendlichen bis 25 Jahren

	Nationalität		
Abschluß	Deutsche	Ausländer	Summe
ohne Abschluß	545	136	681
mit Lehre	489	122	611
Berufsfachschule	33	8	41
Hochschule	33	11	55
Summe	1,111	277	1,388

3.8.4.3 Organisatorische Aufgabe: Strukturen entwickeln

Die allgemeinen Zielsetzungen beziehen sich auf das vorgegebene Szenario *Sidahausen*. Die Aufgabenstellungen für die einzelnen Gruppen sind in Beschreibungen näher ausgeführt, die wir hier nicht betrachten wollen.

Konzeptionen für eine integrierte psychosoziale Gesamtversorgung der Stadt bedürfen Strukturen, welche die inhaltliche Gestaltung der Aufgaben erst ermöglichen:
- Es müssen Systeme gebildet werden, die eine optimale psychosoziale Betreuung der Stadt gewährleisten.

- Es müssen Systeme gebildet werden, die die Arbeit in den Institutionen und Gruppen organisieren.

Die Systeme können aber nur über Prozesse geschaffen werden, die von den Gruppen zu gestalten sind. Das ist sicherlich noch zu abstrakt. Wir wollen die Gedanken veranschaulichen, indem wir die Komponenten von Systemen aufführen und ihre Gestaltung skizzieren. Das bedeutet aber nicht, daß unsere Vorstellungen richtig sind.

Fangen wir mit dem übergeordneten System an, das wir auf die Stadt begrenzen. Denkbar wäre es natürlich auch, mit einem regionalen oder sogar überregionalen psychosozialen System zu beginnen. Auf diese Art erhalten wir aufeinander bezogene hierarchisch geschichtete Systeme, die sich zu einem integrierten Gesamtsystem zusammenfügen.

Wir wollen das Koordinationssystem für die Stadt *Sidahausen* Psychosoziale Arbeitsgemeinschaft (PAG) nennen. Ein solches oder ähnliches System müßten die Gruppen schaffen. Dieses System hat eigene Aufgaben, die dort geplant, durchgeführt und kontrolliert werden. Außerdem koordiniert die PAG die Aktivitäten der einzelnen psychosozialen Einrichtungen, wie Jugendamt, Sozialamt, Beratungsstellen... Wir wollen uns das System mit seinen Bestandteilen näher ansehen.

Zielsetzung des Systems: Ziele, Aufgaben des Systems PAG müssen entwickelt werden. Es könnten folgende Ziele sein:

- Abstimmung der Aufgabengebiete der psychosozialen Institutionen: Wer betreut welche Klientengruppen?
- Konzeptionelle Einbindung von anderen Institutionen in die Vorsorge: Schule, Vereine, Organisationen wie Unternehmen, Behörden etc.
- Entwicklung von Vorsorgekonzepten
- Bildung von Selbsthilfegruppen unterstützen und sie konzeptionell in die Gesamtversorgung einbinden, insbesondere in die Nachsorge.

Die PAG könnte sich weitere Ziele setzen. Wir wollten nur veranschaulichen, was unter dieser Komponente zu verstehen ist.

Leistungserfassung des Systems: Verfolgt man bestimmte Ziele mit entwickelten Maßnahmen, so ist zu kontrollieren, ob die Ziele auch erreicht wurden. Für die Korrektur von Planungen ist es erforderlich, auch die Maßnahmenabwicklungen ständig beurteilend zu begleiten (Prozeßevaluation). Wenn man abwartet bis die Ergebnisse vorliegen, ist es oft zu spät. Der Schaden ist bereits angerichtet, was gerade im psychosozialen Bereich verheerende Folgen haben kann: wie will man z. B. einen Vertrauensverlust bei einer Zielgruppe wieder korrigieren?

Struktur des Systems: Die Ziele können nur erreicht werden, wenn vdie Aufgaben zweckmäßig verteilt und koordiniert werden. Eine Aufbauorganisation ist zu schaffen, mit definierten Arbeitsplätzen, Abteilungen, Ausschüssen und zeitlich begrenzten Gruppen (Projektgruppen).

Bevor man ans Organisieren geht, ist zu überlegen, wer überhaupt Mitglied in diesem System PAG werden soll:

- Leiter/Stellvertreter der verschieden psychosozialen Institutionen von *Sidahausen*
- Stadtdirektor, Dezernatsleiter
- Sprecher von Initiativen, Selbsthilfegruppen
- vielleicht Mitglieder anderer Gruppen

Nun zur Struktur der PAG: In einem großen Gremium, wie die Vollversammlung der Mitglieder, kann man Informationen austauschen oder Entscheidungen über Projekte fällen.

Probleme lösen, Konzepte erarbeiten kann man nur sinnvoll in kleinen Gruppen. Auch die tägliche Routine muß erledigt werden. Dafür müssen organisatorische Einrichtungen geschaffen werden.

Man braucht also eine Vollversammlung, Ausschüsse und Projektgruppen, die die konzeptionelle Arbeit leisten und eine Verwaltung, die die geplanten Maßnahmen abwickelt und die Tagesroutine erledigt.

Man könnte der PAG folgende Struktur geben (Abb. 24):

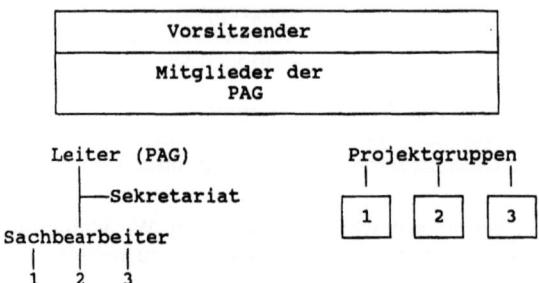

Abb. 24 Planspiel *Sidahausen:* Mögliche Struktur der Psychosozialen Arbeitsgemeinschaft.

Abläufe im System. Das durchstrukturierte System kann nur funktionieren, wenn Mitarbeiter, Abteilungen, Gremien, Projektgruppen klare Aufgabenstellungen haben und die Aufgabenteile miteinander verbunden sind.

Die Vollversammlung ist das Entscheidungs-, Informations- und Kontrollorgan. Ziele, Zusammensetzung und dergleichen werden durch eine Satzung geregelt. Den Ablauf der Sitzungen strukturiert eine Geschäftsordnung.

Ist darüber Einigkeit erzielt worden, welches Projekt durchgeführt werden soll, wird eine Projektgruppe eingerichtet. Die Projektgruppe ist mit Fachleuten der psychosozialen Einrichtungen und interessierten Personen aus Initiativ- und Selbsthilfegruppen besetzt. Für die Rahmenbedingungen müssen die betroffenen Institutionen sorgen (Freistellen etc.).

Vorsitzender und Leiter der PAG arbeiten eng zusammen, um die laufenden Geschäfte zu erledigen und die notwendigen Maßnahmen zur Durchführung von Projekten zu ergreifen. Zweckmäßig wäre es, die Mitarbeiter der PAG in die Projektgruppe von vornherein einzubeziehen, insbesondere wenn sie bei der Durchführung der Maßnahmen beteiligt sind.

Mittel und Personal. Auf das zusätzliche Personal in der PAG wurde schon hingewiesen. Aber nicht nur die Mitarbeiter, die Einrichtung mit allen Folgekosten und die Projekte sind zu bezahlen.

Es muß ein fester Etat vorhanden sein, der Personal- und Sachmittel der PAG ausweist. Es sind noch weitere Mittel einzuwerben, um die Projekte durchzuführen (einmalige Ausgaben), z.B. Informationsbroschüren über Drogen, Inserate, Vorträge vor Eltern, Aktionen in Schulen.

Legitimation des Systems. Der Bestand der PAG muß gesichert werden, um eine kontinuierliche Arbeit zu ermöglichen. Gut wäre es, wenn die Stadt diese Einrichtung legitimiert und finanziell absichert. Schwieriger dürfte es sein, das auch durchzusetzen. Dazu muß man gute Argumente haben und viel Überzeugungsarbeit leisten.

Umgebendes System/Umwelt. Die PAG soll in verschiedene Bereiche hineinwirken. Die Bereiche sind durch Entscheidungen zu bestimmen. Die Ausführung muß dann gesichert werden. Bei diesem Systembestandteil wird es jeder psychosozialen Einrichtung deutlich werden, daß sie selbst auch Gegenstand der PAG ist. Dazu muß die Bereitschaft vorhanden sein, Entscheidungsbereiche und Machtbereiche abzugeben. Es muß gewährleistet sein, daß z.B. die neue Festlegung von Aufgaben für eine psychosoziale Einrichtung auch vom Leiter der Institution vollzogen wird.

Bei diesem Punkt wird deutlich: Ein solches System kann nur funktionieren, wenn die psychosozialen Einrichtungen überhaupt miteinander zusammenarbeiten *wollen*. Es muß also aus einem positiv gestalteten Prozeß der Zwischengruppenbeziehungen erwachsen. Durch formale Regelungen kann man keine Zusammenarbeit erzwingen, auch wenn die Satzung noch so gründlich juristisch ausformuliert ist. Andererseits genügen positiv entwickelte Beziehungen zwischen Institutionen nicht, wenn sie nicht in ein übergeordnetes System einmünden, das auch arbeitsfähig ist (Abb. 25).

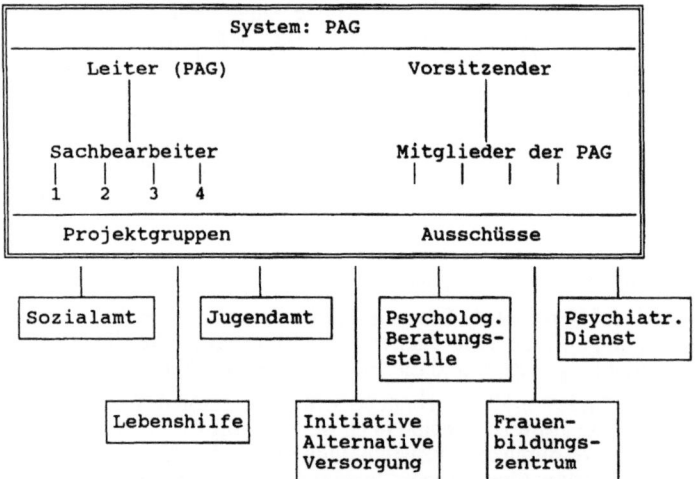

Abb. 25 Planspiel *Sidahausen: Sidahausen* mit seinen psychosozialen Problemen.

Die nächste Systemebene besteht aus teilautonomen Institutionen. Sie sind in den Aufgabenbereichen der PAG nicht mehr autonom. Sie waren natürlich vorher von anderen übergeordneten Instanzen abhängig, z. B. von Trägern, von der Stadt... Nur die Initiativgruppen waren autonom, was sie nun nicht mehr sind, wenn sie in der PAG mitarbeiten. Die Koordinierung bringt es mit sich, daß sie in manchen Zielbereichen oder Aufgabenstellungen nicht mehr frei entscheiden können. Diese Kompetenz haben sie an die PAG abgegeben. So fallen die Entscheidungen über Vorsorge- und Nachsorgeaktivitäten ebenfalls in der PAG. In diesen Aufgabenfeldern werden die psychosozialen Organisationen zu Ausführungsorganen. Das Konsensusprinzip bei Entscheidungen gewährleistet, daß die Interessen aller Beteiligten gewahrt bleiben. Wird dagegen verstoßen, wird die PAG früher oder später arbeitsunfähig, weil sich die Mitglieder nicht mehr an die Beschlüsse halten.

Die einzelnen Gruppen von *Sidahausen* müssen ebenfalls die einzelnen Systembestandteile gestalten (Jugendamt, Sozialamt, Beratungsstellen); sogar die Initiativen müssen das tun, wollen sie nicht im Chaos untergehen. Das bedeutet nicht, daß bürokratische Organisationen entstehen müssen. Welche Organisationsform gewählt wird, ist Angelegenheit der Gruppen.

Die Systembestandteile sind (s. *Checkland* 1987):
• umgebende Umwelt des Systems, mit der die Institution interagiert
• Ziele, Aufgaben der Institution
• Leistungserfassung und Leistungskontrolle der Institution
• Struktur der Institution zur Abwicklung der Routine-, Problemlösungs- und Konzeptionsaufgaben
• Ablaufstruktur zur Verbindung der Strukturteile, damit Informationen und Aktivitäten das System durchdringen können
• Personal und Mittel für die Institution
• Festlegung der Entscheidungsgremien und Entscheidungsprozesse
• Garantie für die Legitimation der Institution.

Die Strukturbildung innerhalb der Institutionen und die Arbeit in ihren Umweltbereichen wird ebenfalls durch Interaktionsprozesse gestaltet. Konsens und positive, kooperative Zusammenarbeit innerhalb der Institution sind die Voraussetzungen dafür, daß die vorhandene Energie und Arbeitskraft zum Wohle der Klienten eingesetzt werden und nicht für die Streitereien mit Kollegen. Kooperative Zusammenarbeit macht außerdem Synergieeffekte möglich, die die Summe der Einzelleistungen weit übersteigt.

Wir haben hier nur skizziert, wie die Voraussetzungen aussehen könnten, wenn man sich auf den Weg machen will, ein optimal arbeitendes psychosoziales System zu schaffen. Damit soll auch demonstriert werden, wie die einzelnen Zielsetzungen des Planspiels miteinander vernetzt sind und die Aufgabenstellung „Gestaltung des Szenarios" verstanden werden kann, natürlich nicht verstanden werden muß.

Es ist eine Herausforderung, mit so verschiedenartigen Aufgabenstellungen auf einmal fertig zu werden. Gut ist daran, daß es sich um ein Spiel handelt. Man kann ohne Gefährdung der Klienten neue Konzepte erarbeiten und auf Konsens testen.

Wenn die Gruppen ihre Aktivitäten entwickeln, Kontakte zueinander aufnehmen, diese dann weiter gestalten, dynamisiert sich die ganze Ausgangslage. Die Prozesse führen zu Strukturbildungen, die ebenfalls wirksam werden. So wird das ganze System komplexer und auch vernetzter.

Hier liegen allerdings auch die Tücken dieser Methode. Gut angelegte Planspiele, gleich welcher Sorte, führen schnell zu intensiven Erfahrungen und Erlebnissen. Eine Fülle von Ereignissen stürzt auf den einzelnen ein und nimmt ihn gefangen:

- schnelle Arbeitszyklen, in denen hektisch geplant und agiert wird
- intensive Begegnungen, vielleicht sogar Konflikte in der eigenen Gruppe
- Begegnungen mit Mitgliedern anderer Gruppen, vielleicht mit Erfolgserlebnissen durch gemeinsame Projekte.

Die emotionalen Erlebnisse können dominieren, die Lernerfahrungen organisieren. Was dann hinterher bleibt, sind intensive Erlebnisse der Art „das war toll, wir haben ordentlich etwas bewegt".

Allgemeine Erkenntnisse können nur gewonnen werden, wenn eine sorgfältige Analyse Erlebtes bewußt macht und daraus das Prinzipielle abgeleitet wird. Deshalb wechseln sich in diesem Planspiel die Spielphasen mit den Analysephasen ab.

3.8.4.4 Ablauf des Verhaltensplanspiels

Das Planspiel wurde mit Studenten und Führungskräften aus sozialen Bereichen durchgeführt.

Die Vorbesprechungen behandelten vorwiegend die Gestaltung der Motivationsphase: Kennenlernen, Informationen über das Spiel, positive Spannung aufbauen. Die Gruppen der Studenten und der Führungskräfte nahmen getrennt an den Vorbesprechungen teil.

In der nächsten Phase geht es um das Lernen und darum, das Gelernte anschließend zu verfestigen.

Der gesamte Ablauf des Planspiels soll einen Überblick geben und die Grundzüge der Lernplanung skizzieren.

Zeit	Thematik	Funktion bei der Lerngestaltung
1. Tag 10–12 Uhr	Einführung Kennenlernen: Führungskräfte und Studenten, Konzeption erarbeiten	Beziehungen gestalten, Konzipieren der Gruppenaktivitäten
13–17 Uhr	Vorbereitung der Präsentation und Vorstellen der Konzeption in der „Pressekonferenz"	Motivation zur Auseinandersetzung mit der Vorgabe. Zusätzlich: Gestalten von Präsentationen mit Videofeedback und Rhetorikcheck
2. Tag 9–12 Uhr	Spielphase	Lernbereiche erhalten inhaltlichen Stoff: • konzeptionelle Arbeit und ihre Umsetzung • Gruppenprozesse • Kontakte zu anderen Gruppen

Zeit	Thematik	Funktion bei der Lerngestaltung
13–17 Uhr	Neue Statistiken zur Stadtentwicklung. Analysephase mit vorgegebenen Instrumenten	Erfahrungen in den drei Lernbereichen werden aufbereitet, reflektiert (erfahrungsorientiertes Lernen)
3. und 4. Tag zum Teil	Spielphase und Analysephase wechseln sich ab	Einübung und Verfestigung des Vorgehens. Erweiterung der Lernerfahrungen in den Lernzielbereichen
4. Tag 16–18 Uhr	Feedback in den Gruppen mit verschiedenen Verfahren	Auseinandersetzung mit den individuellen Verhaltensweisen: Kooperatives Verhalten
5. Tag 9–17 Uhr	Schlußauswertung Wirkungen der Maßnahmen, Gestaltung von Prozessen in Gruppen, zwischen Gruppen	Verallgemeinerung gemachter Erfahrungen in den Lernzielbereichen

3.9 Projekt

Die Projektmethode beinhaltet die vorher besprochenen Methoden. Zuerst sind zu einem Thema, Informationen zu sammeln (Fallstudie: Vorfall). Man entwickelt ein Szenario mit verschiedenen Aufgabenstellungen (Planspiel). Die Aufgabendurchführung muß geplant, die Aktivitäten koordiniert und kontrolliert werden. Das ist das Besondere der Projektmethode (Abb. 26).

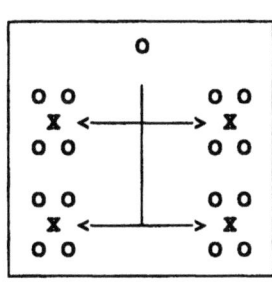

Abb. 26 Projekt.

Vorteile:

- Anwenden von Wissen
- konzeptionelles Denken
- Anwenden von Planungsmethoden
- soziale Lernprozesse

Nachteile:

- hoher Zeitaufwand
- meist keine Erprobung des Geplanten
- Risiken des Scheiterns

Ein Projekt ist ein größeres, einmaliges und komplexes Vorhaben. Die Planung und Steuerung sowie Durchführung führen mehrere Personen arbeitsteilig durch. Projekte können in den verschiedensten Bereichen durchgeführt werden:

- Gestaltungsprojekte: Materialien werden zu bestimmten Gegenständen verarbeitet.
- Produktionsprojekte: Herstellung von verschiedenartigen Erzeugnissen.
- Problemprojekte: Probleme werden analysiert, Lösungen entwickelt und Maßnahmen durchgeführt.
- Analytische Projekte: Komplexe Bereiche, wie Organisationen, werden analysiert und in ihren Funktionszusammenhängen dargestellt.

3.9.1 Ziele und Formen der Durchführung

Die inhaltlichen Ziele eines Projektes sollten sich an den fachlichen Interessen und Bedürfnissen der Teilnehmer orientieren. Die verhaltensorientierten Ziele sind von den Kenntnissen der Zielgruppe abhängig. Es müssen Methodenkompetenzen in verschiedenen Bereichen vorhanden sein, wenn die Teilnehmer selbst das Projekt gestalten sollen. Planen und Entwickeln von Organisationsstrukturen sind die Methodenbereiche, die bei dieser Methode hinzukommen. Andere Methoden und Sozialkompetenz sind wie bei der Fallstudie und dem Planspiel ebenso Trainingsbereiche. Deshalb sind die Anforderungen an den Trainer besonders hoch, der von vornherein auf die Zielsetzungen bezogen die Lernbereiche einschränken muß. Die Aufgaben des Trainers bei der Durchführung des Projekts bestehen darin, daß er

- Teilnehmerinteressen transparent macht und daraus Themen für ein Projekt entwickelt
- die grobe Ablaufstruktur des Projektes vorgibt oder entwickelt
- Informationen beschafft oder dabei hilft Informationen zu erheben und auszuwerten

- die genaue Arbeitsorganisation und den Ablauf des Projektes mit den Teilnehmern entwickelt
- die Gruppen koordiniert, die arbeitsteilig arbeiten, und bei der Durchführung ihrer Aufgaben unterstützt
- bei der Anwendung der Methoden Hilfen gibt.

Die Tätigkeiten des Trainers modifizieren sich nach der Form des Projektes. Ein Projekt kann auf verschiedene Weise durchgeführt werden. Die unterschiedlichen Projektformen lassen sich in teilnehmer- oder trainerorientierte, in fachbezogene oder fachübergreifende Projekte einteilen. Sie können auf einzelne Teilnehmer oder auf Gruppen bezogen sein.

Ein trainerzentriertes Projekt ist dadurch gekennzeichnet, daß Vorgaben, Planung und Steuerung des Projekts vom Trainer vorgegeben werden. Die Teilnehmer vollziehen den Ablauf eines Projektes nach. Sie haben kaum Gelegenheit für eine Einflußnahme und kreative Eigengestaltung des Projektes. Der Vorteil besteht in der Kontrolle des Projektablaufes. Es können weniger Fehler auftreten.

Gerade für ein fachübergreifendes, wissenintegrierendes Lernen ist ein Projekt besonders geeignet. Die Praxisarbeit erfordert immer mehr das Zusammenwirken verschiedener Fachkenntnisse. In der Produktion koordiniert man nicht nur verschiedenes technisches Wissen, um die automatisierte Fertigung zu steuern und zu warten, sondern auch kaufmännisches Wissen, um kostengünstige Abläufe zu entwickeln und die Qualität zu sichern.

3.9.2 Projektphasen

Ziele des Projektes. In den Zielsetzungen können unterschiedliche Aspekte ausgedrückt werden. Zuerst geht es um die inhaltlichen Ergebnisse. Man beschreibt die Endergebnisse des Projektes („Wir wollen folgende Ergebnisse erzielen: ...").

Ein anderer Aspekt kann sich mit den Auswirkungen des Projektes befassen. Die Wirkungen beziehen sich auf die Projektdurchführenden und evtl. auf Personen, für die das Projekt durchgeführt wird. Wir wollen z. B., daß das Projekt die fachübergreifende Zusammenarbeit fördert und das Ergebnis für die betroffenen Personen positive Auswirkungen hat.

Die Ziele sind für die Diskussion am Ende des Projektes wesentlich. Sie ermöglichen erst die Bewertung des Projektes.

Sie unterscheiden sich von den Lernzielen, die sich auf Lernergebnisse, nicht auf Projektergebnisse beziehen.

Planung. In der Planungsphase erarbeiten die Teilnehmer möglichst detailliert den Projektplan und die einzelnen Schritte zur Durchführung. Ein solcher Plan sollte folgende Bestandteile beinhalten:

- Planung der Aufgabenverteilung
- Klärung der Arbeitsform (Einzelarbeit, Kleingruppen, Plenum)
- Planung der Informationsbeschaffung
- Klärung, welche Arbeitsmittel eingesetzt werden sollen
- Planung der Tätigkeitsabfolgen
- Planung der Kontrollen für die Durchführung
- Terminplanung
- Raumplanung.

Der Projektplan wird schriftlich fixiert, die Zuständigkeiten für die einzelnen Projektphasen und Arbeitsschritte festgelegt, (s. Teil B Kap. 2.1 und Kap. 2.7.1). Die Planungen der einzelnen Gruppen müssen über den Trainer koordiniert und aufeinander abgestimmt werden. Zentrale und dezentrale Arbeitsformen wechseln sich ab.

Durchführung. Die erste Phase des Projekts dient der Vorbereitung der Projektarbeit. Die eigentliche Handlungsphase ist die Ausführung des Projektes: die Teilnehmer verwirklichen ihre Planung und kontrollieren die Fortschritte in Anlehnung an die formulierten Ziele. Die zuvor erworbenen Fach- und Methodenkenntnisse werden in den Handlungsablauf integriert.

Ein wichtiges Lernfeld entwickelt sich durch die Handlungen. Ein lineares Umsetzen der Planungen in Handlungen funktioniert nämlich meist nicht. Die Planungen müssen an die Realität angepaßt werden. Notwendige Korrekturen gehen in den Handlungsverlauf ein und offenbaren natürlich auch die Schwachstellen der Planungsphase.

Reflektierendes Denken und Handeln beziehen sich zirkulär aufeinander, dadurch wird der gesamte Prozeß optimiert. Dies kann nur durch Rückmeldungsprozesse gesteuert werden, die den konkreten Projektzustand feststellen.

Beurteilung des Verlaufs und Auswertung der Erfahrungen. Erst am Ende kann man feststellen, ob die gesetzten Ziele erreicht worden sind (Ergebnisevaluation). Aber auch die gemachten Erfahrungen können nun reflektiert und aufgearbeitet werden. Damit können kognitive Erkenntnisse erarbeitet werden, die auf einem allgemeineren Abstraktionsniveau handlungsleitend werden, (s. Teil A Kap. 3.4).

Welche Erfahrungen der Trainer aufgreift, hängt von den Lernzielen ab. Prinzipiell können es folgende Bereiche sein:

- Darstellung der Gruppenergebnisse und ihre Zusammenfassung, Evaluation des Ergebnisses
- Vergleich der Ausgangsplanung mit den durchgeführten Aktionen: Welche Abweichungen haben sich ergeben? Was führte zu den Abweichungen?

- allgemeine Erkenntnisse aus den Planungserfahrungen, der Evaluation und der Steuerung des Prozesses
- Analyse der Zusammenarbeit (s. *Frey* 1982). Schulprojekte beschreiben *Laubis* (1976) und Redaktion betrifft: Erziehung (1976), s. auch *Bross* (1989), *Heintel* u. *Krainz* (1988 u. 1990), *Sattelberger* (1989).

Die Phasen des Projektes lassen sich weiter differenzieren. Dies empfiehlt bei der Planung und Steuerung von komplexen, realen Projekten *Heuer* (1979):

1. *Informationsphase*
   - Ideen formulieren
   - Ziele festlegen
   - Aufgabenstellungen entwickeln

2. *Konzeptphase*
   - Umwelt analysieren
   - Konzept entwerfen
   - Konzept freigeben

3. *Definitionsphase*
   - Projekt definieren
   - Projekt planen
   - Durchführbarkeit prüfen

4. *Entwicklungsphase*
   - Entwicklung planen
   - Modell erstellen
   - Entwicklung freigeben

5. *Prototypphase*
   - Prototyp entwerfen
   - Muster vorlegen
   - Prototyp realisieren

6. *Fertigungsphase*
   - Fertigung einleiten
   - Abnahme protokollieren
   - Projekt abschließen

7. *Nutzungsphase*
   - Betrieb aufnehmen
   - Service einrichten

Die Phasen beziehen sich auf konkrete Projekte, die in Organisationen zu Veränderungen führen sollen (Einführung einer computergesteuerten Fertigung, einer neuen EDV-Generation, etc.). *Hansel* und *Lomnitz* (1987) beschreiben die einzelnen Phasen und die Problembereiche bei der Durchführung von Projekten. Daraus läßt sich der Weiterbildungsbedarf für Projektdurchführende ableiten. Führt man konkrete Projekte in Organisationen durch, kann man das begleitende Training hinzufügen. Weiterbildung und Umsetzung sind dann fest miteinander verzahnt (*Madauss* 1984).

4 Veranstaltungsformen für ein praxisorientiertes Lernen

Die Einführung neuer Technologien oder die Entwicklung von neuen Produkten ist wichtig für die Existenz eines Unternehmens. Deshalb bekommt die Nutzung der vorhandenen menschlichen Ressourcen immer mehr Bedeutung. In diesem Bereich entwickelten besonders die Japaner Wettbewerbsvorteile (*Womack* u.a. 1991). Das Funktionieren der „schlanken" Produktion ist nicht durch eine Organisationsveränderung allein zu erreichen, z.B. durch die Einführung teilautonomer Gruppen. Es müssen zusätzliche Einrichtungen geschaffen werden, die eine kontinuierliche Verbesserung der Routinetätigkeiten, praktizierten Systeme, Produkte etc. gewährleisten. Solche Verbesserungsprozesse können nur in und durch Gruppen vollzogen werden. Teamorientiertes Managen muß allerdings gelernt werden (*Breisig* 1990).

In diesem Abschnitt beschäftigen wir uns mit verschiedenen Einrichtungen, in denen die Gruppenmitglieder teamorientiert lernen und verändern:

- Workshop: Probleme lösen
- Lernstatt: Praxisnahes Lernen
- Qualitätszirkel: Verbesserungen erzielen.

In allen drei Formen setzen sich die Teilnehmer in Teams mit ihren Tätigkeiten auseinander. Erfahrungsorientiertes Lernen steht im Vordergrund. Die Teilnehmer lernen aber auch kognitiv, z.B. erwerben sie neue Kenntnisse über Methoden, Technologien, Produktionsabläufe. Besonders wichtig ist auch das soziale Lernen. Miteinander Lernen und Zusammenarbeiten bildet die Grundlagen für die Aufarbeitung der Tätigkeiten.

4.1 Workshop: Probleme in Gruppen lösen

Der Begriff Workshop wird inzwischen für alle möglichen Formen von Veranstaltungen benutzt. Er ist in Mode gekommen. Hier soll Workshop begrenzt auf „Probleme lösen, Verbesserungen in Organisationen entwickeln" verstanden werden.

Kurtz (1981) definiert den Workshop folgendermaßen: „Ein Workshop ist eine von einer Organisationseinheit / Projektgruppe gewünschte Veranstaltung zur Lösung von aktuellen, praktischen Problemen mit Hilfe eines Beraters. Die Mitglieder sind Inhaltsexperten und Problemverantwortliche. Der Berater ist Experte für

4.1 Workshop: Probleme in Gruppen lösen

Veränderungswissen. Die Dauer des Workshops ist abhängig von der Lösung des Problems. Der Erfolg wird bestimmt durch die Umsetzung von Problemlösungen in der Praxis."

Die Thematiken können recht unterschiedlich sein:

- Produktionsprozesse sind zu teuer
- Fluktuation und Krankheitsraten sind zu hoch
- das Betriebsklima ist schlecht
- die Zusammenarbeit zwischen Abteilungen funktioniert nicht einwandfrei . . .

In den meisten Fällen beginnt der Workshop mit einer Inventur – den Bestand aller Probleme. Diese Inventur liefert das Rohmaterial, an dem im Workshop gearbeitet wird. Die wichtigsten und konkret bearbeitbaren Probleme werden ausgewählt und Nebenprobleme oder solche, die aus verschiedenen Gründen nicht bearbeitbar sind, beiseite gelassen. Kriterien für die Auswahl der zu bearbeitenden Probleme können sein:

- Bedeutung (Wichtigkeit) des Problems
- Verständlichkeit (Konkretheit) des Problems
- Bearbeitbarkeit (mögliche Lösbarkeit) des Problems

Die Ursachen können in verschiedenen fachlichen Bereichen liegen. Es genügt daher nicht, nur die Betroffenen zusammenzubringen. Man muß auch das notwendige Fach- und Methodenwissen hinzufügen. Die Integration von verschiedenen Experten kann nur gelingen, wenn sich auch die Zusammenarbeit positiv entwickelt. Dies dem Zufall zu überlassen, wäre nicht sinnvoll.

Beziehungen zwischen den Beteiligten müssen sich entwickeln. Das Kommunikationsverhalten muß sich ständig verbessern. Das erfordert eine offene, dem Partner zugewandte Haltung sowie Interesse für die Sache und die Einhaltung von Regeln. Die Regeln müssen eine freie und konstruktive Erörterung für die Inhalte garantieren:

- Alle Betroffenen sind beteiligt. Sie bringen ihre Ansichten, Bedürfnisse und Wertungen ein.
- Alle haben die gleiche Chance, am Prozeß teilzunehmen und ihn zu gestalten
- Die Verhandlungsmacht aller Beteiligten ist gleich groß.
- Es wird auf Überredung und Zwang verzichtet.
- Sämtliche vorhandenen relevanten Informationen sind für alle zugänglich.
- Die Teilnehmer am Problemlösungsprozeß müssen fähig und willens sein, rational zu argumentieren.
- Das Ziel ist, einen allgemein akzeptierten Konsens zu erreichen.

Die Prozesse zur Verbesserung laufen folglich zweigleisig. Die Gruppe erarbeitet der Aufgabenstellung gemäß neue Konzepte und verbessert selbst ihre Zusammenarbeit. Dazu benutzt die Gruppe

Methoden für die Gestaltung des sozialen Lernens (s. Teil B Kap. 2.2).

4.1.1 Systematisches Vorgehen bei Problemen

Für die Verbesserungsaufgabe kann die Gruppe Systematiken heranziehen, um ihr Vorgehen zu strukturieren und auch für alle Beteiligten transparent zu machen, (s. auch Teil B Kap. 2.1). Hier soll ein Verfahren näher beschrieben werden, das das schrittweise Eindringen in Probleme und die Versachlichung deutlich macht.

> **Analyse der Bestehenden Situation:**
> **Von den vordergründigen zu den grundlegenden Tatsachen.**

1. Meinen
Problembewußtsein. Wie wird die Situation, das Problem erlebt? (Gefühle, Meinungen, Wahrnehmungen, Ansichten, Wünsche ...)

2. Wissen
Bild der tatsächlichen Situation. Wie ist die Situation in Wirklichkeit? (Arbeitsabläufe, Methoden, Arbeitsverteilung, Systeme, Entscheidungsprozesse, Kompetenzen, Rollenverteilung, Umgang miteinander ...)

3. Verstehen
Zugrundeliegende Konzeptionen. Welche Konzeptionen liegen diesem Situationsbild zugrunde? (Menschenbilder, Führungsphilosophie, Organisationsauffassungen, ungeschriebene Gesetze, geheime Regeln ...)

4. Besinnen und Wollen
Was erneuern und warum? Stimmt die anfängliche Auffassung der Situation und das ursprüngliche Motiv zur Änderung? Welche Änderungsimpulse ergeben sich?

> **Entwurf der neuen Situation:**
> **Von den Prinzipien bis zum konkreten Handeln.**

5. Konzipieren
Neue Konzeptionen. Welche Konzeptionen und Grundsätze legen wir der zukünftigen Situation zugrunde? (realistisch, widerspruchsfrei, Klärung der Wirkvoraussetzungen, Prüfung der Kongruenz mit gesellschaftlichen, sozialen, wissenschaftlichen, technologischen Entwicklungen).

6. Gestalten
Bild der neuen Situation. Welche Form geben wir der neuen Situation? (Sammlung, Vergleich und Entscheidung zu alternativen Gestaltungsmöglichkeiten)

7. Planen
Konsequenzen und Bedingungen. Was folgt daraus für die Verwirklichung und Einführung? (Wer macht was, Rollen, Verantwortung, welche Fähigkeiten und Einstellungen sind erforderlich, Konsequenzen für andere Subsysteme ...)

8. Realisieren und Evaluieren
Gestalten zu einer neuen Situation. Wie wirken sich die getroffenen Maßnahmen aus? (Kontrollieren der Prozesse und Modifizieren der geplanten Maßnahmen auf die Ziele hin, bei Bedarf wiederholtes Durchschreiten von vorangegangenen Phasen) (*Glasl* und *Houssay* 1975).

4.1.2 Kräftefeldanalyse

Beim Planen sollte man mögliche Widerstände einkalkulieren und die Durchführung der Maßnahmen entsprechend gestalten. Es ist nicht nur wichtig, daß etwas geschieht. Wenn man es mit Menschen zu tun hat, ist es ebenso wichtig, wie man mit ihnen bei der Implementierung von Innovationen umgeht. Deshalb sollte man auch eine Kräftefeldanalyse durchführen, die die negativen wie positiven emotionalen Verhältnisse darstellt.

Vorgehen bei einer Kräftefeldanalyse

1. Maßnahme und Zielgruppe
2. Ziel definieren
3. Einflußkräfte und Bedingungen auflisten:

Was hemmt ...	Was fördert ...
1. _____	1. _____
2. _____	2. _____

4. Der am meisten hemmende Faktor ist .. / Der am meisten fördernde Faktor ist ..
5. Vorschläge zur Veränderung, um die hemmenden Faktoren zu beseitigen, abzuschwächen / um die fördernden Faktoren zu verstärken und zu unterstützen
6. Aktionsplan
   Konkrete Maßnahmen vereinbaren: *Wer* tut *was* mit *wem* bis *wann*, um die gewünschten Veränderungen zu bewirken (*Becker* u. *Langosch* 1990).

4.2 Lernstatt

Das Modell Lernstatt hat sich Anfang der 70er Jahre entwickelt. Ein Unternehmen errichtete zuerst eine Lernstatt für ausländische Arbeitnehmer, um sie zu integrieren. Integration wird in diesem Zusammenhang umfassend verstanden. Es geht um die Sprache, die mit dem Arbeitsplatz zusammenhängenden Kenntnisse und den Umgang mit den deutschen Kollegen. Ein wichtiges Anliegen war, die Themen miteinander zu verbinden und sie mittels Moderationstechniken teilnehmerzentriert zu vermitteln. Die konkreten Themen stellten die Lernstattgruppen mit ihrem Moderator zusammen. Die Bedürfnisse der Teilnehmer, ihre Probleme sollten im Mittelpunkt stehen. Der Moderator, er war selbst ein Mitarbeiter, wurde für diese Aufgabe gezielt weitergebildet. Das Modell Lernstatt fand bei den Mitarbeitern einen solchen Anklang, daß es im Rahmen der firmeninternen Weiterbildung ausgeweitet und als fester Bestandteil integriert wurde. Sowohl die Art des teilnehmerzentrierten Lernens als auch die Form der Gruppenbildung motivierten die Teilnehmer, aktiv an den Veranstaltungen teilzunehmen. Hinzu kam, daß Lernbedarf nicht nur bei den ausländischen, sondern auch bei den deutschen Mitarbeitern bestand, die über Arbeitsprozesse und ihre Tätigkeiten an ihrem Arbeitsplatz ebenfalls nicht ausreichend informiert waren.

Weitere Unternehmen übernahmen das Modell, wie z.B. die Hoechst AG (*Riegger* 1983). Die Thematiken sind inzwischen universeller geworden und erstrecken sich auf viele Bereiche. *Einsiedler* und *Knura* (1984) berichten über Lernstattgruppen, in welchen das Thema „Arbeitssicherheit" besprochen wurde.

Als gemeinsame Basis für alle Lernstätten dienen folgende Punkte:
- Eine Gruppe von 8–12 Mitarbeitern trifft sich regelmäßig.
- Moderatoren strukturieren die Lernprozesse der Gruppe, (s. Teil B Kap. 2.3).
- In einer Moderatorenrunde unterstützen sich die Moderatoren, indem sie ihre Erfahrungen austauschen und diskutieren.
- Für spezielle Themen werden Fachleute, sogenannte „Situationsberater", eingeladen.
- Berater (Lernstatt-Promotoren) sorgen für die Einbindung der mittleren und oberen Führungsebene in die Lernstattarbeit.

Eine zentrale Anlaufstelle koordiniert die verschiedenen Aktivitäten:
- Einrichten von Lernstätten im Unternehmen
- Weiterbildung der Moderatoren
- Supervision der Moderatoren
- Ansprechpartner für die Fachabteilungen, z.B. für die Einrichtung von Lernstattgruppen,

- Kontakte zur mittleren Führungsebene (*Bergemann* u. *Sourisseaux* 1988, 26 ff.)

4.2.1 Einrichten einer Lernstatt

Die Einführung der Lernstatt in ein Unternehmen ist nicht nur ein organisatorisches Problem sondern auch ein Akzeptanzproblem. Das Management muß als erstes von der Idee und dem Modell überzeugt sein; ohne Unterstützung fällt es bald in sich zusammen. Bei den Mitarbeitern muß soviel Interesse an ihrer Arbeit und Firma vorhanden sein, daß sie bereit sind, sich mit ihren Tätigkeiten auseinanderzusetzen. Die Gestaltung des Lernens in einer Lernstatt muß freiwillig sein und Spaß machen.

Ablauf der Implementierung der Lernstatt im Betrieb:

- Präsentation der Lernstatt im Betrieb
- Lernbedarfsermittlung vor Ort, Information über das Umfeld
- Planungsgespräch
- Externe Intensivübung für die Moderatoren durch die Lernstattzentrale
- Gruppenzusammenstellung im Betrieb
- Schaffung von Raum und Zeit für die Durchführung der Lernstatt
- Durchführung der Lernstatt im Betrieb
- Erfahrungsaustausch für Moderatoren
- Auswertungsgespräch mit Planung zur Weiterführung

(*Riegger* 1983, S. 24)

4.2.2 Lernbereiche einer Lernstatt

Im Mittelpunkt der Gruppenarbeit steht nicht nur das Thema, sondern auch die Prozesse innerhalb der Gruppe. Zu diesen Prozessen gehört die Entwicklung eines positiven Gruppenklimas, das Austragen von Konflikten. Die Teilnehmer erweitern ihre Fach- und Sozialkompetenz. So können unterschiedliche Themen im Mittelpunkt der Gruppe stehen, die gleichberechtigt in ihrer Bedeutung sind (s. themenzentrierte Interaktion bei *Cohn* 1975):

Thema steht hier für die Auseinandersetzung mit sachlichen und/oder fachlichen Problemen. Gruppe bedeutet die Zusammenarbeit in der Gruppe, das Klima, die Konflikte und die Bedürfnisse in der Gruppe. Individuum umfaßt die eigenen Verhaltensweisen im Bezug zum Stoff und den anderen in der Gruppe.

4.3 Qualitätszirkel

Die Idee des Qualitätszirkels ist heute mit dem Erfolg der Japaner auf den internationalen Märkten verbunden. Das Arbeiten und Denken in Gruppen wie das ausgeprägte Harmoniebedürfnis in dieser Kultur sind günstige Voraussetzungen für diese Einrichtung.

Im Mittelpunkt der Qualitätszirkelarbeit steht die systematische Arbeit an Qualitätsproblemen und die Verbesserung von Arbeitsabläufen. Die konsequente Verfolgung der Null-Fehler-Philosophie begründet eine kontinuierliche, niemals endende Arbeit an Verbesserungen. In diesen Punkten unterscheidet sich die Lernstatt vom Qualitätszirkel; Themen können sich durchaus überschneiden, aber die Zielorientierung und die Art der Verfolgung des Ziels sind verschieden.

Die Gruppenarbeit ist ebenso teilnehmerzentriert wie bei der Lernstatt. Man nutzt die Moderationstechniken und ist auf eine positive Entwicklung des Gruppenklimas bedacht.

4.3.1 Zielbereiche der Qualitätszirkel

Qualität der Arbeitsergebnisse:
Gefertigtes Produkt, Planungsergebnis, Dienstleistung, Problemlösungsergebnis

Technische Qualität:
Material, Zulieferteile, Maschinen, Meßeinrichtungen

Verfahrensqualität:
Abläufe, Organisationsstruktur, Kontrollverfahren, Methoden, Dienstanweisungen

Soziale Qualität:
Kooperation, Motivation, Einstellung zur Arbeit, Führungsverhalten, Klima (*Domsch* 1985, S. 431).

4.3.2 Vorgehen bei Qualitätsproblemen

Die zu bearbeitenden Probleme werden unabhängig davon, ob sie von der Gruppe selbst zusammengestellt oder vom Management vorgegeben wurden, mit verschiedenen Methoden systematisch bearbeitet, (s. auch Teil B Kap. 2.1). Innerhalb der Bearbeitungsphasen eines Problems wendet die Gruppe verschiedene Methoden zur Datensammlung, Interpretation und Bewertung an.

Datensammlung. Ist der Problembereich festgelegt, müssen in der Regel erst Informationen gesammelt und ausgewertet werden. Erst dann kann sich eine umfassende Problembeschreibung anschließen, z.B.:

- Feststellen der Fehlerarten, Häufigkeit der vorkommenden Fehler
- Erfassen der weiteren Umstände, in denen das Problem auftritt.

Für diesen Zweck werden Verfahren entwickelt, um die notwendigen Daten systematisch zu erfassen.

Liegen die Daten vor, werden sie mittels der beschreibenden Statistik ausgewertet. Die Gruppe erstellt Tabellen, Diagramme, Grafiken, etc.

Gewichtung der Fehler. Die Fehler werden nach geschätzten Kosten, die sie verursachen, gewichtet (*Pareto*-Analyse). Nach dieser Prozedur erhält man eine Prioritätenliste, anhand derer die einzelnen Problembestandteile abgearbeitet werden können. Außerdem liegen nun auch Kostenschätzungen vor, die sinnvoll zur Bewertung der späteren Lösungen genutzt werden können. Die Kostenschätzungen dienen auch als Grenzwerte für die Kosten der Maßnahmen.

Vermutete Ursachen. Nachdem das Problem eingegrenzt und durch Daten beschrieben ist, können die vermuteten Ursachen herausanalysiert werden. Dazu kann man das Ursache-Wirkungs-Diagramm von *Ishikawa* benutzen (Abb. 27).

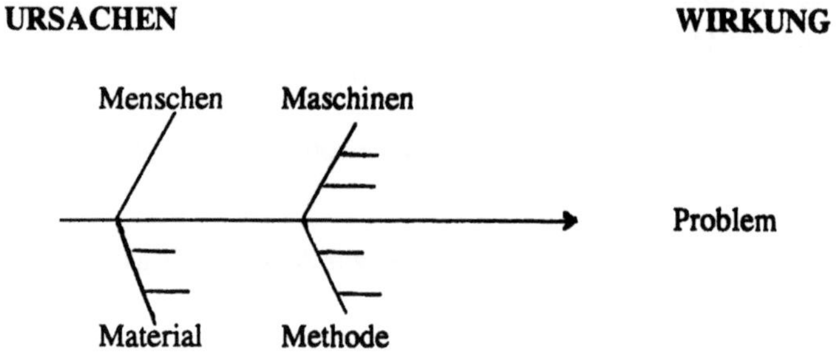

URSACHEN   WIRKUNG

```
   Menschen    Maschinen
       \          \
        \          \
         ─────────────────────▶  Problem
        /          /
       /          /
   Material    Methode
```

Abb. 27 Ursache-Wirkungs-Programm von *Ishikawa* (aus *Engel, P.:* Organisationsprinzipien. Zürich 1981).

Zuerst müssen die vermuteten Ursachenfaktoren zusammengestellt werden. Die hier aufgeführten Faktoren (Mensch, Maschinen, Material, Methode) sind nur als Beispiel zu verstehen. Problembezogen und unter Verwendung der bestehenden Daten konkretisiert nun die Gruppe Schritt für Schritt die einzelnen Faktoren. Die Äste zu den Faktoren verfeinern sich immer mehr und machen auch Lücken sichtbar, wo Informationen fehlen. Um Lücken zu schließen, greift man wieder auf die Phasen der Datensammlung zurück.

Anschließend können Experimente geplant werden, um die Hypothesen auf ihre Richtigkeit zu überprüfen (*Engel* 1981).

Entwickeln von Maßnahmen. Die Gruppe wendet kreative Methoden an, um Ideen für Problemlösungsansätze zu entwickeln, z.B. Brainstorming (weitere Verfahren s. *Hoffmann* 1987). Die Teilnehmer werden aufgefordert, alle Ideen zu äußern, die ihnen als Möglichkeit der Problemlösung in den Sinn kommen. Die Daten werden gesammelt und möglichst für alle Teilnehmer sichtbar notiert, damit durch die Stichworte angeregt weitere Einfälle assoziiert werden können. Wertungen dürfen nicht erfolgen, weil sie die den freien Lauf der Assoziation und Ideensammlung hemmen.

Die Auswertung der Daten findet erst nach Abschluß der Brainstormingsitzung statt. Dies kann durch Fachleute geschehen, die nicht an der Sitzung teilgenommen haben. Lösungsansätze, die erfolgversprechend sind, werden nun weiterentwickelt, bis sie als Lösungsmaßnahmen eingesetzt werden können (zu Qualitätszirkel s. *Bergemann* u. *Sourisseaux* 1988, *Engel* 1981).

4.3.3 Organisationsbedingungen

Lernsysteme, wie Lernstatt und Qualitätszirkel können nur funktionieren, wenn die Gruppenmitglieder kooperativ miteinander umgehen. Sie sollten auch weitgehend selbst bestimmen, welche Probleme sie in welcher Reihenfolge bearbeiten wollen. Sie übernehmen selbst die Initiativen, um ihre Arbeits- und Interaktionsprozesse zu steuern. Man kann sich vorstellen, daß solche Handlungsweisen nur dort ablaufen können, wo auch die Rahmenbedingungen stimmen. Damit ist nicht nur gemeint, daß das Management Qualitätszirkel akzeptiert und unterstützt, sondern auch, daß die Organisationskultur zu dieser Arbeitsform passend ist. Die Arbeitsorganisation muß angemessene Handlungs-, Entscheidungs- und Interaktionsspielräume aufweisen, damit sich ein Engagement in Bezug zur Arbeit entwickeln kann (s. das Konzept teilautonome Gruppen bei *Duttweiler Institut* 1983).

Ein japanisches Konzept soll die gedanklichen Hintergründe illustrieren, die sich in der täglichen Arbeit und nicht nur in Broschüren wiederfinden müssen (Abb. 28).

Gerade der ganzheitliche Aspekt des Qualitätszirkels macht die Einführung in unserer Kultur so schwierig. Auf allen Hierarchieebenen, in allen organisatorischen und sozialen Bereichen müssen Veränderungen stattfinden. Das benötigt Zeit und Ausdauer, weil die Prozesse mitarbeiterorientiert gestaltet werden müssen (*Antoni* 1988).

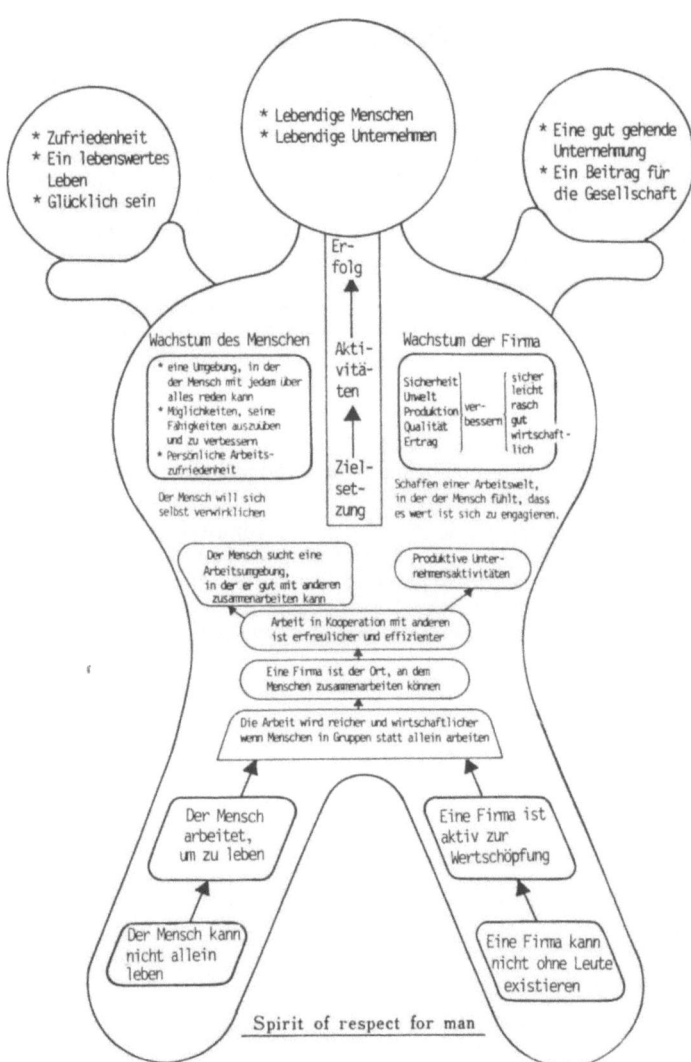

Abb. 28 Der Geist des Respekts vor dem Menschen (aus *Braune-Krickau, M.:* Qualitätszirkel in den Kimitsu-Stahlwerken von Nippon-Steel, Japan. In *Gottlieb Duttweiler-Institut* (Hrsg.): Arbeit – Beispiele für ihre Humanisierung. Olten, Freiburg 1983).

Literatur

Albach, H., Gabelin, T.: Mitarbeiterführung. Wiesbaden 1977
Alewell, K., Bleicher, K., Hahn, D. (Hrsg.): Entscheidungsfälle aus der Unternehmenspraxis. Wiesbaden 1971
Alioth, A.: Entwicklung und Einführung alternativer Arbeitsformen. Bern, Stuttgart, Wien 1980
Allerbauer, H.: Diagnose und Veränderung einer Organisationskultur: Ein Fallbeispiel. Gruppendynamik 1981, 285–297
Antoni, C.: Probleme der Implementierung von Qualitätszirkeln – Ein Überblick über empirische Forschungsbefunde. Zeitschrift für Arbeits- und Organisationspsychologie 1988, 80–91
Arbeitskreis Assessment Center (Hrsg.): Das Assessment Center in der betrieblichen Praxis. Erfahrungen und Perspektiven. Hamburg 1989
Atkinson, J.W.: Einführung in die Motivationsforschung. Stuttgart 1975
Ausubel, D.P.: Psychologie des Unterrichts. Weinheim 1974
Balon, K.H., Sokoll. D.: Planspiel. Soziales Lernen in simulierter Wirklichkeit. Starnberg 1974
Becker, F.G.: Anreizsysteme für Führungskräfte im Strategischen Management. Bergisch Gladbach, Köln 1985
Becker G.E., Clemens-Lodde, B., Köhl, K.: Unterrichtssituationen. München, Wien, Baltimore 1980
Becker, H., Langosch, I.: Produktivität und Menschlichkeit. Stuttgart 1990
Beckhard, R.: Organisationsentwicklung – Strategien und Modelle. Baden-Baden, Bad Homburg v.d.H 1972
Bergemann, N., Sourisseaux, A.L.J.: Qualitätszirkel. Heidelberg 1988
Berthel, J., Langosch, I.: Noten für Führungskräfte? Kriteriumsorientierte Potentialbeurteilung. Zeitschrift Führung + Organisation 5/1989, 319–325
Blankertz, H.: Theorien und Modelle der Didaktik. Weinheim, München 1986
Bleicher, K.: Entscheidungsprozesse an Unternehmensplanspielen. Baden-Baden 1969
Bleicher, K.: Unternehmungsplanspiele – Simulationsmodelle für unternehmerische Entscheidungen. Baden-Baden 1976
Böhm, J.: Einführung in die Organisationsentwicklung. Instrumente, Strategien, Erfolgsbedingungen. Heidelberg 1981
Böhnisch, W.: Personelle Widerstände bei der Durchsetzung von Innovationen. Stuttgart 1979
Böhret, C., Wordemann, P.: Das Planspiel als Methode der Fortbildung. Köln, Bonn 1975
Böning, U.: Moderieren mit System. Besprechungen effizient steuern. Wiesbaden 1990
Brauchlin, E.: Problemlösungs- und Entscheidungsmethodik. Bern, Stuttgart 1990
Braune-Krickau, M.: Qualitätszirkel in den Kimitsu-Stahlwerken von Nippon-Steel, Japan. In *Gottlieb Duttweiler Institut* (Hrsg.): Arbeit – Beispiele für ihre Humanisierung. Olten, Freiburg 1983
Breisig, Th.: It's Team Time. Kleingruppenkonzepte in Unternehmen. Köln 1990

Brickenkamp, R.: Handbuch psychologischer und pädagogischer Tests. Göttingen, Toronto, Zürich 1975, Erster Ergänzungsband 1983
Bross, K.: Lernen an betrieblichen Projekten in Förderkreisen für Gruppenmeister. In *Sattelberger, Th.* (Hrsg.): Innovative Personalentwicklung. Grundlagen, Konzepte, Erfahrungen. Wiesbaden 1989
Bruner, J.S., Olver, R.R., Greenfield, P.M.: Studien zur kognitiven Entwicklung. Stuttgart 1971
Checkland, P. B.: Toward a systembased methodology for realworld problem solving. In *Open Systems Group (Ed.):* System behaviour. London 1987
Chesler, M., Flanders, M.: Sozialwissenschaftliche Beratung in der Schule. Gruppendynamik 1970, 234–248
Clegg, C.W., Kemp N.J., Legge, K.: Case studies in organizational behaviour. London 1985
Cohn, R. C.: Von der Psychoanalyse zur themenzentrierten Interaktion. Stuttgart 1975
Comelli, G.: Training als Beitrag zur Organisationsentwicklung. München, Wien 1985
Dahrendorf, R.: Homo sociologicus. Opladen 1974
Dave, F., Young, D.: Mehr Erfolg im Team. Übersetzt von H. Weber. Essen 1982
Deiser, R.: Individuelles Lernen – Organisationslernen: Ein Integrationsversuch. Organisationsentwicklung 1984, 13–24
Deutsch, M.: Konfliktregelung. München 1976
Deutsche Unilever: Weiterbildungsangebot 1991. Hamburg 1990
Decker, F.: Grundlagen und neue Ansätze in der Weiterbildung. München, Wien 1984
Döring, K. W.: Lehren in der Weiterbildung. Weinheim 1990
Döring, K. W.: Praxis der Weiterbildung. Weinheim 1991
Döring, K. W., Ziep, K.-D.: Mediendidaktik in der Weiterbildung. Weinheim 1989
Dörner, D.: Über die Schwierigkeiten menschlichen Umgangs mit Komplexität. Psychologische Rundschau 1981, 163–179
Dörner, D., Kreuzig, H.W., Reither, F., Stäudel, Th. (Hrsg.): Lohhausen. Bern 1983
Dörner, D.: Das neue Denken. Manager Magazin 1984, 3, 180–185.
Domsch, M.: Qualitätszirkel -Baustein einer mitarbeiterorientierten Führung und Zusammenarbeit. Zeitschrift für betriebswirtschaftliche Forschung 1985, 428–441
Donnert, R.: Am Anfang war die Tafel. Praktischer Leitfaden für Vortrag, Lehrgespräch, Moderation, Seminar und Unterweisung. München 1990
Duttweiler G. Institut (Hrsg.): Arbeit – Beispiele für ihre Humanisierung. Olten, Freiburg i.Br. 1983
Ebbinghaus, H.: Über das Gedächtnis. Darmstadt 1971 (Nachdruck der Ausgabe von 1885)
Ebel, R. L.: Writing the test item. In *Lindquist, E.F.* (Ed.): Educational measurement. Washington 1951
Edelmann, W.: Lernpsychologie. München, Weinheim 1986
Einsiedel, H. E., Knura, E.: Die Lernstatt- eine Alternative zum Quality-Circle? Zeitschrift für betriebswirtschaftliche Forschung 36, 1984, 748–755
Engel, P.: Japanische Organisationsprinzipien. Zürich 1981
Engel, P., Riedmann, W.: Die neuen Managementtechniken in Fällen. Bd. 1 und 2 München 1982
Esser, W.M.: Individuelles Konfliktverhalten in Organisationen. Urban Taschenbücher Bd. 511, Stuttgart 1975

Freudenreich, D.: Das Planspiel in der sozialen und pädagogischen Praxis. München 1979
Frey, K.: Die Projektmethode. Weinheim, Basel 1982
Gagné, R.M.: Die Bedingungen des menschlichen Lernens. Hannover 1969
Gebert, D.: Organisationsentwicklung. Probleme des geplanten Wandels. Stuttgart 1974
Glasl, F., Houssay, L. de la: Organisationsentwicklung. Das Modell des NPI und seine praktische Bewährung. Bern 1975
Goerke, W.: Organisationsentwicklung als ganzheitliche Innovationsstrategie. Berlin, New York 1981
Gomez, P., Probst, G.J.B.: Vernetztes Denken im Management. Eine Methodik des ganzheitlichen Problemlösens. Bern 1987
Gordon, Th.: Lehrer-Schüler-Konferenz. Hamburg 1977
Gordon, Th.: Manager-Konferenz. Effektives Führungstraining. München 1990
Grell, J., Grell, M.: Unterrichtsrezepte. Weinheim, Basel 1979
Grochla, E., Thom, N.: Fallmethode und Gruppenarbeit in der Betriebswirtschaftlichen Hochschulausbildung. Hamburg 1975
Groenewald, H.: Fallstudien zum Personalmanagement. Stuttgart 1988
Hansel, J., Lomnitz, G.: Projektleiter-Praxis. Berlin, Heidelberg 1987
Hartmann, W.D.: Handbuch der Managementtechniken. Berlin 1990
Heinecke, A., Lüllmann, K., Rost, H.: Ein Planspiel für den Personalbereich. Die Simulation des Entscheidungsfeldes eines Personalleiters. Personal-Mensch und Arbeit 1988, 232–236
Heintel, P., Krainz, E.: Projektmanagement. Eine Antwort auf die Hierarchiekrise? Wiesbaden 1988
Heintel, P., Krainz, E.: Projektmanagement. Wiesbaden 1990
Heller, K., Nickel, H. (Hrsg.): Psychologie in der Erziehungswissenschaft. Bd. 1: Verhalten und Lernen. Stuttgart 1976
Hentze, J.: Fallstudien zur Personalwirtschaft. Bern, Stuttgart 1979
Herbig, M.: Praxis lehrzielorientierter Tests. Düsseldorf 1976
Herzberg, F.: Work and the nature of men. Cleveland, Ohio 1966
Heuer, G.C.: Projektmanagement. Würzburg 1979
Hoffmann, H.: Kreativitätstechniken für Manager. Landsberg 1987
Ingenkamp. K.: Lehrbuch der Pädagogischen Diagnostik. Weinheim, Basel 1985
Kaiser, F.: Entscheidungstraining. Die Methoden der Entscheidungsfindung: Fallstudie, Simulation, Planspiel. Bad Heilbrunn 1976
Kaiser, F.: Die Fallstudie. Theorie und Praxis der Fallstudiendidaktik. Bad Heilbrunn 1978
Kepner-Tregoe, Inc. (Hrsg.): Rationales Management. Probleme lösen – Entscheidungen fällen. Augsburg 1971
Kettgen, G.: Moderne Personalentwicklung in der Wirtschaft. Ehningen 1989
Klauer, K.J., Fricke, R., Herbig, M., Rupprecht, H., Schott, F.: Lehrzielorientierte Tests. Düsseldorf 1972.
Klauer, K.J. (Hrsg.): Handbuch der Pädagogischen Diagnostik. Düsseldorf 1982
Klebert, K., Schrader, E., Straub, W.G.: KurzModeration. Hamburg 1985
Köhl, K.: Seminar für Trainer. Hamburg 1987
Kurtz, H.-J.: Was ist ein Workshop? Definitions- und Klassifikationsversuch. In Personal-Mensch und Arbeit 5/1981, S. 184–186
Kurtz, H.-J., Stiefel, R.Th.: Seminarentwürfe und Workshopkonzepte. München 1984
Langosch, I.: Veränderungsstrategien einer umfassenden Organisationsentwicklung. In *Berthel, J., Groenewald, H.* (Hrsg.): Personal Management. Landsberg 1990

Laubis, J.: Vorhaben und Projekte im Unterricht. Ravensburg 1976
Laucken, U.: Naive Verhaltenstheorie. Stuttgart 1974
Lehmann, J., Portele, G. (Hrsg.): Simulationsspiele in der Erziehung. Weinheim, Basel 1976
Leiter, R., Runge, Th., Burschik, R., Grausam, G.: Weiterbildungsbedarf in Unternehmen. Methoden der Ermittlung. München, Wien 1982
Lewin, K.: Group decision and social change. In *Newcomb, T. H., Hartley, E. L.* (Ed.): Readings in social Psychology. New York 1947
Löwe, H.: Einführung in die Lernpsychologie des Erwachsenenalters. Köln 1974
Lumma, K.: Strategien der Konfliktlösung. Hamburg 1988
MacKenzie, N., Eraut, M., Jones, H.C.: Lehren und Lernen. München 1973
Madauss, B.-J.: Projektmanagement. Stuttgart 1984
Mahari, J. I., Schade, M.: Das Jahrbuch der Weiterbildung. Hamburg 1990
Maslow, A.H.: Motivation and personality. New York 1970
Menzies, I. E. P.: Die Angstabwehrfunktion sozialer Systeme. Gruppendynamik 1974, 222–269
Meyer, E.: Sozialerziehung und Gruppenunterricht – international gesehen. Stuttgart 1963
Meyer, E.: Gruppenunterricht – Grundlegung und Beispiele. Oberursel 1972
Meyer,H.: Leitfaden zur Unterrichtsvorbereitung. Frankfurt 1984
Meyer,H.: Unterrichtsmethoden I und II. Frankfurt 1987
Möller, Ch.: Technik der Lehrplanung. Weinheim, Basel 1973
Moker, A.: Rechnerunterstützte Entwicklung von Simulationsmodellen für Unternehmensplanspiele. Mainz 1978
Neuberger, O.: Personalentwicklung. Stuttgart 1991
Pawlow, J.P.: Auseinandersetzung mit der Psychologie. München 1973
Peters, Th.J., Waterman, R.H.: Auf der Suche nach Spitzenleistungen. Landsberg 1986
Peterßen, W.H.: Handbuch Unterrichtsplanung. München 1982
Piaget, J.: Psychologie der Intelligenz. Olten 1971
Porter, L.W., Lawler, E.E.: Managerial attitudes and performance. Homewood, Ill. 1963
Preuß, V.: Berufliche Weiterbildung. In Dahm, G., Gerhard, R., Graeßner, G., Kommer, V., Preuß, V (Hrsg.): Wörterbuch der Weiterbildung. München 1980
Prim, R., Reckmann H.: Das Planspiel als gruppendynamische Methode außerschulischer politischer Bildung. Heidelberg 1975
Prokop, E., Geißler, K.A.: Erwachsenenbildung. München, Basel 1974
Redaktion betrifft : erziehung (Hrsg.): Projektorientierter Unterricht. Lernen gegen die Schule. Weinheim, Basel 1976
Refa (Hrsg.): Methodenlehre der Planung und Steuerung. Teil 1: Grundlagen. München 1985
Riegger, M.: Lernstatt erlebt. Essen 1983
Röschmann, D.: Arbeitskatalog der Übungen und Spiele. Hamburg 1990
Rosenstiel, L. von: Motivation im Betrieb. München 1972
Rütter, Th.: Formen der Testaufgaben. München 1973
Sattelberger, Th.: Bildungsbedarsfserfassung -Nadelöhr einer entwicklungs- und problemlösungsorientierten Bildungsarbeit. Ztsch. f. Organisationsentwicklung 1983, 4, S. 1–34
Sattelberger, Th. (Hrsg.): Innovative Personalentwicklung. Grundlagen, Konzepte, Erfahrungen. Wiesbaden 1989
Schell, Ch.: Partnerarbeit im Unterricht. München 1972
Schmidtchen, G.: Neue Technik, neue Arbeitsmoral. Köln 1984

Schnelle, E. (Hrsg.): Neue Wege der Kommunikation. Spielregeln, Arbeitstechniken und Anwendungsfälle der Metaplan-Methode. Königstein/Ts 1978
Schütlin, V.: Ausbildungstechnik in der modernen Unternehmung. Zürich 1975
Schulz von Thun, F.: Miteinander Reden: Störungen und Klärungen. Hamburg 1984
Schwäbisch, L., Siems, M.: Anleitung zum sozialen Lernen für Paare, Gruppen und Erzieher. Hamburg 1974
Shaffer, J.B.P., Galinsky, M.D.: Handbuch der Gruppenmodelle, Bd. 2 Gelnhausen, Freiburg, Stein 1977
Shaftel F.R., Shaftel G.: Rollenspiel als Entscheidungstraining. München, Basel 1974
Sharan, S.: Gruppenzentrierter Unterricht. Stuttgart 1976
Siemens AG (Hrsg.): Organisationsplanung. Planung durch Kooperation. Berlin, München 1979
Sievers, B.: Das Phasenmodell der Organisationsentwicklung. Management-Zeitschrift io 1980, 5–8
Simon, A.: Partnerschaft im Unterricht. München 1965
Sjolund, A.: Gruppenpsychologische Übungen. Weinheim, Basel 1982
Skinner, B.F.: The behavior of organisms. New York 1938
Stiefel, R.Th.: Betriebliche Weiterbildung. München 1980
Stiefel, R.Th.: Lernen im Zweier-Team. München 1980
Taylor J.L., Walford R.: Simulationsspiele im Unterricht. Ravensburg 1974
Thorndike, E. L.: The Psychology of learning. New York 1932
Ulrich, H.: Management. Bern 1984
Vagt, R.: Planspiel Konfliktsimulation und soziales Lernen. Rheinstetten 1983
Vopel, V.W.: Handbuch für Gruppenleiter. Hamburg 1976
Vrojlik, A., Dijkema, M.F., Timmermann, G.: Gesprächsmodelle. Freiburg 1974
Weber, H.: Arbeitskatalog der Übungen und Spiele. Hamburg 1990
Weinert, A.B.: Lehrbuch der Organisationspsychologie. München, Wien, Baltimore 1981
Wendlandt, W. (Hrsg.): Rollenspiel in Erziehung und Unterricht. München, Basel 1977
Werneck, T., Grasse, R.: Planspiele. München 1976
Womack, J.P., Jones D.T., Roos, D.: Die zweite Revolution in der Autoindustrie. Frankfurt, New York 1991

Register

Abwehrmechanismus 28, 127
Aktionsforschung 44
Analyse 111
- potentieller Probleme 116
- Entscheidungs- 114, 217
- Problembeschreibung 114, 137, 219, 257
- Situations- 96, 111, 216, 252
Analyse, didaktische 59 ff.
Analysephase 229, 234, 244
Aneignungsphase 11
Angst 7, 10, 127, 173
Anpassungsbereitschaft 28
Arbeitsanweisung 79, 169
Arbeitsergebnis 86, 131, 177
Arbeitsklima 87, 98, 182
Arbeitsprozeß 105, 175
Arbeitsteilung 17, 37 ff, 177
Assessment-Center 42, 213
Aufgabenbeantwortung 69 ff.
Aufgabenbeantwortungsformen 68 ff.
- freie 68
- gebundene 69
- Zwischenformen 69
Aufgabenstellung 23, 30, 43, 84, 87, 105, 118, 168 ff., 177, 274
Aufgabentyp 67 ff.
Aufmerksamkeitsprozeß 11

Balkendiagramm 119
Bedürfnis 9, 17, 23, 87, 124, 132, 183, 251
Beeinflussung 19, 92, 181, 214
Begriff 3 ff., 12 ff.
Betriebsklima 19, 276
Beurteilungsgespräch 41, 58, 67, 187, 201, 208
Beurteilungskriterium 70, 161
Bewertung 69, 77, 114, 182, 216
Beziehung zwischen Personen 11, 62, 124, 126 ff., 133, 138, 178, 187, 242, 251
Brainstorming 32, 132, 217, 258

Checkliste 132, 218
- Diskussionsleitung 182
- Fallstudie 220
- Gesprächsführung 205
- -, emotionaler Aspekt 210
- Gruppenarbeit 180
- Gruppencheckliste 226
- Lehrgespräch 165
- Medieneinsatz 153
- Motivierung 89
- Partnerarbeit 173
- Rhetorik 161
- Rollenspiel 190
- Vortrag 160

Datenfeedback 42
Datensammlung 42, 257
Definition 13, 56
Definitionsphase 249
Diskussion 42, 49 ff., 131, 137 ff., 163, 165, 169, 181 ff.
- Diskussionsleiter 181 ff.
- Diskussionsverlauf 226
Disziplinargespräch 187, 207

Emotion 4, 9 ff., 13 ff., 22, 26, 29, 91, 123 ff., 129, 150, 157, 183 ff., 210 ff., 244, 252
Erlebensprozeß 17
Evaluierung 32, 44, 239, 248, 253

Fähigkeit 275
Feedback 30, 97, 100, 135, 244
Fehler bei Aufgaben 65, 72
Fertigkeiten, psychomotorische 62
Fragearten 167, 181
Fragebogen 42, 45, 65
- Beurteilung von Lernplanung und Lernprozeß 76
- Organisationsanalyse 79 ff.
- Problemidentifikation 133
- Prozeßanalyse 174
- Seminarbeurteilung 73
- Stimmungsbarometer und Beobachtungsbogen für ein Seminar 74
- Transfersicherung 94
- Weiterbildungsbedarf 45

Fragenformulierung 137 ff., 163 ff., 217
Führungsqualifikation 42, 51, 213
Führungsstil 19, 186

Gedächtnis 2, 11, 15, 22, 90
Gesprächsführung 57, 124, 130, 205
Gruppenanalyse 30, 99, 220
Gruppenarbeit 44, 88, 98 ff., 105, 123, 134, 176 ff., 186, 218 ff., 226, 256
- teilautonome 20, 23, 150, 152
Gruppendiskussion 61, 98, 124, 182, 189, 213
Gruppenentwicklung 97, 133, 179
Gruppenklima 99, 131, 256
Gruppenübung s. Lehrmethode: Interaktionsspiel

Handlungskompetenz 24, 51, 55 ff., 107

Information 11, 13, 17
Informationssystem 117
Innovation 124, 253
Interaktion 28, 36, 38, 79, 80, 183 ff, 226, 243
- themenzentrierte 183

Kausalnetz 21
Kommunikation 11, 36, 51, 58, 112, 130, 135, 145, 175, 185 ff., 251, s.a. Interaktion
Kompetenz
- Fach- 24, 61, 256
- Methoden- 24, 62, 108, 246
- Selbst- 24, 56, 62
- Sozial- 24, 56, 106, 123, 170, 218, 256
Konditionierung 5, 17
Konflikt 33, 56, 123 ff., 131, 136, 185 ff.
Konflikttransformation 127
Konkurrenz 4, 26, 56, 86, 130, 176, 229
Konzeption 57, 100, 130, 189, 230 ff., 238, 252
Kräftefeldanalyse 253
Kriterien
- IST- und SOLL-Zustand 32, 41, 43, 64, 79, 109, 113, 216
- MUSS-Ziel 115, 216
- SOLL-Vorstellung 43, 79, 216
- WUNSCH-Ziel 115

Lehrmaterial 147
Lehrmethode 54, 104 ff., 250, 279
- Einzelarbeit 104, 152, 168
- Fallgeschichte 214
- Fallstudie 33, 213, 220
- Gruppenarbeit 152
- Interaktionsspiel 36, 86
- Kleingruppenarbeit 105
- Lehrgespräch 162
- Lernpartnerschaft 174, 175
- Lernstatt 254
- Partnerarbeit 104, 170
- Planspiel 36, 228
- Projekt 245
- Qualitätszirkel 256
- Rollenspiel 33, 189
- Verhaltensplanspiel 36, 228, 244
- Vorfall 215
- Vortrag 160
- Workshop 31, 49, 250
Lernablauf 90, 95, 138, 155, 189
Lerneinheit 63
Lernen
- assoziatives 4
- erfahrungsorientiertes 30, 33, 63, 108, 218, 250
- instrumentelles 6 ff.
- kognitives 12 ff.
- Konditionieren 6
- Lernhierarchie 14
- Lerntheorie 4 ff., 15, 147
- Modellernen 11
Lerngestaltung 8, 22, 24, 29, 60, 73, 85, 90, 91, 174, 187, 235
Lernkontrolle 64 ff., 164
Lernmaterial 147
Lernphase 85, 90, 97 ff., 175
Lernplanung 1 ff., 22, 54 ff., 76 ff., 147, 244
Lernsystem 25, 54, 259, 274
Lernwiderstand 26 ff., 187
Lernziel 33 ff., 56, 59 ff., 63, 65 ff., 90, 156, 162, 173, 179, 180, 190, 221
- Verhaltensaspekt 61
Lernzielkontrolle s. Lernkontrolle

Macht 126 ff.
Managementtechniken 214

Medien 86, 104, 108, 147 ff., 153, 159, 190
Moderation 108, 136 ff., 182, 254, s.a. Visualisierung
Moderatorenverhalten 139
Motivation 6, 9 ff., 15 ff., 24, 88, 89, 138, 213, 244

Netzplan 119

Organisation 2, 17 ff., 26 ff., 37, 40 ff., 50, 54, 123, 150, 186, 212, 239 ff., 247, 274
Organisationsanalyse 44, 49
Organisationsentwicklung 38, 54
Organisationsfaktoren 275
Organisationskultur 28, 259
Organisationslernen 37

Pareto-Analyse 137, 257
Personalentwicklung 50, 214
Phasen
– expressive 90
– rezeptive 90
Planungsmethoden 118 ff.
Problemanalyse 32, 62, 113 ff., 216, 222, 252
Problembewußtsein 44, 50, 252
Problemdefinition 77, 113
Problemlösung 70, 110
Problemlösungsprozeß 32, 43, 108
Projekt-Strukturplan 119
Projektphasen 247
Psychodrama 188

Rahmenbedingungen des Seminars 85
Randschwellenbereich 127
Reduktion, didaktische 56, 78, 156
Reduktion eines Systems 233
Reflex 5
Reflexion 37, 57, 190
Regeln
– 3-K-Regel 135
– Abfassen von Aufgaben 73
– Analyse der Qualitätsprobleme 257
– Entwurf und Zeichnung eines Netzplanes 120
– fördernde Verhaltensweisen beim Problemlösen 134
– Frageformulierung 166
– Gruppendiskussion 183

– Lernpartnerschaft 175
– Moderation 139
– Planspiel 231
– Visualisierung 140
Reproduktionsprozeß, motorischer 11
Rhetorik 79, 158 ff.,

Schulnote 26, 64
Selbstregulationsprozeß 8
Selbststeuerung 8
Seminarablauf 97, 102
Seminarabschluß 92
Seminarbeurteilung 73 ff.,
Seminareinstimmung 86
Seminarplanung 85 ff., 97, 101
Simulation 21, 31, 92, 188
Sozialform 104
Soziodrama 188
Stoffanalyse 2, 56 ff., 78, 85, 101
Strategie 40, 275
Streitkultur 124
System 20 ff., 109, 219, 239 ff.
– Fehler beim Umgang mit Systemen 21
– Komplexität 19, 21, 213
– Realitätsausschnitt 32, 109
– Systembestandteile 238, 243, 278
– Systemkomplexität 18 ff., 213
– Systemvernetzung 19, 243
Systembeeinflussung 19
Systemtechnik s. s. Kompetenz: Methodenkompetenz
Szenario 228 ff., 232, 235 ff.

Techniken, kreative 217, 258
Test 65
– Gütekriterien 66
– kriteriumsorientierter 65
– Meßfehler 66
– realnormorientierter 67
– Reliabilität 66
– Validität 66
Theorie-Praxis-Verhältnis 19, 30
Thesen 157
Trainerfehler 90
Transfer 93 ff.,
Transferphase 92
Trends, didaktisch-methodische 24

Ursache 19, 32, 43, 113, 117, 124, 137, 219, 258

Ursache-Wirkungs-Diagramm 169, 258

Veränderungsprozeß 34, 55
Verarbeitungsmechanismen 130
Verfestigung des Lehrstoffes 90
Verhaltensänderung 59, 155
Verhaltensformen 7
Verständlichkeit 158, 161
Verstärker 6
Video 33, 147 ff., 190
Visualisierung 139 ff., 158
Vorgangsliste 119

Wahrnehmung 2, 11, 17, 90, 159

Weiterbildung
- Anforderungen an die Weiterbildung 2, 19 ff.
- Bedarf 39 ff., 58 ff., 96, 101, 249
- Methoden zur Erfassung des Bildungsbedarfs 41 ff.
- Programm 43, 50 ff., 278
- Ziele 40

Wissenserwerb 12 ff., 57, 90

Zielgruppe 39 ff., 59, 78, 86, 101
Zusammenarbeit 20, 23, 97 ff., 104, 123 ff., 131 ff., 176 ff., 218 ff., 234ff.

Bei Fragen zur Produktsicherheit wenden Sie sich bitte an:
If you have any questions regarding product safety,
please contact:

Walter de Gruyter GmbH
Genthiner Straße 13
10785 Berlin
productsafety@degruyterbrill.com